Alfonso Gálvez

MEDITACIONES DE ATARDECER

New Jersey
U.S.A. - 2026

Meditaciones de Atardecer by Alfonso Gálvez. Copyright © 2026 by Shoreless Lake Press. American edition published with permission. All rights reserved. No part of this book may be reproduced, stored in retrieval system, or transmitted, in any form or by any means, electronic, mechanical, photocopying, recording or otherwise, without written permission of the Society of Jesus Christ the Priest, P.O. Box 157, Stewartsville, New Jersey 08886.

CATALOGING DATA

Author: Gálvez, Alfonso, 1932–2022
Title: Meditaciones de Atardecer

        First edition: December 2005
        Second edition: April 2026

Library of Congress Control Number: 2026901789

ISBN: 978-1-953170-58-3
    978-1-953170-59-0 (e-book)

Published by
Shoreless Lake Press
P.O. Box 157
Stewartsville, New Jersey 08886

PRÓLOGO

El lector tiene ante sí una nueva obra de Alfonso Gálvez, que, de entre las varias del autor, posee indudablemente una fisonomía propia y singular, lo cual, como sin duda se comprobará a lo largo de lectura de sus páginas, la transforma, más allá de la apariencia de un conjunto de charlas dispares unidas para su publicación en un solo libro, en **una obra con un verdadero *leitmotiv*, con alma y contenido específico**: una profunda meditación teológica de los principales problemas de la Iglesia actual, sobre todo con lo acontecido desde lo que el autor denomina *el Gran Cambio* ocurrido en torno al Concilio Vaticano II, y que ha hecho sufrir a la Esposa de Cristo, "la crisis... más profunda quizá de todas las que ha padecido en su historia..."[1]

Cada uno de los nueve capítulos de la presente obra, tiene, a mi parecer, un tema fundamental a partir del cual se desarrollan otros varios, estrechamente vinculados al primero. De este modo, sucesivamente, van a ser expuestos a nuestra consideración problemas tan importantes como los siguientes:

- El *horizontalismo* en la Iglesia, es decir, el cambio de acento en las preocupaciones de los pastores desde una perspectiva sobrenatural a otra natural y puramente humana, con olvido de los graves y angustiosos problemas reales del Pueblo de

---

[1] Cf pág. 119; cf también págs. 17; 244–245; 322; etc.

Dios, para centrarse en cuestiones baladíes e insignificantes (capítulo I).

- La *falta de pastores en número y calidad* en la Iglesia actual, explicada entre otras causas, por el olvido de hecho de la constitución jerárquica de la Iglesia y de las características del verdadero pastor de la Iglesia (capítulo II).

- La *kenosis o ausencia del Señor* con respecto a la Iglesia contemporánea (capítulo III).

- *La crisis de las campañas vocacionales* y el auténtico modo de reclutar y educar a los posibles canditatos al sacerdocio (capítulo IV). Este tema concentrará también buena parte del interés del último capítulo de la obra.

- El problema de la *pastoral cómoda y sin compromiso* en la actualidad, que ha llevado a muchos pastores a la elección del camino fácil y equivocado para enfrentar los desafíos de nuestra época. En contraste, se manifiesta la actitud del cristiano ante la realidad de una Iglesia que está en profunda crisis y la grandeza del auténtico sacerdocio cristiano a pesar de la grave crisis que le ha afectado en los últimos años (capítulo V).

- La *introducción de corrientes ideológicas de tintes democráticos* en la Iglesia, con la consiguiente difuminación doctrinal y mitigación de hecho, de la estructura jerárquica de la misma, y el efecto de la desvalorización de la capitalidad de Cristo; lo cual ha servido como medio de infiltración, manipulación y extensión de ideologías de cariz neomodernista. Por otro lado, se ha olvidado que los auténticos súbditos del Reino de Cristo, y de la Iglesia por tanto, son los pequeños, los pobres y los niños, o lo que es lo mismo, los enamorados; un olvido que explica la hipervaloración otorgada en ciertos círculos eclesiales a la lucha por erradicar la pobreza o a los temas de justicia social (capítulo VI).

- *La preterición de lo personal* en la Iglesia contemporánea, con los efectos en los diferentes ámbitos de la misma de la acentuación de las estructuras en detrimento de la persona, así como del intento de hacer un cristianismo más asequible al entendimiento humano y aceptable al Mundo, al modo de la herejía gnóstica, con la consiguiente pérdida de la realidad y exigencias del amor, del falseamiento del ideal sacerdotal y de la crisis de vocaciones (capítulo VII).

- *Los profundos cambios* llevados a cabo en las últimas décadas en la Iglesia en busca de una esperada 'Primavera de la Iglesia", sus resultados reales y la falta de visión que suponen. Frente a ellos, se indica la necesidad de la auténtica fidelidad a la Esposa de Cristo, que conlleva la calificación de 'malditos" oficiales a muchos que luchan por ser fieles a la misma, y la necesidad de una reforma verdadera y profunda de la Iglesia (capítulo VIII).

- *La tremenda crisis del sacerdocio y de las vocaciones* que asola a la Iglesia de nuestro tiempo, sus causas y el objetivo final pretendido por algunos, que no es otro que el de la desaparición del verdadero sacerdocio católico. Frente a lo cual, el único camino a seguir consiste en entusiasmar a la juventud con la idea del sacerdocio a través de encender en ellos el enamoramiento de Jesucristo, lo que les llevará a afrontar valientemente y con decisión los sufrimientos y dificultades sin número que encontrarán en sus vidas en el delicadísimo momento actual. Subyace en el capítulo, además y de un modo muy profundo, tanto la razón última como la respuesta personal a toda la crisis de la Iglesia descrita en los anteriores. Es el gran final esperanzador que sirve de colofón a toda la obra, y que la cierra con un canto nostálgico de esperanza, virtud que, como se señalará más tarde, penetra todo el libro (capítulo IX).

En torno al desarrollo de estos temas principales se realiza una verdadera "radiografía" de las condiciones de la Iglesia actual: el horizontalismo; el desenfoque en la pastoral juvenil; la crisis del sacerdocio y de las campañas de reclutamiento de vocaciones; el fenómeno de las homilías de niños o de las *altar–girls*; el feminismo en la Iglesia; el modo de actuación y criterios pastorales frecuentes entre los modernos obispos; el papel de las Conferencias episcopales; los diáconos permanentes; la crisis de la teología ortodoxa; la ausencia de magisterio; la crisis de fe; los criterios para elección de párrocos, obispos o cardenales; el desenfoque de las ideas sobre la diocesaneidad del sacerdote; la aceptación de hecho del divorcio; la crisis de los seminarios; la debacle de la liturgia; el falso ecumenismo; la promoción de los laicos; la crisis de la familia católica; la ausencia de contenidos en la catequesis de jóvenes; la crisis de la vida religiosa; etc., etc.

Son de resaltar la veneración y cariño que se muestra hacia el sacerdocio, el estudio de las causas de la devastación que sufre hoy en día —una de las claves fundamentales de la crisis de la Iglesia—, así como las propuestas que se hacen sobre el modo de educar y fomentar las vocaciones sacerdotales en un momento histórico de máxima dificultad, de modo que los candidatos sean hombres plenamente de Dios y plenamente adaptados al mundo en el que tendrán que desarrollar su ministerio.[2] Es una preocupación que aflora en

---

[2] Es un tema recurrente, en general, en todas las obras anteriores del autor. Cf sobre todo, A. Gálvez: *Notes on the Spirituality of the Society of Jesus Christ the Priest*, New Jersey, USA, 1994, pág. 40, 44 y *passim*.

varios capítulos de la presente obra, y que concentra el interés del más amplio y colofón de la misma.

También indicaría como muy útil e iluminador, el valiente desenmascaramiento y demolición del conjunto de tópicos y falsas razones esgrimidas y prácticamente aceptadas por todos actualmente, para justificar el "status" de la Iglesia contemporánea y de las teologías que lo sustentan.

De entre todos los capítulos de la obra, yo subrayaría como medulares, el quinto, el octavo y el noveno, por lo que veo muy oportuno releerlos cuidadosamente después de conocer el contenido de todo el libro.

Es sin duda **un libro de madurez**. En un doble sentido. En primer lugar porque el autor es ya un anciano, y escribe sobre materias que ha vivido y sufrido: de lo que verdaderamente conoce. Si, como decía San Francisco de Asís, uno solo sabe verdaderamente lo que experimenta, se puede afirmar sin lugar a dudas, que el autor ciertamente domina la materia de la que habla, porque ha experimentado, sufrido y derramado muchas lágrimas antes de escribir cada una de estas páginas y enfrentar los problemas que describe. Son párrafos que han sido compuestos, por así decir, con sangre y con el corazón en la mano. Le duelen profundamente cada una de las lacras de la Iglesia. Por eso, vamos a encontrar a lo largo de estos profundos capítulos, no tanto la frialdad de un tratado académico, cuanto el discurso que sale de los latidos de un corazón que se ha ido gastando y desgastando en su amor por Cristo y su Iglesia, el grito profundo del alma del que ha sufrido hasta lo más profundo de su ser, tras una larga existencia sacerdotal al servicio de la Esposa de Cristo. Años de graves desafíos, pruebas, convulsiones, crisis y revoluciones que han puesto a prueba la fe y la fidelidad de tantos cristianos.

Pero también es un libro de madurez en un segundo sentido: porque en el sustrato de la obra se encuentra todo el pensamiento teológico y espiritual del autor, desarrollado en obras anteriores, y que aquí aflora una y otra vez, como clave de interpretación de los problemas que enfrenta. Tal vez sea ésta la razón de la hondura y profundidad de los diagnósticos y soluciones que se avanzan, pues, como se puede comprobar, realmente se llega a la raíz de los temas que se estudian. En este sentido, el libro, más allá de lo que pudiera parecer a un lector superficial, es difícil, de profunda meditación.

Es además un **libro de esperanza**, de la verdadera Esperanza, de aquélla que hay que escribir con mayúscula porque se asienta en Dios, cuando parece que las puras esperanzas humanas han desaparecido. Como decía San Pablo: *Spes contra spem* (Ro 4:18); encontrando la razón más profunda a la súplica que el poeta Lucano dirigía a Jupiter: *Liceat sperari timenti*.[3] Por eso cada uno de los capítulos termina siempre en un canto de alegría, de confianza en Dios. El autor, como ya nos tiene acostumbrados en todas sus obras anteriores, nunca se limita a señalar los problemas, sino que aporta las verdaderas soluciones a los mismos, siguiendo en esto, el estilo y espíritu del Evangelio, donde nunca se identifica un problema sin que al mismo tiempo se brinde la correspondiente solución. En mi opinión hay tres grandes principios sobre los que se asientan fundamentalmente las propuestas del autor, y que aparecen de varios modos a lo largo de las páginas del libro:

---

[3]Lucano, *Pharsalia*, II, 12–15, cit. por E. Gilson, *Eloísa y Abelardo*, Pamplona, Eunsa, 2004, pág. 87.

- La importancia de vivir y de extraer todas las consecuencias de la realidad del Amor, raíz más profunda de Dios y de toda la religión cristiana.[4]

- La necesidad de recuperar la sobrenaturalidad en todas las actuaciones de la Iglesia, basadas en los contenidos auténticos del Nuevo Testamento.

- La importancia de volver a poner en primer plano de la vida e intereses eclesiales la fidelidad y el amor apasionado al Cristo real y total.

En este sentido, esta obra traerá un indudable consuelo y luz a todas aquellas personas que se ven abrumadas o perdidas en medio de las convulsiones en las que vive su Iglesia y que sin duda sentirán ese aire fresco que inunda sus corazones de vida, o esas aguas cristalinas y puras que tanto añoran en un tiempo donde la sed de la verdad, de lo sobrenatural y de la auténtica espiritualidad parece no encontrar fuentes donde saciarse.

¿Es un libro de masas? En el momento actual, por desgracia, yo no lo creo. No mucha gente está dispuesta a oír a los "inquietadores" de su época. Nuestro mundo, y también muchos en

---

[4] Su original teoría del Amor divino–humano, todavía no ha sido profundizada y desarrollada en estudios específicos, pero puede encontrarse sobre todo en sus *Comentarios al Cantar de los Cantares*, 2 vols., New Jersey, 1994 y 2000. No obstante, se puede leer con utilidad también las consideraciones de F. Ruiz Cerezo: *El Estatuto Ontológico del Alma Después de la Muerte: un Estudio a Través de Platón y Santo Tomás de Aquino*, Santiago de Chile, 2002.

nuestra Iglesia, parecen haberse cerrado al amor a la verdad (Cf 2 Tes 2: 10–12),[5] y por ello prefieren ignorar o silenciar al que pretende mostrársela, si es que no consiguen anularlo antes por medio de la persecución y el odio injustificados. Parafraseando a San Francisco de nuevo, podríamos decir que si fue verdad el hecho de que la Dama Pobreza anduvo sola y despreciada desde que su primer Esposo murió en la cruz, es más cierto todavía que, con el deicidio del Gólgota, el mundo decidió crucificar a la Verdad Esencial.

Y sin embargo estoy convencido que será un libro para mucha gente en el futuro próximo. Y esto por tres razones. Por un lado, porque tanto la verdad como el amor acabarán finalmente por imponerse (1 Jn 5:4; Jn 16:33; 1 Cor 13:8; Ca 8:7). Pero también porque es evidente que con, el paso del tiempo, los cristianos han de sentirse todavía más confundidos y desorientados, y entonces, en su búsqueda de sentido, tal vez encuentren olvidada en alguna vieja librería o escondida biblioteca, esta obra, que les hablará de su situación y del medio de enfrentarla, que les contará y cantará las maravillas del amor verdadero y que les afirmará en las verdades más radicales y consoladoras que nos vino a traer Nuestro Señor. Y finalmente, porque un libro que ha nacido entre tanto dolor, tiene que producir sus frutos; no sin profunda razón, decía Bernanos, en boca del Cura de Torcy, en su famoso *Diario de un Cura Rural*: "...cuando el Señor saca de mí por azar, una palabra útil a las almas, la conozco por el daño que me hace".[6]

---

[5] El pensamiento del autor sobre la verdad se puede encontrar principalmente en *El Amigo Inoportuno*, Shoreless Lake Press, New Jersey, 1995, cap. II: 'El Amor a la Verdad", págs. 56–106.

[6] G. Bernanos: *Obras*, Barcelona, 1959, pág. 60. Ciertamente, todo verdadero cristiano tiene que experimentar lo que es sufrir con Cristo por Su Cuerpo, la Iglesia (Cf Col 1:24).

Prólogo 11

¿Será tal vez ésta la razón por la que no puedo quitarme la impresión de que a lo largo de la lectura de las páginas que siguen, se siente en el trasfondo, como en un lejano susurro suave, los sentimientos que evocaba aquel poema que el autor compuso en su juventud,[7] y que ahora en su ancianidad cobra todo su sentido?

El sol, que ya se asoma,
con rosados colores va bajando
del monte por la loma,
al valle despertando
mientras que yo mi pena voy cantando.[8]

El canto de las aves,
el carro de la Aurora en asomando,
con mil trinos suaves
el valle va llenando,
mientras que yo mi pena voy cantando.[9]

Por las altas laderas
de los montes, haciendo torrenteras,
el río va bajando
con un rumor suave resonando;
mas, viendo que a su canto
nadie responde, entristecido tanto,
en curso más sinuoso,
más cansado, más triste y perezoso,
el mar sigue buscando
mientras que yo mi pena voy cantando.[10]

---

[7]Con el sugestivo título de "Mientras yo mi pena voy cantando". Puede leerse con emoción también el poema *Desde las altas cimas* que aparece en la pág. 165.

[8]Alfonso Gálvez,*Cantos del Final del Camino* (en adelante *CFC*), 17, Shoreless Lake Press, New Jersey (USA), 2020.

[9]*CFC*, 18.

[10]*CFC*, 19.

Es, en fin, un **libro de fidelidad y amor profundo a la Iglesia**. *Lloras por aquello que amabas...*, decía también el poeta Lucano. En este sentido, las páginas que siguen, nacidas de una fidelidad adamantina a la misma, nos ayudan a entenderla y a amarla en lo que Ella es y debiera ser para conformarse a la voluntad de su Esposo.

En su decisión por la fidelidad, el autor evita caer en tres posiciones erróneas que aparecen ante el hombre de Dios como verdaderas tentaciones en tiempos de profunda crisis de la Esposa de Cristo: una es la de la lisonja y la adulación ciega y mentirosa, pero que difícilmente oculta la intención de la autojustificación o la del medro; otra, la rebelión y separación de la Iglesia, pero que es originadora de mayores males, como tantas "falsas reformas" intentadas históricamente han demostrado; consiste la tercera en intentar resucitar puras estructuras formales de antaño, pero que se encuentran periclitadas y obsoletas, por lo que, más allá de la buena intención, pareciera la voluntad de revivir una suerte de sueño nostálgico tan lleno de buenos deseos como tal vez de anacronía y falta de realismo. Creo que el desafío es mucho más difícil y exigente, elaborado en base a una obediencia total al verdadero Magisterio de la Iglesia y a los auténticos Pastores, y al mismo tiempo basado en un compromiso inviolable con la verdad y el realismo, que llevados de la mano del amor apasionado a Cristo y a su Esposa, descubre y señala los desenfoques, peligros y errores del momento, y clama para que a la *Semper Reformanda*, le llegue el tiempo de una profunda reforma *in Capite et in membris*. Por supuesto que tal postura acarreará la crítica, la incomprensión, la "etiquetación" de fáciles *sambenitos*, e incluso la persecución por buena parte de los defensores de las otras posiciones. Sin embargo éste fue el modo que siguieron los verdaderos reformadores de la Iglesia,[11] y el que se propone en estas páginas para enfrentar la crisis actual.[12]

Por último, **dos puntualizaciones**. En primer lugar, el conjunto de meditaciones que componen el presente libro provienen de una doble fuente: unas han sido redactadas tal como fueron pronunciadas oralmente, aparte del necesario pulido y limpieza de estilo; otras (las menos) han sido redactadas "ex profeso" para el libro. El buen observador del texto sabrá distinguir fácilmente unas de otras.

En segundo lugar, ignoro la razón por la que el autor habrá escogido el título del libro: "Meditaciones de Atardecer". Tal vez porque han sido compiladas y redactadas al final de su vida. Y además y sobre todo, porque versan sobre el definitivo problema del Amor, un tema al que el autor vuelve siempre incansablemente en todas sus charlas y escritos; bien consciente, seguramente, que es a la caída de la tarde de nuestra vida, como decía San Juan de la Cruz, cuando seremos examinados de Él.

Juan Andrés de Jorge García–Reyes
Santiago de Chile, Noviembre de 2004

---

[11]Baste recordar la posición de San Pablo con respecto a San Pedro (Ga 2: 11–14), o la de un San Francisco de Asís o una Santa Catalina de Siena, por ejemplo. El autor gusta de recordar la frase de Bernanos según la cual lo heroico no es sufrir por la Iglesia, sino a manos de la Iglesia.

[12]Se encuentra descrito en el capítulo quinto, al tratar de la posición C, así como en el final del octavo y del noveno. Cf también, sus definitivas declaraciones en la obra *Notes...* cit., págs. 87–89.

INTRODUCCIÓN

Este libro es una breve recopilación de meditaciones, reflexiones, predicaciones, o como se las quiera llamar. Cualquier denominación que incluya la idea de exhortaciones dirigidas a los que desean meditar sobre el Evangelio. Algunas de ellas fueron en su origen charlas o conferencias que alguien tuvo la curiosidad de conservar por los medios que las modernas técnicas ponen a nuestro alcance; de tal manera que solamente fue necesario añadir en ellas una pequeña labor de limpieza de estilo y expurgación de repeticiones, lo cual no ha de extrañar a quien caiga en la cuenta de las servidumbres a las que suele estar sometido el lenguaje oral. Otras en cambio han sido escritas ex profeso para la publicación de este volumen, con el pretendido propósito de darle cierta consistencia y unidad de doctrina.

El objeto de haberlas reunido aquí no sería difícil de explicar. Aunque debe quedar bien claro que una de las principales intenciones del autor ha sido la de expresar su testimonio de amor a la Iglesia. Un amor intenso que se ha sentido abrumado, al mismo tiempo, por un dolor no menos profundo. El autor no pretende enseñar a nadie con estas consideraciones, y menos todavía ser poseedor de inconmovibles certezas. Pero equivocado o no —en todo, en parte, o en nada— está convencido de que la Iglesia se encuentra en una situación de crisis cuya verdadera extensión, y posible solución, sólo de Dios son conocidas. No parece sino que la Iglesia se ha rendido ante unos pretendidos valores, puramente humanos, y ha puesto en un segundo término su verdadera misión sobrenatural. Como si se hubiera dejado invadir por el espíritu antropocentrista del mundo moderno, al mismo tiempo que hubiera permitido que la *sal se vuelva sosa*. Y sin embargo, la Iglesia no fue establecida para promover los valores que pudieran mejorar la vida del hombre en este mundo, sino para conducirlo al definitivo y último al cual está destinado.

A lo largo de estas reflexiones el lector encontrará, por aquí y por allá, lo que alguien podría interpretar a la ligera como críticas a la Iglesia. Para ser más exactos y justos, habida cuenta de que la Iglesia como tal es Santa, más bien habría que hablar aquí de críticas a los cristianos de nuestro tiempo; puesto que, al fin y al cabo, somos los que ahora formamos parte de ella. La recopilación no pretende ser un catálogo de los problemas con los que se enfrenta la Iglesia de hoy. Tanto por lo que se refiere al número, como por lo que hace a la gravedad, las lamentables situaciones de las que se toma nota aquí no son mas que la punta del iceberg.[1]

Por otro lado, la falta de facilidades para expresarse cómodamente es otro de los obstáculos con los que el Sistema, siempre en guardia ante sus propios intereses, intenta silenciar a los que se oponen a él. A pesar de lo mucho que hoy se habla de libertades y de los derechos del hombre, la cruda realidad nos demuestra cada día que la sinceridad (por más que sea respetuosa y vaya animada de la mejor intención) puede ocasionar problemas a quien se atreva a practicarla.

---

[1] Aunque parezca extraño, existe poca bibliografía sobre la materia. Lo más completo y mejor que se puede consultar es el libro de Romano Amerio, conocido en la versión inglesa como *Iota Unum; A Study of Changes in the Catholic Church in the XXth Century*, Sarto House, Kansas City, 2002. La versión original en italiano fue publicada en el año 1985. La versión en español es de 2003, publicada en Criterio Libros.

Introducción 17

A este propósito no podríamos sino sentir nostalgia ante lo que sucedía en tiempos pasados. Aquéllos en los que a los cristianos les estaba permitido pensar y expresarse como hijos de Dios, sin sufrir represalias, y sin más consecuencias punitivas que las que pudieran derivarse de verdaderas actuaciones delictivas. Incluso considerando como muy alejadas en el tiempo las reconvenciones de San Pablo al Apóstol San Pedro, no ha sido un hecho demasiado extraño, a lo largo de la procelosa historia de la Iglesia, el de que algunos santos se atrevieran a recriminar a los Papas por su conducta. Lo que no fue tan digno de alabar como el hecho de que los Papas lo aceptaran con objetividad y serenidad; sin más. Es admirable, por ejemplo, la libertad y el desenfado con que Dante, en su *Divina Comedia*, denuncia la conducta reprochable de Pontífices y multitud de lacras también de la Iglesia de su tiempo.[2] Y sin embargo nadie ha dudado jamás del profundo sentido cristiano, y de fidelidad a la Iglesia, del Divino Poeta. Como tampoco ningún historiador se ha atrevido en ningún momento a cuestionar la catolicidad del Emperador Carlos V, a pesar de sus diferencias políticas y luchas con el Papa.

Solamente Dios conoce lo que puede suceder con la Iglesia en los tiempos del futuro inmediato o mediato. Las perspectivas puramente humanas no son halagüeñas. Y las que parecen derivarse de las profecías del Nuevo Testamento, referentes a los últimos tiempos, menos todavía. Hay en ellas algo que queda bien claro, y que incluso los acontecimientos parece que se empeñan en hacer realidad: hacia los tiempos finales la Iglesia quedará reducida a una mínima

---

[2] A título de curiosidad, pueden consultarse, entre otros, los siguientes pasajes de la *Divina Comedia*: Inf., 15, 112; 3,60; Par., 27, 19–45; 21, 127–135; Pg., 16, 106–111; 3, 133–135; Par., 18, 127–129; Inf., 19 (el canto completo); Par., 18, 122–123; 27, 52–54; Inf., 19,57; 19, 100–114; Par., 9, 142; Pg., 32, 142–160; Par., 27,66; Inf 23, 58 y ss.; Inf., 7, 46–48; Par., 11, 118–139. Cf también, por ejemplo, *Monarchia*, 3,3. Etc., etc.

expresión, así como que los momentos últimos serán acortados por Dios expresamente *por amor a los elegidos*. La promesa del Señor que hace referencia al fracaso definitivo de las *Puertas del Infierno* contra la Iglesia, no quita nada a lo que acabamos de decir.

Nos queda, como siempre, la esperanza sobrenatural. La que nos conduce al convencimiento firme de que Dios cuida de su Iglesia (a través de los caminos, siempre extraños para nosotros, de su Providencia) y de que nos ama a los que somos sus hijos y por los que dio la vida en Jesucristo: *No temas, pequeño rebaño*. Pero lo estamos viendo otra vez: siempre será un pequeño rebaño.

Una época difícil como la nuestra es indudablemente una época para los santos. Y una época oscura también como es ésta en la que vivimos es la más apropiada, la del momento justo y oportuno, para que aquéllos que tengan corazón se atrevan a lanzarse, a través de calles y plazas, para hacer realidad la consigna del Maestro: *Vosotros sois la luz del mundo*.

Por último, si alguien lee detenidamente y con facultad para resumir, se dará pronto cuenta de la idea que subyace en todo lo que se va diciendo en estas consideraciones. La cual no es otra que el sacerdocio, junto con la generosidad de amor que conduce hasta él. Porque, tal como hemos dicho antes, comprometerse ahora al sacerdocio supone una decisión tan generosa como heroica y sublime.

Todo el mundo sabe, sin embargo, que el sacerdocio es el único *oficio* al que pueden acceder los hombres que, o bien se ejerce con autenticidad y con todas sus consecuencias —el Buen Pastor—, o no hay sacerdocio de ninguna manera —el Mercenario, trabajando a sueldo y al que no le importan, por lo tanto, las ovejas—. Por eso sería inútil atreverse a acceder a tan tremenda dignidad, e incluso sería tiempo perdido hablar de ella, si no se conoce de verdad lo que es el Amor. No tendría sentido intentar *revivir* la existencia de

Introducción

Quien vino al mundo a traer el Amor, si no se está por completo enamorado de Él. Y el sacerdocio es justamente la situación que reclama, más que ninguna otra, el amor perfecto. De ahí que, tal como decía el poeta:

> *Hablarlo sin vivirlo es triste cosa,*
> *vivirlo sin hablarlo es lo sublime;*
> *tú que velas mis sueños, ven y dime*
> *cómo alcanzar esa existencia hermosa.*[3]

---

[3] *CFC*, 77.

CURACIÓN DEL CIEGO DE NACIMIENTO

MEDITACIÓN

(Marzo, 10, 2002. Jn 9:1 y ss.)

Si sois fieles a la voluntad de Dios con respecto a vosotros, y por lo tanto también a vuestra vocación, es de suponer que la mayoría llegaréis al sacerdocio. Entonces comprenderéis —como sabemos bien por experiencia los que ya lo somos— que, tanto la tarea de predicar como la de confesar, son cargas difíciles de soportar. En el sacramento de la confesión, por ejemplo, no se trata meramente de escuchar pecados y de impartir la penitencia correspondiente; sino que es también necesario, en cierto modo, hacerse cargo de los pecados del penitente. Al fin y al cabo el sacerdote es *otro Cristo*; y si Él tomó sobre sí nuestras enfermedades, cargó con nuestras miserias, y se hizo pecado por nosotros..., dado que nuestra misión es continuación y prolongación de la suya —podríamos decir que es su misma misión: *Como el Padre me envió así os envío yo a vosotros*—, el sacerdote se hace cargo de los pecados del pueblo hasta el punto de hacerlos suyos en cierta manera. Es así como los sufrimientos y miseria de sus hermanos recaen sobre él, y de ahí que os haya dicho antes que es carga onerosa y dura de soportar.

En cuanto a la predicación..., más parece una broma que otra cosa por parte de Dios hacia nosotros. Una broma bastante molesta, en cuanto que con ella nos encarga nada menos que la tarea de transmitir su Palabra. O dicho de otro modo: la tarea de llegar al corazón de los otros y llenarlo, estando nosotros vacíos; y encenderlos en el fuego del amor de Dios, cuando en realidad nosotros no lo poseemos. Y hasta tal punto nos impone Dios esa obligación que bien podemos decir, con San Pablo: *¡Ay de mí, si no predicara!* Sin embargo, lo que es tarea onerosa y hasta insoportable puede convertirse, y de hecho se convierte, en algo sublime y maravilloso. Pues verdaderamente los pensamientos de Dios no son nuestros pensamientos, y sus planes no son nuestros planes; y hasta lo que consideramos, quizá, como algo miserable Dios lo ve en cambio como glorioso e inefable.

De hecho eso es lo que Dios ha querido para nosotros. Hasta el punto —como os lo he repetido tantas veces— de que un sacerdote que estuviera convencido de la eficacia de sus propias fuerzas y posibilidades, se encontraría en una situación en la que resultaría inútil su apostolado. Solamente daría fruto en la medida en que fuera consciente de sus debilidades, *y hasta por el hecho de sus debilidades mismas*. Es por eso por lo que decía el Apóstol: *Mirad hermanos vuestra vocación. En realidad no hay entre vosotros muchos sabios según la carne, ni muchos poderosos ni muchos nobles. Dios tuvo a bien elegir lo necio del mundo para confundir a los sabios, y lo débil del mundo para confundir a los fuertes; lo vil y lo despreciable del mundo, lo que no es, para confundir lo que es; para que ninguno se gloríe delante de Dios. Pues vosotros estáis por Él en Cristo Jesús; a quien Dios ha hecho para nosotros sabiduría, justicia, santificación y redención; de modo que según está escrito: "el que se gloría, que se gloríe en el Señor"*.[1] Ésa es nuestra vocación y ése es nuestro destino.

---

[1] 1 Cor 1: 26–31.

Curación del Ciego de Nacimiento

La virtud de la Pobreza alcanza su grado máximo y su tope en Cristo Jesús Nuestro Señor. El cual, *siendo rico, se hizo pobre por nosotros*.[2] El que se despojó de todo hasta el punto de *anonadarse a sí mismo* (Flp 2:7), y el que *se hizo pecado por nosotros* (2 Cor 5:21). Y de ahí la necesidad de que también nosotros seamos pobres y nos hagamos como nada. De manera que solamente en la medida en que vivamos las consignas de San Pablo veremos asegurada la fecundidad de un ministerio que, de otro modo, sería ineficaz.

El Señor nos lo dijo de muchas maneras: *Si el grano de trigo no cae en la tierra y muere, no da fruto*,[3] por ejemplo. Y en efecto; porque si alguno desea vivir intensamente la vida, ha de estar dispuesto a perder la suya propia, a fin de cambiarla por la del Maestro: *Vivo yo, pero ya no soy yo quien vive, sino que es Cristo quien vive en mí*,[4] decía San Pablo.

El texto evangélico de hoy nos cuenta, de manera un tanto prolija —a pesar del carácter esquemático del Evangelio— el episodio de la curación del ciego de nacimiento. Aquél a quien encontraron los apóstoles cuando iban de camino y que aprovecharon para preguntar al Señor; pues se trataba de un mendigo cuya vida miserable había transcurrido pidiendo limosna y cuya situación de ceguera era de nacimiento. Pero ¿se encontraba así por sus propios pecados, o quizá por los de sus padres? Es bien conocida la costumbre de atribuir a los sucesos una interpretación equivocada, o la de intentar explicarlos por causas que tienen poco o nada que ver con ellos. Justamente lo mismo que sucede en la actualidad. A veces es para reír, o seguramente para llorar, los diagnósticos que suelen hacerse acerca de muchos de los fenómenos que nos presenta la sociedad moderna.

---

[2] 2 Cor 8:9.
[3] Jn 12:24.
[4] Ga 2:20.

¿Por qué se embriagan de manera tan brutal, por ejemplo, los jóvenes de hoy, provocando escándalos y altercados que imposibilitan la vida tranquila de los ciudadanos civilizados? Los sociólogos y expertos apuntan a una serie de explicaciones que, no porque provocan la risa, dejan de ser lamentables por su falsedad: las leyes municipales, que no están debidamente adaptadas, la policía local o municipal que nunca funciona debidamente..., u otras; pero sin llegar nunca al fondo del problema. El cual no es otro sino el de que la sociedad moderna está corrompida hasta la raíz, el hecho de que los padres son incapaces en la actualidad de educar y controlar debidamente a sus hijos, la destrucción y desaparición de la familia, etc., etc., porque no vale la pena continuar. Actualmente en España, por ejemplo, no se ha encontrado otra solución al tremendo problema de la disminución de la natalidad —somos el país con menos índice de natalidad en el mundo— que el de hacer la *vista gorda* con respecto a la inmigración. Y si una inmigración descontrolada va a causar después nuevos y más graves problemas, ya se buscará la solución sobre la marcha: pero siempre, repito, sin llegar al fondo del problema. Jamás se habla de la necesidad de que los matrimonios sean fecundos y de la consiguiente urgencia en que se respeten las leyes divinas; ni se menciona que los hijos son una bendición de Dios, ni que los padres son los responsables y educadores de sus hijos (y es precisamente la virtud de la generosidad una de las primeras enseñanzas que deben transmitirles). Algo semejante a lo que sucede cuando se habla de la droga, o de la violencia en todas sus formas; se dice que todo se debe a que no se respetan los Derechos Humanos, o a que no se tiene en cuenta la Constitución. Porque todo está clarísimo: una vez que sea respetada la Constitución se acabaron los problemas. Y en cuanto a la juventud en general..., ¡Ah, la juventud! Debe aprender a proponerse como objetivo de su vida el contenido de la Declaración de

Curación del Ciego de Nacimiento

Derechos Humanos, el de la Carta de las Naciones Unidas, o el de la Constitución de los Estados Unidos. Hecho lo cual, es evidente que se establecerá la justicia en el mundo, se fundamentará la paz, etc. Y dicho todo ello hasta por personas serias, o que se suponen inteligentes, nos conduce a una clara conclusión: o el mundo se ha vuelto loco o lo estamos nosotros.

Recuerdo en este momento una de las historietas de Mafalda, graciosa y profunda como siempre, y que encaja con lo que estamos diciendo. Se encuentra Mafalda hablando con Susanita (su amiga del alma que solamente piensa en casarse y en tener hijos) y deciden jugar a las mamás. *Yo voy a ser mi mamá* —dice Susanita— *y tú, Mafalda, la tuya; y vamos a hablar como lo hacen ellas*. Mientras tanto la mamá de Mafalda se encuentra escondida en la habitación contigua y con el oído atento. Hasta que dice Mafalda: *Bueno, vamos a ver: ¿Cuál de las dos dice la primera estupidez...?* Desencanto y desaliento por parte de la mamá que escuchaba a escondidas. Y no es para menos, porque son demasiadas las estupideces que se escuchan por todas partes y a toda hora.

Los apóstoles preguntaron a Jesús: *Maestro, ¿quién pecó, éste o sus padres, para que naciera ciego?* Y les respondió el Señor: *Ni pecó él ni sus padres; sino para que se manifiesten en él las obras de Dios.* E hizo un poco de barro con tierra recogida del suelo y su propia saliva y, poniéndolo sobre los ojos del ciego, le advirtió: *Ahora ve a la piscina de Siloé y lávate.* Entonces el ciego lo hizo así y volvió con vista.

Es realmente una desgracia que nuestros diagnósticos o interpretación de los hechos sean falsos con tanta frecuencia. Y es que, además de que nuestro entendimiento ya es débil de por sí, sucede que estamos como inmersos en el mundo de la mentira y de la manipulación. El mundo que ha hecho su libre elección por la mentira, a cuyo respecto os aconsejo que leáis *La Metafísica de la Opción Intelectual*, ese libro tan interesante y ya clásico de Cardona.

Añade el Señor a continuación unas palabras que no dejan de ser un tanto misteriosas. En realidad sus palabras son siempre profundas, aunque a veces son también difíciles de entender: *Conviene que hagamos las obras de Aquél que me ha enviado, mientras es de día; pues viene la noche, cuando ya nadie puede trabajar. Mientras estoy en el mundo soy la luz del mundo.* ¿Qué es lo que significan en realidad estas expresiones? Como sabéis, San Juan gusta de contraponer en sus escritos la luz y las tinieblas. En éste concretamente, en el que se trata de dar la vista al ciego de nacimiento, la contraposición entre luz y tinieblas tal vez pueda referirse a la contraposición entre el bien y el mal, entre la verdad y la mentira, entre la bondad y la maldad.

Cuando dice Jesús que conviene que hagamos las obras de Dios mientras que es de día, pues después viene la noche, cuando ya nadie puede trabajar, para añadir a continuación: *Yo soy la luz del mundo...*, tal vez quiso decirnos: Haced las obras de Dios mientras Yo esté con vosotros; porque cuando llegue la noche y quedéis sumidos en la obscuridad, cuando Yo no me encuentre ya con vosotros y os falte, nada podréis hacer. Porque *sin mí no podéis hacer nada*.[5] Lo que viene a significar que si estamos con Él y Él llega a ser nuestra vida, convirtiéndonos si acaso en otros Cristos, es entonces, y sólo entonces, cuando podremos hacerlo todo.

Desgraciadamente el catolicismo actual, y el cristianismo en general, han derivado hasta convertirse en un mensaje de preocupación por las obras sociales, el bienestar social, la implantación de la justicia en el mundo o la Democracia, la desaparición de las clases oprimidas, la lucha por la paz, etc. Aunque hemos de advertir que,

---

[5] Jn 15:5.

con respecto a la paz, la Pastoral moderna es frecuente que la entienda en sentido puramente humano y no en el de aquella paz de la que hablaba Jesús. La realidad es que la Persona del Señor ha sido desplazada por un conjunto de cuestiones marginales. Todo lo importantes y justas que se quiera, pero que son al mismo tiempo —al menos muchas de ellas— puras utopías y ucronías. Los pobres y débiles que vivimos en el mundo sabemos bien que en este mundo nunca habrá completa paz ni desaparecerán las injusticias. Y en todo lugar y en cada momento *los que quieran vivir según Cristo padecerán persecución.*[6] Los cristianos, por más que no podamos ser pesimistas, somos conscientes de que siempre existirán la manipulación, el abuso de los poderosos contra los débiles y el imperio de la Mentira. Cuando Dios expulsó a Adán y Eva del Paraíso, colocó en la puerta un ángel con una espada flamígera; lo que tal vez signifique que ya no habrá jamás en la tierra otro Paraíso terrenal (por más que Marx dijera lo contrario). Tal cosa sólo se volverá a ver al fin de la Historia, cuando haya *unos cielos nuevos y una tierra nueva.*[7]

Lo que intento deciros con todo esto es que lo verdaderamente importante, o lo único fundamental, es que permitáis que Cristo Jesús impregne vuestras vidas. Después y sobre eso poned lo que queráis: la preocupación por los marginados y oprimidos, por la justicia social y la paz en el mundo... Pero siempre y cuando Cristo, al decir de San Pablo, sea vuestra vida. Que vuestras actividades y trabajos, vuestros objetivos, vuestras ilusiones y vuestros planes, vayan encaminados siempre a poner en los demás la vida de Jesús —la que vosotros ya estaréis viviendo previamente—. Tarea que habréis de llevar a cabo con verdadero heroísmo. ¿Y por qué con heroísmo? Porque somos bien conscientes de que, cuando intentamos conducir

---

[6] 2 Tim 3:12.
[7] Is 65:17.

a los otros hasta Cristo, hemos de hacerlo al tiempo que sabemos que nosotros mismos no estamos llenos de Él; y que hemos de fortalecerlos cuando nos sabemos débiles, e ilustrarlos cuando somos conocedores de nuestra ignorancia.

Por eso es justo decir que la función del sacerdote y ministro de Jesucristo, llevada a cabo en estos tiempos en los que vivimos, es heroica y aun sobrehumana. Un desafío maravilloso, emocionante y palpitante. Y aun es fabuloso pensar que, dado que las cosas están como están, Dios haya querido sin embargo confiar en nosotros: eligiendo a lo necio del mundo para confundir a los sabios según el mundo. Dejando patente, una vez más, que Dios es capaz de planificar según una medida que a nosotros, con demasiada frecuencia, nos parece una broma.

El caso es que el ciego, obedeciendo a Jesús, fue a la piscina de Siloé y volvió curado. Lo que fue motivo —las cosas de nosotros, los humanos— de que se produjeran en la Sinagoga un gran tumulto y una gran polémica. Los principales de los judíos, o los bien pensantes de los fariseos, se escandalizaron hasta el paroxismo porque la curación se había realizado en Sábado. Una vez más las menudencias colocándose ante el minúsculo entendimiento humano para impedirle ver lo importante. Los árboles que no dejan ver el bosque. ¿Qué es lo que sucede, por ejemplo, con la Iglesia en general o más concretamente con la Iglesia en los Estados Unidos? En realidad, la situación de la Iglesia en USA en estos momentos es desesperadamente grave (aunque no se podría decir que sea mejor en Europa).

Y sin embargo, a pesar de la existencia de una situación eclesial más bien angustiosa, vemos a muchos Pastores preocupados por cuestiones baladíes o insignificantes, con olvido de las demás. Nosotros, por ejemplo, somos acusados con furor en los Estados Unidos de que no somos partidarios de que las *altar girls* acoliten nuestras misas. Ante todo he de decir que no existe ningún ordenamiento del

Derecho que imponga como obligatorio la utilización de *altar girls* en el culto. Al menos a nosotros no nos ha sido ordenado jamás. Recuerdo que en cierta ocasión el Obispo Hughes, de Metuchen (N.J., USA), una gran persona y buen amigo mío, me hizo un ofrecimiento en el que yo había de elegir: nos ofrecía una parroquia con la condición de que aceptáramos la implantación en ella de las *altar girls*. Pero el ofrecimiento era meramente en forma de opción, no mostrando el Obispo en ningún momento la voluntad de imponernos obligatoriamente la parroquia.

Por supuesto que agradecí al Obispo el ofrecimiento pero no quise aceptar la parroquia, puesto que creía tener buenas razones para actuar de esa manera. Primeramente porque está más que comprobado que las chicas interviniendo en el culto desplazan a los muchachos (los cuales dicen que, siendo el oficio del altar cosa de chicas, ellos por su parte no quieren saber nada). Con lo cual, carentes ahora de la institución multisecular de los *monaguillos*, nos privamos de una fuente de vocaciones al sacerdocio también multisecular.

Aparte de eso, existe también el grave peligro de desvirtuar las cosas. Comprenderéis que no voy a entablar aquí una discusión, por otra parte inútil y sin sentido, acerca de cuál de los dos sexos es más importante; si lo es el varón o es acaso la mujer. Creo que ambos son igualmente importantes y que a ambos se les han asignado, dentro de la Iglesia y de la sociedad, tareas peculiares, específicas y necesarias; si bien diferentes. Durante más de veinte siglos ha habido en la Iglesia santos y santas, y todos han cumplido su misión sin distinción de sexo. Pero cabe la posibilidad, si prosperan ciertas tendencias que están apareciendo, de que se pongan trabas o impedimentos a las tareas que varones y mujeres —cada uno por su parte— han de realizar dentro de la Iglesia y de la sociedad: algunas de ellas a llevar a cabo solamente por el varón, mientras que otras están llamadas a ser realizadas exclusivamente por la mujer.

Es posible que mucha gente piense que la mujer está desempeñando un gran papel cuando distribuye la sagrada comunión en las celebraciones eucarísticas, cuando lee en ellas los textos litúrgicos, o incluso cuando predica. Yo, desde luego, no lo creo así. Me contaba hace poco uno de nuestros sacerdotes que había llegado a su parroquia una monja dispuesta a hacer cierta propaganda, misional o de no sé qué. La monja expresó su deseo de ser ella la encargada de la predicación en el oficio litúrgico eucarístico. Nuestro sacerdote le transmitió su agradecimiento al mismo tiempo que su más firme negativa: Lo siento, hermana, pero la homilía —así le dijo educadamente a la monja— la predico yo, tal como está mandado.

Es evidente que si se establece la costumbre de que sean las mujeres quienes imparten la eucarística, prediquen las homilías, se encarguen de las lecturas litúrgicas, etc., se corre el grave peligro de que olviden y descuiden cuáles son sus principales oficios y tareas —por otra parte, insustituibles— en la sociedad y en la Iglesia: Su papel de madres y el importantísimo de la educación de sus hijos, la atención a los enfermos y a los pobres y desvalidos; o la de confortar al varón e incluso enseñarle la fortaleza ante el sufrimiento, el dolor y la enfermedad (es indudable que la conocida expresión del *sexo débil* es un invento del varón). La mujer puede desempeñar un papel importantísimo en la catequesis, por no hablar de sus funciones respecto a la vida de oración y contemplación. Solamente es de Dios conocida la labor llevada a cabo por la mujer, durante veinte siglos de Iglesia, en conventos de clausura y en hospitales y casas de misericordia.

Tanto en los Estados Unidos como en España se enfrenta actualmente la Iglesia ante problemas de la mayor gravedad. Desde luego es claro que ni las discusiones ni la profusión de *altar girls* o de diáconos permanentes van a solucionar nada. Con respecto a estos últimos creo que su institución —o mejor, su reinstitución— es algo que compete exclusivamente a la Iglesia y es de suponer que es Ella la que tendrá en cuenta las circunstancias del caso. Si son necesarios en algunos lugares, bienvenidos sean, pues para eso han sido establecidos; multiplicarlos por multiplicarlos, sin embargo, me parece inútil además de nocivo (conozco parroquias en los Estados Unidos en las que hay *¡más de cien ministros de la eucaristía!*) en cuanto que pueden agravar más el problema de la escasez (cada vez mayor) de sacerdotes. Aunque yo tengo mis opiniones personales al respecto, pues albergo la sospecha de que lo que hay en la mente de algunos es la supresión del celibato eclesiástico (cuando ya no haya presbíteros, es evidente que estos diáconos —por lo general casados— tendrán que ser ordenados de sacerdotes).

De todas maneras, y mientras tanto, los problemas graves y fundamentales continúan ahí, sin que se les preste demasiada atención: La destrucción moral del clero, la miseria espiritual que está padeciendo (desde que los Pastores se dedicaron principalmente a la promoción de los seglares), y su abandono por parte de tantos Obispos (olvidados de sus deberes de Padres y Pastores, dedicados a demasiadas reuniones aquí y allá, y empeñados en interminables y complejas tareas burocráticas, administrativas, y hasta políticas), la escasez de vocaciones —tanto seculares como religiosas—, la destrucción de la familia, la deserción de la juventud, la hedonización y paganización de la sociedad, la falta de auténticas reformas en la organización, formación y enseñanza en los Seminarios sacerdotales, el divorcio y la eutanasia aceptados e implantados por doquier, el aborto generalizado, la manipulación y porquerización de casi todos los medios de comunicación... *Y mientras tanto llegaron los galgos y cogieron vivos a los dos conejos*, decía la fábula.

Pues bien, y aunque parezca increíble: ¿Cómo puede ser de Dios un hombre que cura en Sábado? Así decía la Sinagoga y con ella todos los bien pensantes. Ha curado en Sábado, luego es un pecador. Y ya conocemos el violento diálogo entablado con el ex ciego y el alboroto que se produjo a continuación.

—*¿Cómo puede un hombre pecador hacer tales milagros?* Y no acababan de ponerse de acuerdo. Hasta que se les ocurrió preguntar al sujeto mismo causa del escándalo:

—*¿Qué dices tú de él, ya que te ha abierto los ojos?* Y el pobre mendigo contestó llana y valientemente:

—*Que es un profeta.*

Y entonces, dispuestos a no creer en modo alguno, acudieron a los padres del ciego que había sido curado. Los cuales tuvieron miedo, como es lógico, haciendo que el interrogatorio volviera de nuevo al ex ciego. Así que lo llamaron otra vez y volvieron a la carga, con resultados aún más inesperados:

—*Da gloria a Dios. Nosotros sabemos que ese hombre es pecador.*

Y la sorprendente respuesta:

—*Yo no sé si es pecador; lo único que sé es que yo era ciego y ahora veo... Os lo dije ya y no me habéis escuchado. ¿Es que también vosotros queréis haceros discípulos suyos?*

Terrible irritación por parte de los judíos:

—*Tú serás su discípulo. Nosotros somos discípulos de Moisés. Sabemos que a Moisés le habló Dios; pero, en cuanto a ése, no sabemos de dónde es.*

Solamente les faltó decir: Ni tampoco queremos saberlo. Hasta que es el mismo Jesús quien se hace el encontradizo con el ex ciego y pone las cosas en su sitio. Y como siempre, va directamente al fondo y a la raíz misma de la cuestión. Ya no se trata del hecho de que la curación haya tenido lugar en Sábado o no. Un problema

Curación del Ciego de Nacimiento 33

secundario y meramente marginal. Tampoco se trata del rechazo que, con respecto a su Persona, habían decidido previamente los judíos, contra todas las evidencias. Sencillamente Jesús se encara ahora con el desgraciado. Pues es frecuente que sean precisamente los infelices y miserables los más aptos para abrir su corazón a la verdad. Y por eso le hace ahora la pregunta clave y fundamental:

—*¿Crees tú en el Hijo del hombre?*

Y el ex ciego responde:

—*¿Quién es, Señor, para que crea en él?*

—*Pues lo has visto. Es el que habla contigo*, respondió Jesús.

Pregunta del Señor tan impresionante y viva como que para los judíos la expresión Hijo del hombre tenía un significado demasiado claro. Era una alusión directa a la divinidad del Mesías, según la conocida profecía de Daniel. Una de las profecías antiguas más llenas de misterio, y de las más envueltas en esa belleza poética y velo impreciso de obscuridad propias de esta clase de oráculos. Obscuridad e impacto directo en el corazón al mismo tiempo: *Miraba yo en la visión nocturna; y vi venir entre las nubes del cielo a un como Hijo de hombre, que se llegó hasta el anciano de los antiguos días y le fue presentado a éste. Le fueron dados el señorío, la gloria y el imperio; y todos los pueblos, naciones y lenguas le sirvieron. Y su dominio es eterno, porque no acabará nunca. Y en cuanto a su imperio, un imperio que nunca desaparecerá.*

Es por lo que le dice el Señor:

—*¿Crees tú en el Hijo del hombre?*

Comprendió muy bien el ex ciego el sentido de la pregunta, y por eso responde:

—*¿Quién es, Señor, para que crea en él?*

—*Soy yo. El que habla contigo.* Y es entonces, cuando sin más consideraciones, el mendigo se arrodilla y lo adora, reconociéndolo como Dios. Las palabras finales del Señor tienen la misma tremenda actualidad de siempre:

—*Yo he venido a este mundo para un juicio. Para que los que no ven, vean; y para que los que ven, se vuelvan ciegos.*

Porque para reconocer a Jesús como Mesías y como Dios hacen falta la voluntad y el sentimiento que proceden de un corazón sencillo y bueno. De un modo o de otro —admitiendo o negando— es como se hace posible que los que no ven, vean; y que los que ven, se vuelvan ciegos.

Lo curioso es lo que queda bien patente en el episodio. En él aparecen, de un lado, los oficialmente buenos y religiosos, los fariseos, los bien pensantes, los escribas, las instituciones reconocidas, la Sinagoga... En el otro lado nos encontramos con los pobres, los miserables, los débiles, los abandonados y desconocidos por el mundo..., los cuales son aquéllos cuyo corazón está verdaderamente abierto para recibir a Dios. Y no es que el Señor rechace las instituciones, por supuesto.

Jesús no habla ni actúa en ningún momento contra la Sinagoga. Incluso entra en ellas los sábados, para predicar y hasta para practicar de vez en cuando diversas curaciones. Demasiado bien conocería el Señor la necesidad de las sinagogas, de los escribas, de instituciones como el Sanedrín... Lo mismo que fue necesaria su Iglesia entonces y sigue siendo necesaria ahora; Iglesia que es santa y a la vez pecadora también. Sabía el Señor que es justamente en el marco de esta Iglesia que es divina, aunque a la vez y al mismo tiempo tan *humana*, donde los pequeños e infelices de este mundo habrían de encontrar el camino de la salvación, que es lo mismo que encontrarlo a Él. Pues es dentro de esta Iglesia donde únicamente se puede encontrar a Jesús. Nosotros, por nuestra parte, somos sus hijos y no podemos prescindir de ella, incluso aun sabiendo que a menudo no nos va a comprender. Como decía el Papa Pío XII dirigiéndose precisamente a los sacerdotes; los cuales, según él, no podían esperar de la Iglesia en este mundo ni comprensión ni recompensa.

Es en este contexto donde se aprecia con claridad la condición de minucias que caracteriza a ciertas cuestiones cuando se las compara con las que son fundamentales: Si se debe curar o no en Sábado, si se está o no conforme con la utilización de *altar girls* en el culto..., o con tantas y tantas minicuestiones que tan frecuentemente acaparan la atención de los Pastores y que no conducen a nada.

La única joya preciosa es Jesucristo y nuestra vida en Él. Si bien es verdad que las joyas más admirables suelen guardarse a menudo en estuches o relicarios de poco o escaso valor. Aunque no lo es menos que es precisamente el estuche el que hace posible el cuidado y la conservación de la joya, y el que facilita la labor de llevarla de un lado a otro a fin de que pueda ser admirada por todos.

Y llegados a este punto volvamos a lo que os dije al principio de esta charla: ¡Ojalá que el Señor sea vuestra vida! Que vuestra pequeñez y vuestra debilidad no os detengan en vuestra empresa, ni os acobardéis jamás ante la maravillosa y sublime misión que Dios os ha encomendado —la cual, en efecto, superará vuestras fuerzas y vencerá vuestras debilidades—. El Cura Rural de Bernanos estaba bien convencido de sus debilidades y de la aparente inutilidad de su vida; por más que era precisamente tal debilidad la que conseguía la conversión de la gente. Por eso, es en el momento de su muerte cuando por fin se da cuenta, como el Apóstol, de que ha sido precisamente esa debilidad la que ha facilitado la fuerza y la actuación de Dios: *Todo es gracia*, nos dice como su mensaje último y compendioso al expirar.

Reconozco que siempre me han impactado fuertemente unas palabras del Señor referentes a lo que sucederá al final de nuestra vida:

Ven aquí, siervo bueno y fiel; fuiste fiel en lo poco, pero yo te voy a constituir sobre lo mucho. Algo así como si Nuestro Señor, reconociendo y partiendo de nuestra debilidad, se hubiera propuesto edificar lo mucho. A semejanza de Sí mismo, que se hizo como la nada por nosotros por amor a nosotros. Y es que los pensamientos de Dios no se parecen mucho a los pensamientos de los hombres.

Dios ha lanzado sobre vosotros el desafío de lograr la santidad: como un combate de amor al que habéis sido convocados: *Y la bandera que ha alzado contra mí es una bandera de amor.* Y, tal como os sucederá muy a menudo, cuando no acabéis de entender los caminos de la Iglesia terrena, seguidlos sin embargo fielmente. Como la Virgen al pie de la cruz; que, aun sin entender en modo alguno los designios del Padre, los acataba en su totalidad con la fidelidad que únicamente puede proporcionar el verdadero amor.

EL BUEN PASTOR

MEDITACIÓN

(Abril, 21, 2002. Jn 10:1 y ss.)

Ayer os decía en la homilía que, si bien parece que algunas de las palabras del Señor nos impactan más que otras, o que éstas o aquéllas poseen cierta particularidad o peculiaridad, en realidad todas son profundas y fundamentales: *Mis palabras son Espíritu y son Vida.*[1] Aunque hay que reconocer que, entre los discursos o palabras del Señor que atraen más nuestra atención, hay que contar la parábola o alegoría de *El Buen Pastor*, la cual la Iglesia nos propone hoy como lectura en su liturgia, en la fiesta o domingo del Buen Pastor. El texto está referido en el capítulo 10 del Evangelio de San Juan:

En verdad os digo que quien no entra por la puerta en el aprisco de las ovejas, sino que salta por otro lado, ese tal es un ladrón y un salteador. Pero quien entra por la puerta es pastor de las ovejas. A éste le abre el portero, y las ovejas escuchan su voz; llama a las ovejas propias por su nombre y las saca fuera. Cuando las ha sacado todas va delante de ellas; y las ovejas le siguen, porque conocen su

---

[1] Jn 6:64.

voz. Pero no siguen a un extraño, sino que huyen de él, porque no conocen la voz de los extraños.

Continúa el texto diciendo que Jesús les propuso esta parábola que ellos, por supuesto, no entendieron. Entonces continuó diciéndoles:

En verdad os digo que yo soy la puerta de las ovejas. Todos los que han venido antes que yo son ladrones y salteadores, y por eso las ovejas no les escucharon. Yo soy la puerta: Si alguno entra por mí, se salvará; y entrará, y saldrá, y hallará pastos. El ladrón, en cambio, no viene sino a robar, matar y destruir. Yo vine para que tengan vida y la tengan en abundancia.

Un tema de enorme importancia y transcendencia. Todos sabemos que Jesucristo, fundador de la Iglesia, instituyó en ella dos clases de fieles: los así llamados simples fieles y los Pastores. Son estos últimos a quienes se les ha encomendado la misión de conducir a las ovejas del rebaño, dirigidos a su vez todos ellos —Pastores y simples fieles— por el Pastor Supremo de las ovejas, Cristo Jesús, Cabeza del organismo entero que es el Cuerpo Místico de la Iglesia. La Iglesia, por lo tanto, posee una constitución jerárquica, puesto que así lo quiso y dispuso su Fundador. De manera que hay en ella dos clases de fieles perfectamente diferenciados, con diferenciación de grado y sobre todo de cualidad: los simples fieles y los Pastores, como hemos dicho antes.

Ya os he dicho que es un tema de singular transcendencia. Ante todo porque afecta a la constitución misma de la Iglesia, que ya nadie puede alterar. Y luego porque tiene que ver con algunos de los problemas más graves con los que se enfrenta la Iglesia en la actualidad: la falta de Pastores, de un lado, y la profunda crisis moral y espiritual que hoy en día está padeciendo el clero en general, de otro.

Si hay un grupo de ciencias al que se ha convenido en llamar ciencias exactas (todas las ciencias son ciencias en la medida en que son exactas), bien podríamos decir que las matemáticas son la ciencia de las ciencias exactas, o la medición de la exactitud de las exactitudes. La ciencia de los números, tan necesaria para resolver las cuestiones teórico–prácticas y técnicas de la vida diaria, requiere para su correcto funcionamiento el planteamiento también correcto de los problemas, además de la exactitud de los datos. De otro modo se llegaría a conclusiones absurdas y disparatadas. Por eso, en el fondo, las matemáticas son pura lógica, que es lo mismo que decir exposición lisa y llana de la verdad.

En este sentido, todo parece indicar que el problema de los Pastores, tal como hoy está planteado en la Iglesia, no tiene solución. La tendría, para empezar, si los datos aportados al tema fueran exactos y se plantearan correctamente. Quizá no sean muchos los que se encuentren dispuestos a hablar del problema en voz alta, aunque es un tema que impregna de tal modo el ambiente que en realidad está en la mente de todos: gran parte del Pueblo cristiano vive huérfano de Pastores, o con Pastores que solamente lo son de nombre.

Sin embargo, el planteamiento que suele hacerse de un problema tan grave anda lejos de ser correcto, y aún lo es menos el diagnóstico final. Con respecto a lo cual podríamos preguntarnos lo que sucedería si un diagnóstico médico, a propósito de un enfermo, fuera equivocado; donde lo menos grave que cabría esperar sería la prolongación indefinida de la enfermedad.

Pues bien: Nuestro Señor nos habla en el texto evangélico de hoy del problema (lo hace en todo el capítulo 10 de San Juan), de su correcto planteamiento, y de los remedios adecuados para resolverlo. Pero muy a menudo su voz no es escuchada, desgraciadamente.

Es fácil suponer que el Señor habría pensado de antemano en el tema, y que se habría preocupado no poco de lo que iba a suceder con los Pastores de su Iglesia. Sería de locos creer que Jesús no iba a hablar de todo esto, o que iba a dejar de aportarnos las soluciones convenientes para que el problema dejara de serlo.

Quizá penséis que estoy haciendo demasiado preámbulo. Y hasta me temo que, jóvenes como sois, no os deis cuenta de la tremenda importancia de lo que estamos tratando. Por eso os ruego, en primer lugar, que hagáis un pequeño esfuerzo para entender, de alguna manera al menos, lo que yo torpemente trato de deciros; y después, que consideréis todo esto en vuestra oración para que, a la luz de las inspiraciones del Espíritu Santo, lleguéis a comprender la profundidad del problema y las soluciones que aporta el Señor.

Lo verdaderamente sorprendente aquí es nuestra reticencia, y la de tantos y tantos cristianos en general, para hacernos eco del diagnóstico del problema que hace el Señor. Y aún sorprende más nuestra actitud de indiferencia ante las soluciones que Él nos indica.

En verdad, en verdad, os digo... Pues es de saber que, cuando Jesús comienza sus discursos con esta expresión, lo hace para llamar severamente nuestra atención acerca de la importancia de lo que va a decir a continuación (aunque bien es verdad que las traducciones modernas de los textos bíblicos suavizan demasiado esta locución). De manera que, según esto y según sus palabras: *En verdad, en verdad, os digo que quien no entra por la puerta en el redil de las ovejas, sino que entra por otro lado, es un ladrón y un salteador.*

Luego la primera condición, según el Señor, para que alguno no sea tachado de ladrón o de salteador en este tema... —o dicho de otro modo: para ser un buen Pastor de las ovejas— es la de *entrar por la puerta*. Pero entonces, ¿qué es lo que significa exactamente la expresión de *entrar por la puerta*? Es una metáfora, sin duda alguna, pero que no nos impone la necesidad de atormentarnos el cerebro para comprenderla, puesto que es el Señor mismo quien nos la explica con toda claridad. Tratándose de asuntos tan tremendamente vitales, Nuestro Señor no ha querido dejarlos sumidos en la penumbra o expuestos a la ambigüedad. Y si bien es cierto que emplea una metáfora, pone buen cuidado en apresurarse a decirnos claramente, un poco más adelante, que Él es la puerta: *Yo soy la puerta.* Lo que viene a significar, con toda seguridad, que quien no intente seriamente asemejarse a Jesucristo, no será jamás un buen Pastor; y aun ni siquiera Pastor. No será otra cosa —en palabras del mismo Jesucristo— que un ladrón y un salteador.

Pero ¿por qué hablo yo de *intento serio* a este propósito? Porque nadie puede pretender que su identificación con la vida y la Persona de Cristo sea tan grande como para poder afirmar, tal como lo hacía San Pablo: *Vivo yo, pero ya no soy yo quien vive, sino que es Cristo quien vive en mí.*[2] Por lo que respecta a nosotros mismos, sabemos demasiado bien que somos débiles y pecadores; y mentiríamos si dijéramos otra cosa. Pero sí que podemos asegurar, con toda firmeza, que nos gustaría ser buenos. Y hasta podríamos hablar de nuestra nostalgia de la santidad, y de nuestros deseos serios y sinceros de parecernos a Cristo —de alguna manera al menos, aunque sea lejana—. Que en definitiva viene a ser a lo que puede aspirar el que pretenda ser buen Pastor de las ovejas. Si Él es la Puerta es claro lo que eso quiere decir: que el que pretenda ser Pastor del rebaño tendrá que esforzarse en vivir según la misma vida que vivió Jesús, el verdadero Maestro y Señor.

Me sorprenden grandemente las soluciones que se aportan ante la gravedad del problema —escasez de vocaciones a la vida sacerdotal o religiosa, miseria espiritual y moral del clero y de los religiosos...—

---

[2] Ga 2:20.

y la profundidad de la crisis que estamos padeciendo. Casi todos los remedios que se aportan son programas de fundamentos sociológicos y carentes de contenido sobrenatural. Programas elaborados en los laboratorios de alquimia pastoral de las Curias Diocesanas que no conducen a ninguna parte: que se lleven a cabo encuestas entre la gente para conocer la opinión de unos y de otros acerca de la crisis, por ejemplo. Me pregunto acerca de lo que puede suceder cuando el cura de la parroquia rural X, atento a las instrucciones de los expertos, solicite el parecer de sus propios campesinos y les pida soluciones —lo mismo podríamos decir de cualquier pueblo y, en realidad, de cualquier parroquia—. Lo que piensan, lo que desean, y lo que necesitan los feligreses de turno es comprobar que su cura es un hombre de Dios; que les habla de Jesucristo, del auténtico Amor y de lo que puede destruirlo —léase el pecado— al tiempo que es hombre que gusta *saborear las cosas del Cielo y no las de la tierra*.[3]

De manera que, por lo visto, hay otros modos de entrar en el redil además de la puerta. Pueden haber grietas, huecos y agujeros; o bien la tapia no es difícil de saltar. Ya os he dicho que, con respecto al problema que estamos tratando, se aportan aquí y allá infinidad de soluciones. Aunque casi todas ellas carentes de contenido sobrenatural y por lo tanto equivocadas. Aquí también es frecuente olvidar que los problemas de orden sobrenatural exigen soluciones de orden sobrenatural: todo el mundo sabe que los medios han de ser proporcionados a los fines.

Claro que entrar por la puerta —la identificación con Cristo— no es precisamente una tarea fácil. Un principio fundamental de la vida cristiana consiste en que el discípulo de Jesucristo ha de morir a sí mismo, lo que es aún más transcendental y urgente cuando se trata de un Pastor. Una pastoral de orden sociológico y puramente

---

[3]Col 3:2.

humana, que no compromete a nada, es algo mucho más sencillo que el planteamiento serio de la necesidad de la santidad personal. Pongamos un ejemplo fácil de entender: Las modernas y famosas *homilías para niños*, por hablar de una costumbre hoy corriente. El sacerdote X reúne a los niños de su parroquia todos los domingos en una misa especial. Añadamos entre paréntesis que nadie ha conseguido averiguar hasta ahora la necesidad y conveniencia de una *misa especial* para niños —de los que siempre se había creído en la importancia de su integración en la comunidad parroquial y eclesial—; pero es evidente que está de moda y suena a moderno, lo cual queda muy bien. Pues bien: llegado el momento de la homilía (gritos, algazara, juegos, correrías de los niños, el sacerdote que se desgañita tratando de poner orden, etc.), nuestro sacerdote X pregunta a uno de los niños:

—*Vamos a ver, Pepito: ¿Qué opinas tú del evangelio de hoy?*

Y es para imaginarse lo que puede opinar Pepito, cuya edad quizá oscila entre los diez y los doce años, sobre la perícopa evangélica del día. Podéis olvidar los comentarios bíblicos de Santo Tomás o de los Santos Padres, *que no tienen ninguna actualidad*. Y aquí habría que añadir, también entre paréntesis, que el sacerdote X jamás ha leído a Santo Tomás y mucho menos a los Santos Padres. Pero, en fin; pese a que, según la Biblia, de la boca de los niños se escucharán las verdades, es evidente que lo único que se escucha en este caso es una *verdadera* tontería. A la cual nuestro sacerdote pastoralista asiente con entusiasmo, e incluso pide a los demás niños un fuerte aplauso para el improvisado e infantil exegeta (se suceden aplausos estruendosos, aumento intensivo del jaleo, gritos y risas por aquí y por allá y todo lo que queráis poner). Claro que todo esto tiene una enorme ventaja, al menos para alguien (no hay mal que por bien no venga): la cual consiste en que el sacerdote X no tiene necesidad de estrujarse el cerebro, preparando la homilía correspondiente, ni de llevarla a la oración para luchar con ella, ni etc. Por lo general, el sacerdote X goza entre sus feligreses de gran reputación de pastoralista moderno y de experto que *está al día* (menos el farmacéutico de la parroquia, hombre con merecida fama de tradicionalista, conservador y reacio al progreso, Dios lo perdone; el cual está convencido de que nuestro buen clérigo, aparte de no estar dotado de muchas luces, es bastante perezoso y poco espiritual).

Pero al que entra por la puerta le abre el portero, y las ovejas escuchan su voz. Pues las va llamando por su nombre y luego las saca fuera. Claro que si las va llamando individualmente por su nombre es porque conoce a cada una de ellas. Lo cual supone que entre el Pastor y la oveja —ya veis que hablo en singular— hay trato íntimo y conocimiento y amistad personales. Advirtiendo además que el texto las llama *ovejas propias*, lo cual significa que el Pastor las considera como cosa suya; no en un sentido que tenga carácter de posesión, por supuesto; como para servirse de ellas en provecho propio: *Yo no he venido para ser servido, sino para servir y dar mi vida.*[4] Viene a ser algo así como cuando nosotros empleamos expresiones como las de *mi corazón le pertenece y él me pertenece*; o bien, *esta persona es mi vida*, o tal vez *mi vida te pertenece*, etc.

El buen Pastor no pretende beneficiarse de las ovejas, sino que las ovejas se aprovechen de él. No intenta lucrarse con los frutos que ellas producen, sino que más bien desea entregarles su vida, por cuanto que le han sido encomendadas.

Y las *saca fuera*, porque no las puede mantener encerradas y aisladas en el aprisco. Es necesario que las conduzca para que se aprovechen del aire puro y los pastos de las praderas..., aunque al mismo tiempo tengan que hacer frente a los consiguientes peligros

---

[4] Mt 20:28.

El Buen Pastor 45

que allí se van a presentar: *No te pido, ¡oh Padre! que los saques del mundo, sino que los libres del Maligno.*[5] Pues nuestra específica vocación nos exige santificarnos en medio del mundo, caminando por esa vía estrecha que conduce a la vida y que es elegida por tan pocos. A través de ese ambiente —aire puro, buenos pastos, y a la vez peligros— es como el buen Pastor ha de llegar, junto con sus ovejas, hasta el final del camino. Juntamente con ellas por supuesto, tal como decía Gandalf: *Porque es mejor que regresen tres juntos que no uno solo.* Y el poeta, por su parte, también lo decía de otra manera, hablando de nuestra itinerancia en la Tierra:

> *Si vas hacia el otero,*
> *deja que te acompañe, peregrino;*
> *a ver si el que yo quiero*
> *nos da a beber su vino*
> *en acabando juntos el camino.*[6]

Por otra parte, el buen Pastor *va siempre delante de las ovejas.* Pues no puede pretender que sigan el camino si él no va delante para mostrarlo; lo que equivale a decir para que sigan sus pasos, y para que conozcan lo que han de hacer y hacia dónde tienen que dirigirse. O sea, que ha de darles ejemplo. Por lo que hace a mí mismo, nunca he estado tan loco como para pensar que, si yo no respeto las virtudes propias de la vida cristiana, las van a respetar los demás. Conociendo como conozco algo de mi propio ser, siempre he sido consciente que ando lejos de vivir seriamente virtudes tales como la pobreza, la obediencia, la humildad, la pureza de corazón, la generosidad, la rectitud e integridad de vida, la valentía, el espíritu de sacrificio y de oración, la negación de mí mismo y el amor a la

---

[5] Jn 17:15.
[6] *CFC*, 1.

Cruz, etc. Y a pesar de todo ello, sin embargo, el buen Pastor no tendría otro camino sino el de esforzarse en vivirlas.

El texto añade también algo en extremo interesante. Las ovejas siguen al buen Pastor *porque oyen y reconocen su voz.* Dos cosas, por lo tanto: oír la voz del Pastor y reconocerla. Lo que significa que entre el Pastor y sus ovejas ha de haber una comunicación dialogante. Las ovejas oyen y reconocen la voz de su Pastor; a la vez que el Pastor oye y reconoce a sus ovejas, *puesto que llama a cada una por su nombre.* De ahí que se pueda interpretar esta enseñanza en el sentido de que el Pastor, al tiempo que vive y practica el espíritu de oración, ha de enseñar a hacer lo mismo a sus ovejas. Aunque es de advertir que, si el Pastor sabe dialogar amorosamente con sus ovejas —¿y existe algún verdadero diálogo que no sea amoroso?— es porque primero *ha dialogado directamente con Dios* y aprendido por lo tanto del Espíritu Santo, o de Aquél que es el *Eterno Diálogo Amoroso entre el Padre y el Hijo.*

Pues es evidente que, quien no ha aprendido a entenderse con Dios, jamás aprenderá tampoco a entenderse con los hombres. Que es la verdadera razón por la que los hombres, que nunca han hablado tanto de *Diálogo* como ahora, han venido a desembocar sin embargo en una nueva Torre de Babel, en la que nadie entiende a nadie y nadie está de acuerdo con nadie. No debemos olvidar que el Pastor de las ovejas, o el sacerdote, es un *Pontifex* —un Puente— destinado a conseguir la intercomunicación entre Dios y los hombres. Como todos los puentes, por lo tanto, posee como función propia la de unir dos extremos que en este caso son Dios y el hombre: le habla a Dios de las cosas de los hombres e intercede por ellos, al tiempo que luego le habla de Dios a sus hermanos. Si falla cualquiera de los dos extremos, el puente deja de cumplir su función y no sirve para nada.

Pensemos, a modo de ejemplo otra vez, en el caso de los Obispos, puesto que ellos son los auténticos y principales Pastores en la Iglesia. Es evidente que no puede considerarse como la principal tarea del Obispo la de administrar los bienes de su diócesis. Tampoco ha sido puesto para intervenir o colaborar, con sus actividades u opiniones, en cuestiones *puramente* políticas y que corresponden exclusivamente al mundo de los laicos. Perdería el tiempo —y tal vez algo más— si sus mayores preocupaciones estuvieran dirigidas a conseguir ocupar cargos de más nombradía o relevancia. Sería altamente conveniente, y hasta deseable, que fuera miembro del menor número posible de Comisiones de la Conferencia Episcopal; y dígase lo mismo de las Subcomisiones. Sus ovejas se sentirían encantadas seguramente si la mayor parte de su tiempo transcurriera para él en su propia diócesis. Sus sacerdotes —sus hijos predilectos en el Señor— darían gracias a Dios si pudieran encontrar a su Padre y Pastor siempre y en cualquier momento, dispuesto a escuchar sus problemas y atender a sus necesidades; y si acaso esto sucediera sin el imprescindible y famoso requisito de la *previa cita*, es probable que la felicidad de los pobres curas alcanzara cotas parecidas a las que se deben conseguir en el Cielo. Y a este respecto no renuncio a contaros lo que le ocurrió a un buen amigo mío, sacerdote.

El buen hombre se encontraba ante un grave problema que le preocupaba grandemente; y que, según él, solamente el Obispo podía ayudarle a solucionarlo. Así que hizo una llamada telefónica al secretario particular de Su Excelencia para concertar una entrevista:

—*Entonces, por favor, ¿podría hablar, hoy mismo o quizá mañana, con el Obispo, dada la urgencia y gravedad de este asunto?*

La respuesta del secretario fue descorazonadora:

—*Imposible. Hoy tiene ya ocupado todo el horario de entrevistas. Y mañana, por supuesto, tiene que asistir a la reunión con la Comisión de Gobierno.*

Suspiro de amargura y decepción del pobre cura.

—*¡Vaya por Dios! ¿Y qué hay del día siguiente?*

—*Tampoco es posible. Tiene reunión con la Comisión Económica.*

—*Sí, sí, ya entiendo. Entonces, cualquier día de la próxima semana...*, insistía el pobre cura mientras que se sentía más y más desgraciado.

—*No es posible de ninguna manera. Tiene ocupada toda la semana con una peregrinación a Lourdes que él preside.*

—*Claro, está bien; entiendo. Entonces, ¿habrá que dejar la entrevista para la siguiente semana?*

Y mientras mi pobre amigo insistía emperrado en su desesperación, el celoso secretario continuaba inflexible en las respuestas que le dictaba el deber:

—*No puede ser. Como seguramente usted sabrá* —aquí habría que entender en realidad: como seguramente usted *debería* saber— *esa semana está ya programada una reunión de la Conferencia Episcopal.*

Aquí ya la voz tímida y apocada de mi amigo:

—*Claro, eso es muy importante. ¿Entonces...?*

—*No, no, imposible. Acabada la Asamblea de la Conferencia Episcopal tiene en su agenda un viaje importante, ya programado, a Roma. Y antes de que me lo pregunte usted, le advierto que, a su regreso, tiene que asistir a las reuniones de la Comisión de Enseñanza de la que la Conferencia Episcopal le nombró Presidente. Pero quizá tenga usted suerte, porque puedo tomar nota de su petición de entrevista para pasado un mes y medio; claro que siempre quedaría pendiente de que el Obispo la confirmara, lo cual nunca es seguro.*

Y mi desgraciado amigo, ya en el colmo de la inmolación:

—*Está bien, déjelo estar... No vale la pena. No moleste al Obispo.*

El Buen Pastor 49

Alguien pensará seguramente que el Obispo debe ser, ante todo, un hombre de oración. Es probable que, en el caso de que ocurriera tan feliz acontecimiento, ya no serían necesarios ciertos planes pastorales, más bien de contenido sociológico, elaborados por el LAPAD (Laboratorios de Alquimia Pastoral Diocesanos), por no hablar de los planes del mismo tipo para captar vocaciones (cuyo remedio-receta infalible, por haber sido redactado precisamente por el mismo Señor, conocemos: *Orad al Padre de la mies para que envíe obreros, etc.*[7]).

Vosotros, sin embargo, imaginaos un sueño extraño. Tan extraño como hermoso:

¿Alguien ha pensado en lo que podría suceder si algún Obispo celebrara la Eucaristía todos los domingos en su Catedral...? ¡Y predicara, además! (Al fin y al cabo, es su principal competencia). A continuación de lo cual —continúa el sueño— ocupara su asiento en el confesonario para oír confesiones. Por si eso fuera poco, que dedicara también largas horas, sentado en su despacho, escuchando tranquilamente a sus sacerdotes; a fin de animarlos y confortarlos, prestarles ayuda en sus problemas, e impulsar y controlar la vida espiritual y las actividades pastorales de sus hijos más queridos. Ya se sabe que el sacerdote es igualmente un ser humano, lo que hace que también se vea acosado por problemas, como le sucede a todo el mundo: ¿Y a quién va a acudir para resolverlos sino al Obispo, que es su Padre y Pastor? Pero hay más: continuad suponiendo lo que ocurriría si este sensacional Obispo acudiera con frecuencia a sus diversas parroquias; para celebrar en ellas la Misa, predicar y confesar, visitar a los enfermos... Sin pensar en lo maravilloso que sería si acaso, en lugar de nombrar a Vicarios o Delegados episcopales para administrar el sacramento de la Confirmación, lo confiriese

---

[7] Lc 10:2.

él mismo; cosa que aprovecharía para estar más en contacto con sus restantes hijos, los fieles de Jesucristo, que tanto agradecerían una presencia episcopal de resultados tan favorables para el fomento de su vida cristiana.

Desgraciadamente no siempre ocurre así. Conozco el caso de un Obispo —no es necesario que os hable del nombre ni del lugar, aunque doy fe de la veracidad del hecho— que, durante el discurso que pronunció en la toma de posesión de su diócesis, al poco de haber sido consagrado Obispo, dijo a sus sacerdotes (con la buena intención, sin duda, de infundirles ánimo):

—*No descuidéis la oración. Yo, por mi parte, hago oración desde que soy Obispo.*

Un buen consejo dictado por una buena voluntad, indudablemente. Es de esperar que sus sacerdotes no se acordasen en ese momento, de los muchos años que el dicho Obispo había sido párroco.

Pero continuemos y terminemos. De manera, dice nuestro texto evangélico, que *Jesús les propuso esta parábola, pero ellos no entendieron lo que les decía.* Como nos sucede a nosotros, ni más ni menos. O al menos lo que nos sucede cuando nos cuesta tanto esfuerzo poner en práctica las consignas de Jesús, por otra parte tan claras y tan profundas.

Cuando se dice que el Buen Pastor proporciona buenos pastos a sus ovejas, se está hablando —entre otras cosas— sin duda alguna de la predicación. De la urgente necesidad de que el Pastor predique el Evangelio a sus ovejas: ¡Y más que nada, y sobre todo, del Evangelio! Pero actualmente se repite con frecuencia una situación a la que se pueden aplicar las palabras de Jesús, contenidas en este mismo texto de San Juan y que son, sin duda alguna, unas de las más tristes y duras del Evangelio: *El asalariado, que no es pastor, de quien no son propias las ovejas, ve venir al lobo y las abandona y huye; y el lobo las arrebata y las dispersa. Porque al asalariado no le importan las ovejas.*

Pero ahí está el poder de vuestra oración y la fuerza de vuestra esperanza. El verdadero y principal Pastor de las ovejas, el buen Cristo Jesús, no dejará de enviar buenos Pastores a su rebaño. A los cuales tampoco les importará dar la vida por las ovejas; porque es seguro que las amarán, *y nadie demuestra más amor que el que da la vida...*[8] Pero aquí lo vamos a dejar.

---

[8] Jn 15:13.

LA RESURRECCIÓN DE LÁZARO

MEDITACIÓN

(Marzo, 17, 2002. Jn 11: 1–44)

En este último domingo de Cuaresma propone la Iglesia a nuestra consideración el capítulo 11 del Evangelio de San Juan, en el que se narra el episodio de la resurrección de Lázaro, el hermano de Marta y de María.

Recuerdo que, en los años de mi juventud, me resultaba muy agradable predicar acerca de este episodio. Los sacerdotes jóvenes han sido siempre aficionados a los temas que contienen abundancia de material y profusión de ideas para dirigirse a los fieles. Por lo que hace a las que aquí se contienen, a mí se me antojaban tan bellas como emocionantes; y de ahí que tan fácilmente encendieran mi imaginación y excitaran mi celo de predicador novato. En realidad este capítulo del Evangelio de San Juan, con el espectacular milagro de la resurrección de Lázaro y temas adyacentes, proporciona una buena ocasión para profundos y sabrosos comentarios.

Aunque he de confesaros que, en el momento de la vida en el que me encuentro ahora y dada mi edad, ya no me siento capaz de imaginar y enlazar florituras. Por lo que intentaré deciros lo que pueda, con la ayuda de Dios. Y os aconsejo de todos modos que leáis a menudo, despacio y con devoción, este texto evangélico.

El cual comienza diciendo que había un enfermo, Lázaro de Betania, quien al parecer era muy conocido y querido por el Señor. Betania era el lugar donde vivía el tal enfermo con sus hermanas Marta y María, ya conocidas de vosotros. Marta era aquella mujer demasiado atareada que había olvidado que *una sola cosa es necesaria*, mientras que María, en cambio, era la que había sabido *escoger la mejor parte*, y de la que se nos dice que estaba sentada a los pies de Jesús escuchando sus palabras.[1]

Las dos hermanas enviaron a alguien para que transmitiera a Jesús un emotivo ruego de su parte: *¡Señor, el que tú amas está enfermo...!* Porque el Señor era efectivamente amigo de los tres hermanos. Aunque Él no entendía la amistad al modo como normalmente la vivimos nosotros, sino en total profundidad de sentimientos: otra manera perfecta de manifestarse el verdadero amor. Por eso pudo decir después que *nadie demuestra más amor que el que da la vida por sus amigos*.[2] Y añadió en la misma ocasión, dirigiéndose a sus discípulos: *Ya no os llamo siervos, porque el siervo no sabe lo que hace su señor; sino que a vosotros os he llamado amigos, porque os he dado a conocer todo lo que he oído a mi Padre.*[3] Pues los verdaderos amigos no guardan entre ellos ningún secreto, sino que todo se lo comunican y todo se lo entregan mutuamente: lo que son, lo que poseen y hasta su propia vida. Jesús entendía así la amistad porque así es efectivamente la verdadera amistad.

—*¡Señor, el que amas está enfermo...!*

---

[1] Lc 10:41.
[2] Jn 15:13.
[3] Jn 15:15.

Tal como enviaron a decir a Jesús las hermanas de Lázaro. A Jesús, que estaba lejos, *porque si hubiera estado allí, Lázaro no hubiera muerto.* Y eso es justamente lo que parece sucedernos a nosotros cuando nuestro corazón sufre hasta ponerse enfermo; cosa que siempre ocurre en el momento en el que Jesús no está allí, junto a nosotros. *¿O es precisamente por eso por lo que se enferma nuestro corazón...?* ¿Y por qué no está allí? ¿Es que se ha marchado de nuestro lado, o quizá somos nosotros los que nos hemos alejado de Él? Sea como fuere, el resultado es el mismo. Porque es su ausencia la causa de que enfermemos de amor; y cuando eso es así, ¿importa demasiado si es o no nuestra la culpa?

> *Confortadme con pasas,*
> *recreadme con manzanas,*
> *que desfallezco de amor.*[4]

Como decía la esposa del *Cantar* sollozando de dolor por la ausencia del Esposo.

A veces yo también empleo las palabras de las hermanas de Lázaro para dirigirme al Señor en la oración. Siento gran necesidad de hacerlo, aunque introduciendo en ellas una modificación con el fin de pronunciarlas en tiempo pasado: *¡Señor, el que amabas está enfermo...!* Pues me resulta doloroso y extraño creer que el Señor me sigue amando, después de haber comprobado, tanto Él como yo, lo que es mi vida. Y al mismo tiempo me asalta también la duda, inquietante por lo demás, de si acaso no cometeré una ofensa contra el Señor al dudar de su amor. Pensar que Jesús no puede amarme a causa de la mediocridad de mi vida es quizá olvidarme de sus palabras, tantas y tantas veces repetidas, según las cuales *Él no había*

---

[4] Ca 2:5.

venido a buscar a los justos sino a los pecadores;[5] o de aquéllas en las que afirmaba que *no tienen necesidad de médico los sanos, sino los enfermos.*[6] A las que hay que añadir aquellas otras según las cuales *Él no había venido a este mundo a juzgar;*[7] ni tampoco *a ser servido, sino a servir y a dar su vida en rescate por muchos.*[8] Dudar del cariño de un amigo es ofender al amigo, y poner en entredicho el cariño de Alguien que sabemos que nos ama con Perfecto Amor es desconocer totalmente lo que es el Amor verdadero, que jamás se ha detenido ante los defectos de la persona amada. Si acaso su fuego no goza todavía de correspondencia en reciprocidad y totalidad, tal como sería lo debido por la otra parte, entonces aguarda siempre; pero sin permitir que nada ni nadie lo apague. Como así lo decía ya el *Cantar*:

> *Porque es fuerte el amor como la muerte,*
> *y son como el sepulcro duros los celos...*
> *No pueden aguas copiosas extinguirlo*
> *ni arrastrarlo los ríos.*[9]

Pero de todos modos, bien que se pronuncie al modo como yo lo hago, o bien que se exprese al modo como está en el Evangelio, la expresión es siempre tan tierna como bella y consoladora: *¡Señor, el que amas está enfermo...!* Siempre es reconfortante estar al tanto de que el Amante sabe de la enfermedad del amado; porque es cierto que, *de haber estado Él allí, el amado no habría muerto.*

---

[5] Lc 5:32.
[6] Lc 5:31.
[7] Jn 12:47.
[8] Mt 20:28.
[9] Ca 8: 6–7.

Porque no lo dudemos: ni a nuestros pecados, ni a nuestras debilidades, ni a nuestras faltas de generosidad, los vamos a ver suprimidos durante toda nuestra vida... si para ello contamos solamente con nuestras propias fuerzas. Es por eso, por lo que a mí respecta, que también le digo a menudo al Señor, parafraseando alguna frase de los leprosos del Evangelio: *¡Señor, si quieres puedes curarme...!*[10] O quizá la del ciego del camino de Jericó, o las de otros desgraciados que se acercaban hasta Jesús y balbuceaban, respondiendo a su requerimiento: *¡Señor, que vea!*[11]

¡Señor, el que amas está enfermo! Y con eso basta para una confianza enamorada. Porque ¿acaso necesita el Amante otra cosa que saber que el amado precisa de Él? Es la confianza que nos proporciona la seguridad y la certeza absolutas de que la enfermedad de nuestra alma —en latín, la palabra *infirmitas* significa ante todo debilidad— solamente es Él quien la puede curar. Y por supuesto que lo hará, sin duda alguna.

Cometemos una grave equivocación cuando permitimos que nuestras debilidades nos agobien. O cuando adoptamos una extraña pasividad angustiada ante el peso de nuestras culpas y de nuestras faltas de generosidad. Porque quizá no siempre estas cosas sean tan malas como nosotros las imaginamos.

Al fin y al cabo *esta enfermedad no es para muerte, sino para gloria de Dios, a fin de que por ella sea glorificado su Hijo...* Respuesta semejante a la que recibieron los apóstoles cuando preguntaron al Maestro acerca de la enfermedad del ciego de nacimiento: si acaso se encontraba así por culpa de sus propios pecados, o bien por los de sus padres. Sea como fuere, nos encontramos aquí con una más de la multitud de perlas valiosas contenidas en el Evangelio, y que tiene

---

[10] Mc 1:40.
[11] Mc 10:51.

mucho que ver con el estado de nuestra alma. Porque, según esto, lo débil, lo pequeñito, y lo defectuoso, *pueden servir para hacer brillar las grandezas de Dios.* Y si eso es así, ¿por qué entonces permitimos que tales cosas nos entristezcan? Si no fuésemos pecadores ni estuviésemos llenos de debilidades, no le daríamos ocasión al Señor para levantarnos del suelo y estrecharnos amorosamente contra su corazón; tal como hizo su padre con el hijo pródigo de la parábola. ¿Y acaso podemos siquiera imaginar a Dios sin el pleno ejercicio de su misericordia? ¿Ha existido alguna vez algún padre que jamás haya tenido que perdonar a sus hijos? O como dice la *Carta a los Hebreos*, dirigiéndose a la prole: *¿Hay algún hijo a quien su padre no corrija?*[12] Y es de advertir que para Dios la corrección no es sino otra forma de ejercer el amor de Padre. ¡Cuando precisamente la cualidad más hermosa y más peculiar de un padre es el ejercicio de su misericordia, de su bondad, del perdón y de la comprensión...!

Recordando mis sentimientos de niño, creo que nunca llegué a sentir mayor amor hacia mis padres como cuando llevaba a cabo mis travesuras. Debido precisamente a que no eran pocas, les ofrecía bastantes ocasiones para hacer alarde de su bondad y de su generosidad para conmigo. Y todo ello a pesar de que no puedo decir que mis padres carecieran del necesario carácter, o del sentido de la responsabilidad, para castigarme cuando tenían que hacerlo; afortunadamente para mí, claro. Pero siempre sabían ser padres.

Os he contado en otras ocasiones la aventura de mi embriaguez cuando contaba catorce años de edad. Una enorme borrachera, en efecto, aunque quizá sea justo añadir aquí que ha sido la única de mi vida. Cosa esta última en la que mucho tuvo que ver mi padre, como pudo comprobarse después. Recuerdo que mis amigos me llevaron a casa, puesto que yo no estaba en situación de llevar a cabo con éxito

---

[12] Heb 12:7.

tan difícil empresa. Poco antes de llegar a mi hogar pude entrever la imagen de mi padre —borrosa y como entre nieblas— esperando a la puerta (nunca he podido saber los modos y maneras por los que las noticias se difunden en los pueblos tan rápidamente). Con el transcurso de los años he rememorado ese recuerdo repetidas veces; y siempre me viene a la mente la imagen del ángel con la espada de fuego guardando las puertas del Paraíso Terrenal, a fin de impedir a los hombres su acceso. En realidad mi padre aparecía ante mí en aquel momento como la imagen tremenda de la Justicia (distributiva y equitativa; pero más que nada, retributiva).

Todavía ignoro de dónde pude conseguir las fuerzas para balbucear con voz trapajosa:

—Papá, yaaa lo ves; reesulta, resulta que me he emborrachadooo... Pero tranquilo; porque te prooometo que no volverá a suceder...

Como viniendo de muy lejos, aún pude oír la voz retumbante y justiciera de mi padre:

—*Por supuesto que tienes razón. Porque de eso, de que no suceda más, me encargaré yo.*

Y parece que me condujeron a la cama. Y ya de mañana, en el uso correcto de mis facultades mentales y en el lecho, aun antes de abandonarlo me asaltó el temor. El sermón adecuado, y el castigo *al canto*, eran tan inevitables como mi asistencia de todos los días al colegio. Mi padre no era ningún titulado académico —ni siquiera había cursado los estudios medios— pero sí que era un caballero con un enorme sentido común; y sobre todo y principalmente era un buen cristiano y un gran padre. Ante mi enorme sorpresa, y mi creciente desasosiego, fueron transcurriendo las horas del día y la temida tormenta no descargaba. Incluso fueron pasando los días, y hasta las semanas, y mi padre continuaba sin aportar ni una sola palabra o un solo gesto al caso; como si nada hubiera sucedido, aunque yo sabía bien que nada de aquello le había resultado indiferente. Y pasaron los años, y yo me hice sacerdote, y murió mi padre..., y aún espero la reconvención paterna. O materna, porque también mi madre *olvidó* por lo visto el incidente.

A lo largo de mi vida, recordando el caso, jamás he dudado de que hubo de tratarse de una bien meditada táctica paterna. Nunca he creído que mi padre fuera tan débil como para no atreverse a corregir o a castigar. Pero me conocía demasiado bien como para saber que aquella conducta —su estudiado silencio y su magnánima comprensión ante un hecho, al fin y al cabo aislado y con muestras de arrepentimiento— iba a acarrearme mayores y mejores resultados que otro tipo de actuación por su parte. Y así fue, en efecto, porque el suceso nunca se volvió a repetir.

—*Señor, el que tú amas está enfermo...*

He aquí lo más sorprendente de todo. Porque Jesús se limitó a aclarar que aquella enfermedad no era para muerte, sino para gloria de Dios.

Y es que, en efecto, a menudo nos dejamos llevar de la tendencia a considerar como males o desgracias cosas que no lo son. O al menos no lo son desde el punto de vista de Dios, que es el único punto de vista del que siempre y en todo caso nos podemos fiar. ¡Qué fácilmente olvidamos el maravilloso consejo del Apóstol a los cristianos de Roma cuando les decía que *para los que aman a Dios, todo lo que les sucede es para su bien!*[13] Nos resistimos a aceptar confiadamente nuestras debilidades sin comprender que, no pocas veces, están lejos de ser un mal para nosotros; y que incluso pueden ser el instrumento para que, a través de ellas y por ellas, brillen y se manifiesten la gloria y la grandeza de Dios. San Pablo pidió

---

[13] Ro 8:28.

a Dios que le librara de un cierto estímulo o aguijón de la carne que le avergonzaba; pero solamente recibió una respuesta más bien inesperada: *Te basta con mi gracia. Pues la fuerza se manifiesta en la debilidad.*[14] De ahí que ya sabemos que la debilidad humana puede ser ocasión para que se manifieste en ella la fuerza de Dios. Hasta el punto de que, en la medida en que esa debilidad desapareciera, o que alguno llegara a pensar que se había librado de ella, dejaría de manifestarse también la fuerza de Dios. Y en el caso concreto del predicador cristiano, aquél que no estuviera convencido de su inutilidad como instrumento transmisor de la Palabra de Dios, no podría esperar conseguir fruto alguno de los fieles que le escuchan. *Mirad, si no, hermanos, vuestra vocación* —decía el Apóstol— *pues no hay entre vosotros muchos sabios según la carne; ni muchos poderosos; ni muchos nobles. Dios eligió más bien lo necio del mundo para confundir a los sabios; y lo débil del mundo para confundir a los fuertes; lo vil y lo despreciable del mundo, o aquello que no es, para destruir lo que es.*[15] Quizá se estaba haciendo eco de otras palabras de su Maestro que insistían en ese mismo pensamiento: *Yo te alabo ¡oh Padre! Señor del cielo y de la tierra. Porque has ocultado estas cosas a los sabios y prudentes del mundo, y en cambio se las has revelado a los pequeñuelos. Sí, Padre, porque así lo has querido.*[16]

El caso es —vamos a reconocerlo— que casi todo lo que Dios hace nos parece extraño. Y no porque en absoluto lo sea, sino porque nuestras débiles mentalidades no abarcan más. Sus caminos no son nuestros caminos y sus pensamientos no son nuestros pensamientos. Así se explica la sensación que experimentamos —extrañeza, aún más que asombro— cuando continuamos evocando los sucesos que tuvieron lugar a propósito de la muerte de Lázaro.

---

[14] 2 Cor 12:9.
[15] 1 Cor 1: 26–28.
[16] Mt 11: 25–26.

Según la narración evangélica, una vez enterado Jesús de que su amigo Lázaro se encontraba enfermo, no se apresuró a marchar precipitadamente hacia Betania. Todo lo contrario. Pues el Maestro reaccionó con calma ante la noticia, y hasta todo parecería indicar que con demasiada calma: *Aunque oyó que Lázaro estaba enfermo, se detuvo aún dos días en el lugar donde se hallaba.* Es de admirar así la extrañeza que a menudo experimentamos cuando Dios se demora en acudir en nuestra ayuda; y aún más cuando ya no se trata de demora, sino de su total incomparecencia. No comprendemos el triunfo de los malos y la persecución constante que sufren los buenos; ni hallamos una explicación convincente ante el hecho de que el mundo siempre conceda la razón a quien no la tiene; o de que proclame como recto y justo lo que no es más que injusticia y depravación. Todo ello, al parecer, permitido por Dios. Y además —así se nos dice— para bien de los elegidos, a saber: para que los pequeñitos sean todavía más pequeñitos y los débiles todavía más débiles... *Aunque oyó que estaba enfermo, se detuvo aún dos días en el lugar donde se encontraba.* Es indudable que esta conjunción adversativa —*aunque*— tiene aquí mucha más importancia de lo que podría parecer.

Seguramente seremos felices cuando comprendamos que nuestra debilidad y nuestra pequeñez son las que abren paso al corazón de Dios, que irrumpe entonces sobre nosotros con su amor y su sabiduría. Porque es así como se aclaran sus caminos y se comprenden sus designios. En realidad no se trata en este caso, una vez más, sino de la insondable sabiduría de Dios, con su ocurrente paradoja de oponer la pequeñez y la debilidad humana al orgullo del pecado, también humano.

Deja pues Jesús que transcurran esos dos días y dice entonces a sus discípulos: *Vamos otra vez a Judea.* Los apóstoles se sienten consternados y le advierten del peligro que corre en esa provincia, donde hacía bien poco que habían estado a punto de apedrearle. Tiene lugar entonces un diálogo en el que Jesús, a modo de explicación, justifica ante los suyos la necesidad del viaje:

—*Es que Lázaro, nuestro amigo, duerme; y voy a despertarle.*

La respuesta de los discípulos parece dictada, debemos reconocerlo, por una abundante dosis del sentido común más profundamente humano:

—*Señor, si duerme, sanará* (o *"despertará"*, que es el sentido obvio del texto).

La misma respuesta que se le habría ocurrido a cualquiera de nosotros en el mismo caso. Y no estaría de más advertir aquí que las palabras de Jesús —que son espíritu y son vida, según su propia afirmación—, frente a lo que pudiera parecer algunas veces, nunca proceden al modo de enigmas o acertijos, sino al modo de capas de profundidad de intelección. Un procedimiento grato al Señor y utilizado por Él con frecuencia (recordad, por ejemplo, su conversación con Nicodemo). Alguno podría incluso pensar que el Maestro gustaba de utilizar juegos de palabras (y algo de eso había a menudo en su modo de hablar), cuando de lo que se trata en realidad es del modo posible y mejor en que la Palabra hecha Carne se dirige a los hombres, a fin de ser entendida. Incluso cabe que la esperada comprensión quede diferida adrede para un momento posterior, más o menos lejano; como Jesús mismo advirtió a Pedro en una solemne ocasión: *Lo que yo hago, tú no lo entiendes ahora; pero lo comprenderás después.*[17] Jesús se adapta así al modo de ser de la naturaleza humana, la cual procede y entiende siempre *per aspera ad astra*, o de lo visible a lo invisible, y no de otra manera. Por otra parte, tened en cuenta que ese procedimiento fue siempre el modo normal de hablar los profetas, quienes, por definición, jamás esperaban que sus palabras fueran plenamente comprendidas *ahora*.

---

[17] Jn 13:7.

Pero ante la ruda simpleza de sus discípulos, y dada la importancia del momento, Jesús se da cuenta de que tiene que hablar con más claridad. Debe ascender a capas de lenguaje más superficiales y de menos profundidad:

—*Lázaro ha muerto; y me alegro por vosotros de no haber estado allí, para que creáis.*

Los discípulos le escuchan atónitos, embargados de una especie de asombro... que llega hasta nosotros. Lázaro ha muerto... y Jesús se alegra de no haber estado allí. ¿Por qué?

Quizá la razón primera no sea difícil de entender. De haber estado Él presente, su corazón le habría obligado a impedir la muerte de un amigo muy querido. Hasta aquí no existe problema alguno, aunque las dificultades para entender el suceso en profundidad pueden aparecer después. Alguien, por ejemplo, podría preguntar: ¿Y por qué el Hijo de Dios hubiera impedido la muerte de su amigo, estando presente, y no habría de hacerlo desde la lejanía, estando ausente? (Recordad el conocido episodio: *Señor, yo no soy digno de que vayas a mi casa, y ni siquiera necesitas ir a ella...*).[18]

Ante todo, y para comenzar, hemos de subrayar aquí algo importante que, no por ser conocido, deja de ser sorprendente. Jesús, verdadero Hombre también, es un ser por lo tanto con un corazón lleno de sentimientos. Y sentimientos tales *como para imponerse a veces a su propia Persona.* Es impresionante comprender que algo tan propio a la naturaleza humana, cual es la *lucha* que tan a menudo tiene lugar entre el corazón y la razón, tampoco era ajena al Hombre Cristo Jesús. De haber estado presente, su corazón le habría impulsado a impedir la muerte del amigo; pero en cambio *pudo soportarla y consentirla desde una lejanía que le impedía presenciarla.*

Siempre es impresionante descubrir que Dios tiene un corazón como el nuestro y que se encuentra tan cerca de nosotros. Y si esto es así, ya no se trata para Él de *comprender* nuestros problemas,

---

[18] Mt 8:8.

sino de *participar* de ellos tomándolos sobre Sí, con todo lo que eso significa.

Con frecuencia tendemos a imaginar las relaciones de amor entre Dios y nosotros de un modo estático. Un modo carente de dinamismo, de imprevistos y sobresaltos, de alegrías y sufrimientos, de ausencias y presencias, de triunfos y fracasos, de alegrías y lágrimas, de generosidades y tacañerías, de esperanzas y desalientos... olvidando que las relaciones de amor divino–humanas caen también dentro del ámbito de lo histórico. ¡Que es precisamente lo que las convierte en algo tan emocionante como para ser verdaderamente humanas y realmente divinas!

La historia de amor narrada en *El Cantar de los Cantares* no es una situación estática de relaciones divino–humanas en las que Dios aparece como Dios, la criatura como criatura, y punto final. Nada sucedería en ella y todo discurriría según una lógica preestablecida en la que no se esperasen variantes. Lo cual sería cualquier cosa menos una historia de amor:

> *Dime tú, amado de mi alma,*
> *dónde pastoreas, dónde sesteas al mediodía,*
> *no venga yo a extraviarme*
> *tras de los rebaños de tus compañeros.*[19]

> ....

> *Me ha llevado a la sala del festín*
> *y la bandera que ha alzado contra mí*
> *es bandera de amor.*[20]

> ....

---

[19] Ca 1:7.
[20] Ca 2:4.

> *Me levanté y recorrí la ciudad,*
> *las calles y las plazas,*
> *buscando al amado de mi alma.*
> *Busquéle y no le hallé.*[21]

> ....

> *Abrí a mi amado,*
> *pero mi amado se había ido y desaparecido.*
> *Le busqué, mas no le hallé.*
> *Le llamé, mas no me respondió.*[22]

O como exclamaba San Juan de la Cruz:

> *¿Adónde te escondiste,*
> *Amado, y me dejaste con gemido?*
> *Como el ciervo huiste*
> *habiéndome herido;*
> *salí tras Ti clamando y eras ido.*[23]

No cabe duda que ahora es fácil acercarse hasta este Jesús Hombre que de tal manera participa de nuestros propios sentimientos. Porque Dios ama al hombre a su manera, la cual no es otra que al modo divino; pero para que la correspondencia y reciprocidad del amor fuesen reales y perfectas, era preciso que también el hombre amase a su modo, que no es otro que el humano (la gracia elevante no despoja aquí al amor humano de su condición propia). Por eso Dios se hizo Hombre.

---

[21] Ca 3: 2–3.
[22] Ca 5:6.
[23] San Juan de la Cruz, *Cántico Espiritual*, 1.

La Resurrección de Lázaro

Sin embargo, entre las cuestiones que aún permanecerían aquí pendientes, habría alguna más de no pequeña importancia.

Jesús pudo permitir la muerte de su amigo Lázaro, según sus propias palabras, *porque no estuvo presente en aquella situación*. No obstante lo cual es evidente que el Maestro *sabía* que la muerte de Lázaro era real y no un mero sueño, como se desprende también del texto evangélico con toda claridad. Lo sabía, por lo tanto, pero no estaba allí y por eso pudo tener lugar la muerte. Según lo cual, ¿qué es lo que significa exactamente este modo de ausencia?

El Cristo verdadero Hombre es también el Cristo verdadero Dios. Como Dios que es, por lo tanto, posee el atributo divino de la omnipresencia (Dios está presente en todos los seres). Decir que su naturaleza divina no es una entelequia es algo tan verdadero como cierta es también la afirmación, sin duda alguna, de que su naturaleza humana tampoco es una ilusión. Cuando hablamos, por lo tanto, del Cristo Hombre estamos afirmando rotundamente su condición de Hombre verdadero.

Y aquí es donde probablemente aparece en escena la noción que los Padres conocieron con el nombre de *kénosis* (ocultamiento, abajamiento, disminución, humillación, falta de presencia o ausencia, etc.). Porque parece evidente que, sea de ello lo que fuere, la situación de ausencia —de no presencia— por parte del Señor, de la que habla nuestro texto evangélico de hoy, no es una simple metáfora. Porque es innegable que Jesús no estaba allí.

Pero las actuaciones de Jesucristo, de las que nos hablan los Evangelios, no se refieren a situaciones meramente incidentales o circunstanciales. Lo que hacía en cada momento y lugar era siempre lo mejor y más perfecto que se podía y debía hacer: *Omnia bene fecit*.[24] De ahí que sus actos fueran siempre un modelo o un patrón

---

[24] Mc 7:37.

de conducta. Y los patrones de conducta, por definición, están hechos para repetirse; o si se quiere mejor, para ser copiados.

Lo cual nos lleva a la conclusión de que la *kénosis*, o ausencia, del Señor en el caso de Lázaro podría repetirse en otras circunstancias, e incluso —como así parece que sucede— por lo que se refiere a su presencia en la Iglesia en algunos momentos determinados. Y concretamente en los que estamos viviendo ahora.

Ya os he dicho antes que el hecho de que Dios parezca que a veces esconde su presencia es un lugar común; lo mismo en los textos revelados que a lo largo de la Historia de la Iglesia o de la Espiritualidad Cristiana (las *Noches*, por ejemplo, de las que nos hablaban los místicos).

Claro que en este caso no se trata desgraciadamente de la *Noche del espíritu* de esta o de aquella alma que caminan por los senderos de la ascética, o tal vez de la mística. Ahora estamos en realidad ante *la aparente ausencia del Señor con respecto a su Iglesia*. Una afirmación que posee visos de ser demasiado fuerte; pero que si prescindimos, siquiera sea de momento, de propagandas triunfalistas y nos negamos a cerrar los ojos, es posible que ya no parezca tan disparatada.

Los sacramentos han dejado de ser signos que contienen lo que representan, y han pasado a ser símbolos que meramente representan lo que representan.

Y entre ellos y sobre todos la Eucaristía. Descartada la presencia real, ya no es necesario recibirla con el alma limpia. Ahora es un simple rito más de los que forman parte de la misa, y de ahí que los fieles que asisten a la Celebración se acerquen en masa a recibirla, sin preocuparse para nada del estado de su alma. Cosa normal desde el momento en que se ha desterrado la noción del pecado y ya no se considera necesario, por lo tanto, el sacramento de la penitencia. Lo cual no es aún lo peor. Privada de su contenido (la presencia real), nos hemos quedado en los templos con el ambiente gélido y triste que denota la ausencia del Señor. Ahora podemos decir, y con más sentimiento que San Pedro: *Señor, ¿adónde iremos?*

En la enseñanza que se imparte en bastantes Facultades católicas de Teología se pone en duda la divinidad de Jesucristo, cuando no se rechaza abiertamente. Y no parece que tal cosa produzca el escándalo de nadie.

El divorcio ha sido admitido por fin dentro del catolicismo. Claro que no se denomina con ese nombre, como tampoco el aborto se llama aborto (interrupción del embarazo, se dice ahora), ni a los cojos se los nombra ya como cojos (discapacitados, en realidad). No cabe duda de que la sociedad moderna postcristiana ha aprendido a utilizar el lenguaje como poderoso medio de manipulación; pero de tal manera que a veces queda patente la perversidad, mientras que otras simplemente se manifiesta el ridículo.

La destrucción de la familia ha afectado también al matrimonio como sacramento. Las llamadas *uniones de hecho*, y a veces *compañerismo sentimental*, han alcanzado ya la categoría de la normalidad. Incluidas las uniones (matrimonio) de los homosexuales, a quienes se les reconoce la misma integridad de derechos y deberes que a las (otras) uniones legítimas; aunque he de confesaros, con respecto a esto último, que si bien por mi parte hasta podría entender aquí lo de los *deberes*, me reconozco incapaz de comprender lo de los *derechos*. No es necesario deciros que son muchos los Pastores que profesan la teoría de aceptar las realidades consumadas, lo que les lleva a admitir resignadamente este tipo de cosas. Y es de advertir que no pienso que lo de *consumado* se refiera aquí al *matrimonio* de los homosexuales.

El moderno ecumenismo ha dado pasos hacia delante. Por lo que hace a los *hermanos separados* hay que señalar que, si bien los católicos hemos insistido más bien en lo de *hermanos*, las Iglesias protestantes en cambio parecen haber subrayado más lo de *separados*. Todo parece indicar que el resultado más notable, conseguido hasta ahora, ha sido el de difundir entre los católicos la idea de que todas las Iglesias son iguales. También se puede anotar, como avance considerable, el de considerar modernamente los católicos al *Corán* como libro sagrado, con la buena intención sin duda de dar pasos de acercamiento hacia los musulmanes; si bien alguno podría decir que, en ese caso, también el *Ramayana* y el *Mahabharata* son considerados como sagrados por los brahmanes de la India, y que habría que hacer algo al respecto.

El clero en general ha visto invadido el campo de sus competencias por una multitud de laicos *promocionados* y expertos que hacen de todo, a saber: de lo humano y de lo divino; pero sobre todo de lo divino. Lo que ha conducido a promover entre el clero llano un complejo de inferioridad y de inutilidad conocido con el nombre de *crisis de identidad*. Es curioso que hayan sido necesarios veinte siglos de Historia de la Iglesia para que el sacerdote descubra que no sabe lo que es: *Sólo sé que no sé nada*, decía el Antiguo Sabio, *y porque me lo han dicho...*, añadía un amigo mío.

Y como consecuencia más directa de esto último, las vocaciones a la vida consagrada, sacerdotal o religiosa, han bajado hasta un límite que se puede denominar como cota cero. La Iglesia actual se encuentra sin sacerdotes, aunque eso no es todavía lo peor.

Lo peor es el remedio que muchos han encontrado a la tal penuria. Porque ahora son aceptados en los seminarios como cosa normal los homosexuales. En la Iglesia anglicana incluso se habla de la posibilidad de consagrar como Obispos a algunos personajes que se reconocen a sí mismos como tales homosexuales, pública y solemnemente. En realidad, la aceptación oficial de la homosexualidad entre el clero (bajo y alto) es ya algo establecido.

Las Conferencias Episcopales seleccionan a los nuevos candidatos al episcopado según líneas de política eclesiástica y administrativa, sin que a nadie le importen mucho los criterios pastorales. Claro que todo ello forma parte de un determinado movimiento de ideas, según el cual hay que prescindir de los hombres con criterios firmes y seguros. En cargos de tanta responsabilidad deben ser tenidos en cuenta solamente los *moderados*; aunque hay quien dice que ahora se llama así a aquéllos cuya fe es ambigua (por no decir dudosa) y que están convencidos, además, de que la única seguridad consiste en carecer de seguridades.

Son estos últimos los que han acogido sin reservas la teoría de la *discrepancia legítima* ante el Magisterio de la Iglesia, inventada por teólogos de moda y que parece que se está extendiendo sobre todo en los Estados Unidos. Claro que si se admite la posibilidad de la discrepancia, y su legitimidad ha de ser decidida además por cada uno de nosotros, la consecuencia ineludible no puede ser otra sino la de que se acabó el Magisterio.

Actualmente puede darse el caso de que un Pastor de alto rango pregone a los cuatro vientos, previamente convocados los *media*, que la Iglesia debe revisar sus criterios y su legislación sobre la anticoncepción y el aborto; sobre la necesidad de la ordenación de mujeres; sobre el reconocimiento de la homosexualidad como algo legítimo; sobre el *legitimate dissent* ante las enseñanzas del Magisterio..., y sobre lo que sea. Pero sin que nada de eso impida en absoluto que, transcurrido bien poco tiempo, el tal Pastor reciba el capelo cardenalicio.

El cardenal Presidente de algún Consejo Pontificio no cree en la realidad histórica de la resurrección de Jesucristo.

Y voy a detenerme aquí, aunque podría continuar largamente y por extenso, porque no quiero llenar aún más de tristeza vuestro corazón. Si os he recitado esta lista, en modo alguno completa pero desagradable y penosa por lo demás, es simplemente porque deseo que os deis cuenta de que todo esto parece suceder *porque Jesús no estaba allí*. De hecho son incontables los cristianos que actualmente lloran y se sienten abatidos ante la ausencia —*¿kénosis?*— de Jesús. Tal parece como si Él nos hubiera abandonado; o como si alguien lo hubiera quitado de en medio de nosotros privándonos de su presencia:

—*Mujer, ¿por qué lloras?*— preguntó Jesús resucitado a la Magdalena.

—*Porque se han llevado a mi Señor y no sé dónde lo han puesto...*— respondió ella.

Pero es el mismo Jesús quien ya antes lo había dicho claramente:

—*Días vendrán en que a los amigos del Esposo les será arrebatado el Esposo, y entonces ayunarán.*[25]

De ahí que San Pablo hablara alguna vez, de forma tan sentida como dolorida, acerca de que *los que moramos en el cuerpo vivimos lejos del Señor.*[26]

Y tan lejos, por supuesto, aunque ahora parece que a mayor distancia que nunca. Se marchó o ha desaparecido de junto a nosotros. O tal vez somos nosotros mismos los que le hemos pedido que se marche, como hicieron los gerasenos después de haber perdido el ganado de sus piaras. De todos modos, ¿cómo no va a sentirse ansiosa y anhelante la esposa enamorada a causa de la ausencia del Esposo?

---

[25] Mt 9:15.
[26] 2 Cor 5:6.

La Resurrección de Lázaro 73

Sabe que Él no está, mientras que ella en cambio no es capaz de encontrarlo ni sabe qué hacer sin el Amado de su alma. Nosotros ponemos en Él nuestra esperanza porque estamos convencidos de que sólo Él cuidará de su Iglesia y salvará a los que nos sentimos desamparados.

> *¿Adónde te escondiste,*
> *Amado, y me dejaste con gemido?...*

Así lloraba San Juan de la Cruz. O así se lamentaba también la esposa del *Cantar*:

> *Busqué al amado de mi alma,*
> *busquéle y no le hallé.*[27]

También lo decía el poeta, aludiendo a la pena que sentía el sauce cuando oía el canto lastimero y nostálgico del dulce ruiseñor:

> *La dulce filomena*
> *llamando está a su amor desde la rama*
> *del verde sauce en el umbroso vado.*
> *Y el árbol siente pena*
> *por el ave que no encuentra a su amado*
> *y que, en su angustia, clama*
> *sintiendo que agoniza en dulce llama.*
> *Y, desde aquella hora,*
> *siempre que la oye el sauce, también llora.*[28]

---

[27] Ca 3:1.
[28] *CFC*, 16.

El que ama no puede sentirse feliz si la persona amada huye de su lado, o se esconde. Si el amor es grande, el amante se siente desazonado, perdido y hasta temeroso cuando el Amado desaparece. Tal vez se ha marchado lejos, o tal vez se esconde. Pero la sensación de abandono, de inseguridad y de confusión, es inevitable para el amante. ¿Qué hacer? ¿Y volverá el Amado? ¿Vendrá para poner fin a las desgracias y sufrimientos que está causando su ausencia? Regresará, sin duda alguna. Y volverá a escucharse su voz, *y brotará de nuevo la vid, y florecerán otra vez los granados, mientras se escucha otra vez el canto de la tórtola...*[29] Entonces la esposa volverá a oír la voz del Esposo y *le dará de nuevo sus amores*. Y ambos estarán ya juntos para siempre, cuando ya todo haya pasado, y en completo olvido de todo lo demás:

> *Iréme presurosa*
> *allí donde tu boca me lo pida;*
> *allí donde, orgullosa,*
> *el águila se anida;*
> *allí donde ya todo nos olvida.*[30]

Cuando Jesús llegó a Betania, Lázaro llevaba ya cuatro días en el sepulcro. Marta salió presurosa a su encuentro y le dijo las palabras que ya conocemos: *Si hubieras estado aquí no habría muerto mi hermano.* ¿Expresan queja estas palabras, o manifiestan más bien una explosión de amor, de confianza y de fe en el Maestro? Las dos cosas probablemente. Tal vez se trate aquí de una queja amorosa y confiada, aunque con un cierto dejo de temor indeciso, carente de la seguridad total de que el Maestro puede componerlo todo y de que nunca nos abandona. Es justamente lo mismo que nos ocurre

---

[29] Ca 2: 12–13.
[30] *CFC*, 114.

a nosotros, ni más ni menos. La naturaleza humana siempre es la misma, y de ahí que sus reacciones y su psicología se repitan una y otra vez. Siempre los mismos hombres, al fin y al cabo. Como lo que vemos que sucedió con los apóstoles: asustados en pleno mar tempestuoso y bravío, veían sin embargo que Jesús estaba con ellos en la barca; pero estaba dormido, ¡y la nave se llenaba de agua y se hundía...!

Jesús intenta tranquilizar a Marta asegurándole que su hermano resucitará. Afirmación que ella a su vez, y tal como venimos diciendo, entiende en tono menor: *Ya sé que resucitará en el último día.* Haciendo verdad de nuevo aquello de que los pensamientos de los hombres siempre caminan por caminos distintos, y a una altura muy inferior además, a como lo hacen los pensamientos de Dios. Siempre la naturaleza humana. Nuestra naturaleza humana, con vacilaciones y dudas que ya no habrían de tener lugar. Es por lo que Jesús exige en este momento de Marta un profundo acto de fe, al cual ella no duda en responder generosa y valientemente. Solamente entonces es cuando los caminos por donde han de desfilar los prodigios y las maravillas quedan desbrozados...

Marta corrió entonces a avisar a su hermana y le dijo al oído: *El Maestro está ahí y te llama.*

Han pasado muchos años y aún conservo el recuerdo vivo de algo que me sucedió durante mi primer año de Universidad. Cuando hice mi entrada por primera vez en el Colegio Mayor *Cardenal Belluga* (ahora ya largo tiempo desaparecido), me sentí impactado por esas palabras como nunca había sucedido antes en mi vida. Estaban escritas en latín sobre la puerta de la recoleta capilla del Colegio: *Magister adest et vocat te.* Así que el Maestro está aquí, me dije a mí mismo pensando en el sacramento eucarístico. Perfecto, pues. Pero es que además *me llama.* Y fue entonces cuando algo extraño conmovió mi corazón, pero de un modo como jamás hubiera pensado. ¡Me llamaba...! Pero ¿para qué? Nunca había imaginado que una *llamada* pudiera alterar tan fuertemente los latidos de un corazón. Seguramente porque en este caso la llamada procedía de Él, con lo que adquiría un carácter inquietante por cuanto que, por si fuera poco, precisamente iba dirigida a mí. ¿Y acaso Él podía pensar en mí y pedirme que fuese a su lado... para algo acerca de lo cual yo nada podía saber?

Reconozco que hasta ese momento de mi vida, Dios no había significado para mí, lo mismo que para tantos otros, otra cosa que un Dios bueno; aunque lejano y escondido. Nuestras relaciones personales nunca habían existido; o al menos tal como yo entiendo que deben ser las relaciones personales. Y aunque hasta ese momento la idea de la *vocación* no había pasado nunca por mi mente, ni menos aún por mi corazón, algo en mi subconsciente me decía que aquella llamada no podía ser sino una llamada amorosa. Y una llamada amorosa, como todo el mundo comprende, es una llamada al seguimiento, a estar junto al que llama, a compartir su vida..., e incluso a vivirla casi hasta la identificación. Y si bien todo eso, como os he dicho, quedaba para mí por entonces a niveles de subconsciente, no por eso dejaba de intuir en ello algo increíblemente maravilloso.

> *¡La voz de mi amado! Vedle que llega;*
> *oíd que me dice:*
> *Levántate ya, amada mía,*
> *hermosa mía, y ven.*[31]

¡Ser como Él...! ¡Vivir su propia vida y sin necesidad de introducir cambio alguno! Nunca se me había ocurrido que pudiera ser

---

[31] Ca 2: 8.10.

propuesta, como para llevarla a cabo, una aventura tan desafiante y a la vez tan asombrosamente bella. ¡Y yo que siempre me había preguntado, sin encontrar respuesta jamás, por el sentido de mi vida...!

Con el paso de los años, y ante lo que contemplo ahora en el entorno en el que vivimos, me pregunto con admiración cómo puede ser posible que se hable de crisis de *identidad sacerdotal*. Cuando el sacerdote es el único hombre del mundo *que conoce exactamente quién es él y lo que es, y que nadie, absolutamente nadie en esta nuestra Tierra, podrá llegar nunca a la altura de su inefable y divina identidad...*

Sin embargo, aún no os he hablado de algo que contiene el texto y que quizá sea lo más entrañable de él. Porque, como ya antes os habréis dado cuenta, las palabras que Marta dirigió a su hermana para comunicarle la llegada del Maestro, se las dijo *al oído*.

No podía ser de otra manera, desde el momento en que se trataba de algo que sobrepasaba los límites de lo maravilloso. En aquellos momentos de mayor dolor, alguien da la noticia de que el Maestro ha llegado y ya está allí. Pero lo que es entrañable y que, por referirse a la persona más amada, ausente hasta ahora pero más esperada, afecta a lo más profundo del corazón enamorado, debe ser comunicado en la intimidad. Porque, escuchad atentos: las más tiernas e íntimas comunicaciones de amor que tienen lugar entre los enamorados, *se hacen siempre en el silencio* y en fuga con respecto a las demás cosas. Y no es que el resto de las cosas sean despreciadas, sino que, ante la presencia de *lo único necesario*, pierden su relevancia para colocarse en el lugar que les corresponde. Puesto que el diálogo de amor ha lugar siempre entre un *tú* y un *yo*, queda como en un segundo lugar todo aquello que pueda interrumpirlo o estorbarlo:

> *Allí, junto al Amado,*
> *mientras soplaba el cierzo en el ejido,*
> *a fuer de enamorado*
> *me susurró al oído*
> *que Él también por mi amor estaba herido.*[32]

> *Acércate a mi lado*
> *mientras el cierzo sopla en el ejido,*
> *y deja ya el ganado,*
> *y cuéntame al oído*
> *si acaso por mi amor estás herido.*[33]

Que es lo mismo que le decía al Esposo la enamorada esposa del *Cantar*. Siempre ha sido así y siempre vuelve a suceder así. La búsqueda de la soledad y el olvido de las otras cosas que, si bien, guardan las huellas del Amado, no son todavía el Amado:

> *Ven, amado mío, vámonos al campo;*
> *y haremos noche en las aldeas...*[34]

Por eso, es la creación entera la que guarda silencio a fin de dar lugar al diálogo íntimo entre el Esposo y la esposa:

> *Y díjome un venado*
> *que en el bosque de cedros Él se hallaba;*
> *y yo corrí a su lado,*
> *y, mientras que me hablaba,*
> *el susurro del viento no sonaba.*

---

[32] *CFC*, 55.
[33] *CFC*, 60.
[34] Ca 7:12.

Sería interesante hacer notar aquí que, justamente por lo que venimos diciendo, la llamada al seguimiento siempre tiene lugar en el silencio de la intimidad amorosa; algo así como si Dios no gustara de comunicarse con los hombres a son de bombo y platillo. Y así se explica que un joven —o una joven— no sean capaces de entender lo que es la vocación a una entrega total en el seguimiento del Señor, *si ellos mismos no escuchan directamente, de persona a persona*, la voz o el silbo del amado Pastor. Y no caben aquí intermediarios. Si acaso existen, su función no es otra que la de poner en contacto inmediato a los dos interesados. Pero, en definitiva, siempre es el Buen Pastor quien conoce a sus ovejas y *llama a cada una de ellas por su nombre*. En la relación de amor divino–humana —y la llamada de la vocación es su más fina forma de expresión, o al menos su comienzo— no caben, ni las declaraciones por correspondencia, ni mediaciones de ninguna clase que en este caso para nada servirían. Ahora y en este momento, sólo es posible el tratamiento de persona a persona. Dado que, en esta circunstancia concreta, la única posibilidad de que la persona requerida responda afirmativamente, seducida por una voz que la enamora, no es otra sino la de que escuche por sí misma el requiebro enamorado que la solicita. Pues únicamente esa voz es la que puede cautivar:

> *¡La voz de mi Amado...! Oíd que me dice:*
> *Levántate, amada mía, y ven...*

A menudo me han sorprendido, negativa y penosamente por desgracia, las campañas que suelen organizar las diócesis para reclutar vocaciones. Ante lo que habría que decir en primer lugar que las vocaciones no se *reclutan*. Pero es que además se utilizan métodos de los que lo menos que se puede decir, en un enorme exceso de benevolencia, es que son equivocados. Por hablar de algún ejemplo, no parece que haya producido resultados espectaculares (sucede que nadie los ha visto) el envío de semillitas a los colegios para que sean repartidas a los niños; cosa que se ha hecho con el propósito de exhortarlos para que, una vez sembradas en sus respectivos jardines, los pequeños elevaran a Dios sus oraciones a fin de que *florezcan* entre ellos las vocaciones sacerdotales o religiosas. No, no, y no, por supuesto, y debemos reconocerlo: acogerse a la ayuda de la Botánica no ha resultado un acierto. Tampoco parece haber sido provechosa la idea de enviar a los muchachos fotografías de sacerdotes, acompañadas cada una con un pequeño resumen de las correspondientes biografías de los susodichos; la imagen bigotuda de un exsargento del Ejército, por ejemplo, ordenado de sacerdote a sus cuarenta años de edad, no ha logrado volver loco de entusiasmo hasta ahora a ningún chaval (al menos que se sepa). Los expertos diocesanos en pastoral juvenil no han sido capaces todavía de explicarse el fracaso de su genial idea, a pesar de su evidente brillantez. En cuanto a los folletos de propaganda de algunos seminarios..., más vale no hablar y tal vez sería mejor guardar silencio: las fotos de chicos —y chicas— tocando la guitarra en las instalaciones del seminario, con sonrisas forzadas y ojos que miran soñadores hacia un extraño infinito, tampoco han resultado. Etc. Asombroso por demás, y aun más que asombroso.

Un amigo mío me comentaba no hace mucho que la pastoral de juventudes que se practica en las diócesis suele adolecer de un defecto grave de miopía, o quizá de algo peor. Los expertos diocesanos de turno, en vez de mirar a los niños con cristales ópticos de lentes adecuadas, parece más bien que los observan como a través de un espejo. Y tal vez, decía mi amigo, se deba a eso el hecho de que piensen que los niños son idiotas.

El caso es que la voz de Dios no suele ser oída en medio del estruendo de bombos y platillos, como hace ya demasiado tiempo que fue dicho por el profeta Elías y ahora lo hayamos olvidado: *Díjole Yavé: "Sal afuera y ponte en el monte ante Yavé, porque he aquí que va a pasar Yavé". Y delante de él pasó un viento fuerte y poderoso que rompía los montes y quebraba las peñas; pero no estaba Yahé en el viento. Y vino tras el viento un terremoto; pero no estaba Yahé en el terremoto. Vino tras el terremoto un fuego; pero no estaba Yavé en el fuego. Tras el fuego llegó un ligero y blando susurro. Y cuando lo oyó Elías cubrióse el rostro con su manto, y saliendo, se puso en pie a la entrada de la caverna y oyó la voz...*

Muchos especialistas modernos, expertos en pedagogía infantil, no se han enterado todavía de que el niño solamente se deja seducir en este punto, hasta el grado de sentirse capaz de inmolar su vida alegremente por amor, *cuando escucha la voz del mismo Jesucristo*. La cual es imposible de ser oída, como susurro silencioso y suave, si no es dentro de un ambiente en el que se ame a Jesucristo, y en donde el niño —el joven— pueda *percibir* a Jesucristo. El niño (o el joven o la joven) no conocerán nunca a Jesucristo si no es a través de *otro Cristo* —quien a su vez desaparecerá para dar paso al auténtico—, y jamás por medio de un mero experto. De ahí la necesidad de sacerdotes enamorados del Señor. Solamente ellos, y puesto que amor siempre transmite amor (si acaso están enteramente enamorados de Jesucristo), serán capaces de conducir a los jóvenes hasta el lugar en donde, en el silencio que hace posible el susurro, el Señor se les muestre para decirles que los ama e invitarlos a que le sigan. La imitación seria de Jesucristo, vivida sobre todo por algún sacerdote lo suficientemente enamorado como para practicarla, es la única cosa que puede animar a los jóvenes a seguir a Jesucristo. Lo que incluye también tener presente la oración, como que es la gran solución que nos brindó el mismo Señor: *Rogad al dueño de la mies para que envíe obreros a su mies.*[35]

Un poco entre bromas y veras —porque siempre es mejor reír que llorar— hemos hecho alusión, como de pasada, a uno de los problemas más graves que encara la Iglesia de hoy. Hay para elegir: o se cambian por completo las orientaciones de la Pastoral de Juventud, o la Iglesia de comienzos del siglo XXI se quedará sin juventud. Y entonces sucederá que los Encuentros de Jóvenes y los Concilios Juveniles, por ejemplo, no habrán servido sino para llenar los bolsillos de hoteleros, agentes de viajes, organizadores sin escrúpulos... y aun para algo peor, a saber: para mantener al conjunto de los fieles en el engaño de que todavía existe una juventud cristiana.

La dulce noticia de que el Maestro *está ahí y te llama* se transmite siempre *al oído*. Los estruendos y las fanfarrias no son lo más adecuado en este asunto, y de ahí que los Encuentros y Concentraciones no produzcan los resultados que cabría esperar. Y aunque incluso es posible, o más bien seguro, que de ellos se deriven ciertos logros que para muchos son exitosos, se trata siempre de resultados que corresponden a otro nivel de cosas pero que no pertenecen al mundo de lo sobrenatural. El exceso de ruido y las paradas trompeteras sirven a veces para disimular, o bien la falta de contenido y solidez de una cristiandad que ha dejado de serlo, o bien el vacío espiritual que actualmente asfixia a tantas almas que sufren la ausencia de Jesucristo.

Todo parecería indicar que el Señor se ha ido y ya no está con nosotros. ¿O quizá hemos sido nosotros mismos quienes le hemos pedido que se vaya? Sea como fuere, o por lo que fuere, es como si Él no estuviera aquí. Y de ahí que nos agobie el dolor de una enfermedad de la que incluso temeríamos cualquier cosa.

---

[35] Lc 10:2.

Pero sabemos que Él pronto habrá regresado y estará de nuevo con nosotros. Ninguno de nosotros preguntará por la razón de su demora, puesto que nos sentiremos embargados por la alegría de su presencia. Y puede que algún día, a la mañana, a la caída de la tarde o en lo más recio de la noche —¿quién sabe?—, cuando más sumidos nos sintamos en el dolor, alguien nos anuncie que ya está aquí y que nos llama. Con palabras que seguramente nos serán dichas al oído, y que por tanto sólo podremos escuchar en el silencio que da paso al verdadero amor: cuando hayamos dejado de lado a tantas cosas que nos estorban, a fin de concentrarnos mejor en la escucha del silbo amoroso del Pastor Bueno que ya llega. Entonces recordaremos tiempos y suspiros de edades pasadas:

> *Me requirió el Amado*
> *para que de las cosas me olvidara,*
> *y estando ya a su lado,*
> *a solas lo mirara*
> *hasta que el sol la Tierra iluminara.*[36]

Y aquí lo dejamos, pues hemos sobrepasado con creces el tiempo disponible.

---

[36] *CFC*, 34; cfr. 61.

NUESTRO PRIMER ENCUENTRO CON EL SEÑOR, O DE LA VOCACIÓN

(A PROPÓSITO DE LA VOCACIÓN DE SAN ANDRÉS)

MEDITACIÓN

(Diciembre, 1, 1976. Jn 1:35 y ss.)

Ayer, 30 de Noviembre, tuvimos ocasión de celebrar la fiesta del apóstol San Andrés. Siempre sentí una tierna devoción hacia este apóstol; sobre todo desde que, recién ordenado sacerdote, fui enviado para mi primer cargo a una parroquia de la que el Santo era titular. Tuve ocasión, por lo tanto, de ejercer las primicias de mi sacerdocio a la sombra de su protección.

El Evangelio nos proporciona algunos detalles acerca de su vida, si bien nos interesan más en este momento los que se refieren a los primeros tiempos en los que acompañó al Señor. Allí se nos habla de su vocación, o de su primer encuentro con Jesús, para luego contarnos más adelante la confirmación definitiva en su vocación. Poco más nos suministra el Evangelio acerca de sus actividades durante los años en que acompañó al Señor; y ya después de la Ascensión, nada se nos dice acerca de él, por lo que hemos de echar mano de la Tradición y de lo que se cuenta en algún que otro documento, como el *Libro de los Hechos y del Martirio de San Andrés*, que procede del siglo II.

Hablemos pues de su primer encuentro con el Señor y de su definitiva vocación al apostolado.

El suceso nos lo cuenta San Juan, puesto que fueron ambos (Juan y Andrés), estando juntos, los que se encontraron por primera vez con el Señor para hablar a continuación con Él, una cierta tarde. El autor del cuarto Evangelio nos lo dice así:

Al día siguiente, hallándose Juan [el Bautista] *otra vez con dos de sus discípulos* [Andrés y el Evangelista Juan] *fijó la vista en Jesús que pasaba y dijo: "He aquí al Cordero de Dios". Habiéndole oído los dos discípulos, siguieron a Jesús. Volvióse Jesús a ellos, al ver que le seguían, y les dijo: "¿Qué buscáis?" Dijeron ellos: "Rabí —que quiere decir Maestro— ¿dónde vives?" Y Él les dijo: "Venid y ved". Fueron pues y vieron dónde moraba, y permanecieron con Él aquel día. Era como la hora décima. Era Andrés, el hermano de Simón Pedro, uno de los dos que oyeron a Juan y le siguieron. Encontró él luego a su hermano Simón y le dijo: "Hemos hallado al Mesías" que significa el Cristo. Le condujo a Jesús, quien fijando en él la vista, le dijo: "Tú eres Simón..."*[1]

Después de este primer encuentro volverían de nuevo a su trabajo: su barca, sus redes y su pesca. Hasta que un día el Señor los llamó para ir consigo, ya definitivamente. Cosa que nos cuenta San Marcos: *Caminando Jesús a lo largo del mar de Galilea, vio a Simón y a Andrés (hermano de Simón), que echaban las redes en el mar, pues eran pescadores. Jesús les dijo: "Venid en pos de mí y os haré pescadores de hombres". Al instante, dejando las redes le siguieron.*[2]

---

[1] Jn 1: 35–42.
[2] Mc 1: 16–18.

Nuestro Primer Encuentro con el Señor 87

Hemos leído antes que el Bautista se encontraba con dos de sus discípulos —Juan y Andrés— cuando tuvo lugar el primer encuentro de ambos jóvenes con el Maestro. A lo que hay que anotar, como de pasada, que la escuela de Juan el Bautista proporcionó al Señor muy buenos seguidores. Pues el Precursor supo formar bien a sus hombres, para luego desprenderse de ellos y encaminarlos al Señor; limitándose a indicarles el camino al mismo tiempo que él se ocultaba y desaparecía: *Porque es necesario que Él crezca y que yo mengüe*,[3] según solía decir. Fue entonces cuando, fijando la vista en Jesús que pasaba, dijo a sus dos discípulos: *He aquí el Cordero de Dios*.

Fijando en Él la vista... Y efectivamente, pues si queremos que los hombres miren al Señor, y fijen en Él su atención, tendremos que haberlo hecho primero nosotros (el texto de la versión latina utiliza aquí el verbo *respicere*, que significa mirar profundamente, observar con cuidado o con detenimiento). Hasta el punto de que, si no estamos acostumbrados a ello, no conseguiremos que los hombres dirijan su atención hacia el Señor y se fijen en Él. La inanidad y la esterilidad de muchas vidas apostólicas radican en una atención superficial hacia el Señor y en la consiguiente falta de intimidad y trato con Él.

De manera que, habiendo oído los dos discípulos la declaración del Bautista, siguieron a Jesús. Y si vosotros recordáis la forma en que tuvo lugar nuestra propia vocación, os daréis cuenta de que todo ocurrió del mismo modo y manera. Alguien nos habló del Señor y nos lo señaló de algún modo. Y nosotros por nuestra parte, aun sin comprender todavía demasiado, comenzamos también a seguir al Maestro. En realidad todavía no sabíamos muy bien de qué se trataba ni de quién se trataba, aunque ello no fue obstáculo para que continuáramos adelante. Lo cierto es que oímos hablar de un hombre

---

[3] Jn 3:30.

maravilloso y seductor, que también era Dios —Dios y Hombre a la vez— y que se llamaba Jesús.

De todos modos, debéis daros cuenta de que aún no había tenido lugar, para los dos discípulos, la definitiva y auténtica vocación. La cual, como hemos leído en San Marcos, sucedió después; pues se trataba hasta entonces meramente de un primer contacto con el Señor. Aunque sí conviene anotar la importancia de que existan quienes hagan la labor previa que llevó a cabo el Bautista. Pues es seguro que alguna vez nos tropezamos con alguien que llamó nuestra atención acerca de un personaje maravilloso, para nosotros hasta entonces prácticamente desconocido, que se llamaba Jesús, el Hombre–Dios. De donde es evidente que estos tales, que saben señalar debidamente para que los hombres se fijen en Jesús, tienen una importancia extraordinaria en la vida cristiana; como así lo indicaba San Pablo en la carta a los Romanos: *Pero, ¿cómo invocarán a Aquél en quien no han creído? Y ¿cómo creerán sin haber oído hablar de Él? Pero ¿cómo oirán hablar de Él si nadie les predica?*[4]

De manera que, si queremos que los hombres invoquen al Señor, o se dirijan a Él, es preciso que les hablemos y les prediquemos de Él... *Maestro, ¿dónde vives?* Según lo cual, cualquier intento para hacer que Jesús sea invocado y conocido, mediante el acercamiento a Él, ha de utilizar ese procedimiento si quiere tener éxito.

Y de ahí el fracaso de tantas *campañas vocacionales*, las cuales ponen el acento en cualquier cosa menos en el *verdadero Jesús*. O bien hacen alusiones a Jesús verdaderamente ridículas —en forma oral, escrita o gráfica; como por medio de *posters*, por ejemplo— que más bien hacen pensar en un Jesucristo afeminado o al menos descafeinado; o bien insisten en procedimientos sociológicos, psicológicos, o meramente humanos, los cuales son incapaces de atraer

---

[4] Ro 10:14.

a cualquier joven que posea una mente y un corazón normales. E incluso a menudo ni siquiera se llega a esto, puesto que no se centra el problema de la vocación en la Persona de Jesús, insistiendo más bien en cuestiones puramente humanas y sin valor sobrenatural: el compromiso con los marginados, el trabajo por la paz social..., y un largo etcétera de letanías por el mismo estilo y de todos conocidas. Lo cual sucede, sin duda alguna, porque los promotores de tales campañas *no han fijado nunca su atención* en la Persona del Maestro; o dicho con otras palabras, carecen de vida interior.

Cualquier intento que pretenda promocionar vocaciones está llamado al fracaso si no tiene en cuenta algo fundamental aquí, cual es lo siguiente: Lo que acostumbramos a llamar vocación —la llamada al seguimiento de Jesucristo— es en realidad un *acto de amor*, o en todo caso, *una declaración de amor*. Más todavía: una verdadera *petición de mano*, que no es sino la impulsión hacia unos esponsales que luego habrán de consumarse en un auténtico matrimonio espiritual. Afirmaciones que parecerán exageradas a los no adentrados en el meollo de la existencia cristiana (ser eclesiástico, o persona consagrada, no significa *per se* que se posea intimidad con el Señor ni se conozca a fondo su Mensaje).

Ante todo, debéis considerar que la vocación es algo así como la gracia de las gracias. Lo cual, aunque puede parecer hiperbólico, no excluye el hecho de que es al menos una de las gracias más sublimes, delicadas e inefables, que Jesús puede conceder a alguien (ordinariamente un joven). Si bien cualquier cristiano está llamado a la unión con el Señor hasta llegar a una cierta identificación de vidas (Jn 6:57; Ga 4:19; Ef 4:15), aquí se trata de algo diferente, en cuanto que la vocación o llamada persigue algo mucho más tierno y elevado (aunque el punto de partida sea el mismo, en este caso se trata de profundizar y llegar a las más íntimas y tiernas consecuencias: el amor llevado a su plenitud). Algo así como a una perfección dentro de la perfección, o la perfección llevada al grado sumo que puede alcanzarse en el estadio de vida terrena. Decir que es una invitación a la amistad —una amistad tal como Dios la entiende, y que entra ya en la vertiente del verdadero amor— no sería todavía toda la verdad. Pues la llamada se refiere a que el elegido (por amor) consienta en aquello que espera el amor, a saber, la respuesta afirmativa para un verdadero y más completo intercambio o transfusión de vidas: *Yo vivo, aunque ya no soy yo, sino que es Cristo quien vive en mí*,[5] decía el Apóstol; y de ahí que se pueda decir con toda verdad que *sacerdos est alter Christus*. Donde ya no estamos ante algo que, visto superficialmente, se podría calificar como un intercambio de corazones. Ya no existe aquí un mero intercambio, sino la entrega a la persona amada, por parte del Amante, hasta de las funciones y privilegios más propiamente suyos (Jn 20:21; Lc 10:16; Jn 20:23, etc.). Lo que más desea el Amante es identificar su vida con la vida del amado. O dicho de otra manera y por lo que se refiere a la vocación: que el amor entre Jesús y la persona llamada por Él a la intimidad de su corazón, llegue a su más íntima plenitud.

Debido a su carácter esponsalicio o matrimonial, la iniciativa en este caso, como parece lo normal, corresponde al futuro Esposo; el cual llama e invoca a su futura desposada, por la que muere de amor: *Nadie puede arrogarse tal dignidad* [el sacerdocio] *sino el que es llamado por Dios, como lo fue Aarón*, se dice en la Carta a los Hebreos.[6]

Puesto que el Amor es un fuego devorador (Heb 12:29), no es de extrañar la impaciencia o la ansiedad que muestra el Esposo en la búsqueda de su esposa elegida. La vocación o llamada al seguimiento

---

[5]Ga 2:20.
[6]Heb 5:4.

total no es sino esto mismo, pero llevado hasta sus más íntimas y profundas consecuencias:

> *Levántate ya, amada mía,*
> *hermosa mía, y ven.*[7]
>
> ....
>
> *Ábreme, hermana mía, esposa mía,*
> *paloma mía, inmaculada mía...*[8]

Según se dice en *El Cantar de los Cantares*, aunque la moderna poesía lo viene a expresar de la misma manera. A lo que conviene añadir aquí, ya como de pasada, que la auténtica poesía se refiere siempre al amor o es un canto de amor:

> *Amada, yo he buscado*
> *de mi huerto de azahares el sendero,*
> *y luego te he esperado*
> *detrás del limonero*
> *a ver si te encontraba yo primero.*[9]

Alguien podría reparar aquí en que no es normal llegar al desposorio, ni menos aun al matrimonio, sin un previo enamoramiento. Y así es, en efecto. El joven (el cristiano) no responderá afirmativamente a la llamada que recibe para un seguimiento total, si no está enamorado del Señor. Y así es como sucede siempre (no hablamos

---

[7] Ca 2:10.
[8] Ca 5:2.
[9] *CFC*, 46.

aquí de las aberraciones en las que ha caído hoy el concepto y la palabra amor), pues no se llega al enamoramiento si los dos amantes no se han contemplado previamente y se han percatado de su mutua belleza. Dicho de otra forma, es cierto que el amor requiere de un cierto período (momento) previo en el que la bondad y la belleza sean ya percibidos:

> *Mi Amado es tierno y colorado,*
> *se distingue entre millares.*[10]

Y éste sería el lugar en el que podríamos aludir de nuevo a la labor previa de preparación que llevó a cabo el Bautista; que en este particular caso sería con respecto a sus dos discípulos Andrés y Juan. Labor anticipada de adiestramiento sin la cual los dos hombres en cuestión no se hubieran determinado a seguir a Jesús, con el fin de conocerlo más de cerca y más íntimamente.

Con lo cual nos encontramos con otra de las razones por las que las campañas vocacionales suelen acabar en fracaso. Puesto que en la moderna Iglesia se ha dado en prescindir de toda obra de auténtica catequesis (en el sentido amplio de la palabra), el pueblo cristiano (y más aún la juventud) se encuentra en una situación de extrema ignorancia con respecto al contenido de la Fe cristiana: *¿Y cómo creerán si no hay quien les predique...?* Tal como lo decía el Apóstol en su Carta a los Romanos.

E incluso habrá también quien apunte aquí una nueva observación u objeción al respecto:

Quizá parezca exagerado tratar de relacionar la vida mística con algo tan simple como es la vocación al seguimiento (y concretamente al sacerdocio). A lo que podríamos responder diciendo, en primer

---

[10] Ca 5:10.

lugar, que la vocación no es algo tan simple; si por simple se entiende aquí como algo sencillo y de menor importancia. Pero sucede además —en segundo lugar— que tal presunción de exageración es justamente otra de las causas —seguramente la principal— del fracaso al que estamos aludiendo. Si no existe un enamoramiento del Señor (llámese vida mística o como se quiera) nadie se sentirá determinado a seguirlo fiel y completamente. Y menos aún el joven. Al fin y al cabo, fue el mismo Señor quien puso la oración como base de cualquier campaña vocacional (Mt 9:38).

Desgraciadamente, en este campo de la Pastoral cristiana que se refiere al reclutamiento de vocaciones (y en realidad en cualquier otro de la existencia cristiana) no tiene nada que hacer la tercería. Es inútil hacer de celestino si se quiere conducir a alguien hacia el amor de Jesucristo, en cuanto que, quien tal cosa pretenda, ha de estar a su vez enamorado; o si se quiere, como se dice ahora, comprometido (con el Señor, claro está). Pues solamente el amor produce amor. Pero nadie puede dudar acerca de que el Bautista era un hombre verdaderamente *comprometido*; y de ahí su éxito.

La mediocridad de vidas sacerdotales, que suelen presentar hoy a la juventud tantos apóstoles de la pastoral, no parece lo más adecuado para seducirla. Y menos aún cuando se le ofrece un programa de actuación con un contenido de *welfare* meramente humano (Derechos Humanos, paz social, compromiso con los marginados..., y etc., puesto que ya os sabéis la letanía). Supone un desconocimiento total de la juventud el convencimiento de que los jóvenes se enamoran de los *programas* —¡y qué programas, Señor!—. Cuando la realidad —la hermosa realidad, precisamente— está más bien en que la gente se enamora de las *personas*; y en este caso concreto, de la Persona de Jesucristo.

Continúa el texto evangélico diciendo que Jesús, *volviéndose hacia ellos, y viendo que le seguían, les dijo: "¿Qué buscáis?"*

Después de haber sido encaminados hacia Él sucede ahora el encuentro personal. A nosotros nos ocurrió lo mismo, y de ahí que podamos recordar, con auténtica emoción, el momento de aquella primera entrevista que nos movió a comenzar a seguirle. A pesar de que en realidad aún no sabíamos con precisión de quién se trataba, algo llamaba, sin embargo, a las puertas de nuestro corazón para decirnos que aquel instante tenía mucho de maravilloso y grandioso. Y entonces Él se volvió hacia nosotros... San Agustín ya dijo alguna vez que *en vano le seguiríamos si Él no se hubiera vuelto hacia nosotros.*

Y preguntó a los dos discípulos con aquellas palabras, tan breves como cargadas de contenido: *¿Qué buscáis?*

Y al interpelarlos a ellos nos estaba interpelando también a nosotros. A cada uno de nosotros. Con ese tipo de preguntas cargadas de un carácter tan personal y tan íntimo que tanto tienen que ver con el amor.

Por supuesto que el Señor sabía bien lo que aquellos dos hombres buscaban. Justamente lo mismo que todos los seres humanos buscan, conscientes o inconscientes de ello, abiertamente o sin quererlo reconocer; cual es la felicidad. Pronto se daría cuenta Andrés de que lo que él trataba de alcanzar ansiosamente no era *algo* sino *alguien*. En definitiva, al mismo Jesús.

Los hombres buscan ansiosamente la felicidad y a menudo no la encuentran —en realidad nunca— cuando la van buscando en las cosas. Por otra parte, sabemos bien que solamente encuentran la felicidad aquéllos que no la buscan y a quienes no les preocupa; precisamente porque lo único que les importa es el Señor. Cuando vosotros comenzasteis a seguir al Señor, con un conocimiento aún tan escaso acerca de su Persona, de ninguna manera pensabais en

Nuestro Primer Encuentro con el Señor 95

alcanzar la felicidad, sino solamente al Señor... Hasta que Él se volvió y... Cosa admirable, puesto que fue Él quien os alcanzó a vosotros (Flp 3:12). Fue así como el primer amor por el Señor llamó a las puertas de vuestro corazón. Y fue así como nació en vosotros el primer gran amor; que no fue por *algo*, sino por *alguien* que era lo único que podía colmar vuestros insaciables deseos de felicidad: Jesús, el Maestro bueno, el Señor.

De lo cual parece deducirse que el último fin (sin duda que se trata de una redundancia) del hombre no es tanto la *Beatitudo* cuanto el *Amor*. Algo así como si el Amor exigiera un primer puesto en una correcta jerarquía de valores. Y en efecto, porque la felicidad es la primera —y última— consecuencia del hecho de *estar enamorado*. Alguien es feliz cuando posee a la persona amada. Y así es como todo parece indicar que la felicidad es la consecuencia del amor, y no al contrario. De manera que, cuando se trata del Amor infinito, es cuando hemos llegado a la posesión de la Felicidad infinita (en la medida en que puede ser participada por la creatura), y a la que muchos llaman *Beatitudo*:

No me mueve, mi Dios, para quererte
el Cielo que me tienes prometido;
ni me mueve el Infierno tan temido
para dejar por eso de ofenderte.

....

Muéveme, en fin, tu amor, y en tal manera
que aunque no hubiera Cielo, yo te amara
y aunque no hubiera Infierno, te temiera.

Como decía el antiguo y anónimo poemita. Y fue el mismo Jesús, por su parte, quien relacionó la Alegría Completa (Jn 15:11) que pensaba otorgar a sus discípulos con su propia Persona (Jn 16:22), que es precisamente lo que la identifica con la Alegría Perfecta.

Y a propósito de esto, con respecto al conocido pasaje que se narra en el libro de *Las Florecillas*, en el que San Francisco dialoga con su compañero Fray León acerca de la Perfecta Alegría, me atrevería a matizar aquí algún aspecto de la cuestión.

Por supuesto que el episodio es uno de los más bellos de los que contiene el libro. San Francisco demuestra en él una vez más su santidad, de ningún modo inferior a su genialidad en cuanto a la comprensión del espíritu del Evangelio. Sin embargo, todo parece indicar que la Perfecta Alegría no puede consistir, en último extremo, en los sufrimientos llevados con paciencia y por amor. Puesto que el sufrimiento es padecimiento, es imposible compaginarlo con la alegría, por más que sea sobrellevado por amor de Cristo. Lo que sucede en realidad, a mi entender, no es otra cosa sino que la inmensa perspicacia del Santo comprendió certeramente algo fundamental: que compartir los sufrimientos, y aun la muerte, del Amado (Cristo, en este caso) es el único camino, además del más rápido y directo, para estar junto a Él; lo cual es justamente *lo que conduce a la Perfecta Alegría*. De donde, según esto, el sufrimiento por el Amado —a través del hecho de estar junto a Él— sería lo penúltimo; o dicho más claramente, lo inmediatamente anterior al final del trayecto, cual es la Perfecta Alegría. Es imposible sufrir estando junto al Esposo (Mt 9:15). Y así es como lo sentía también el Bautista, cuando decía: *El amigo del Esposo, que "le acompaña y le oye, se alegra grandemente" al oír la voz del Esposo. Por eso mi gozo es completo.*[11]

¿Qué es lo que buscáis?, pregunta el Señor a Juan y a Andrés, al ver que le seguían.

La interpelación que dirige en cambio a María Magdalena, cuando ella se encontraba llorosa buscando a su Maestro, si bien parece

---

[11] Jn 3:29.

la misma, contiene sin embargo un matiz distinto: *Mujer, ¿por qué lloras? ¿A quién buscas?* Ya no se trata, por lo tanto, en cuanto al objeto de la búsqueda, de un *qué* sino de un *quién*. María Magdalena ya no buscaba ninguna cosa determinada, ni aun siquiera la felicidad (que ya no le importaba), sino solamente al Señor. De ahí la pregunta de Jesús, que sabía muy bien que María Magdalena no buscaba cosa alguna, sino solamente a Él.

En último término no se ama a las cosas, sino a las personas. El amor es interpersonal, y procede siempre de corazón a corazón. Si las cosas son amadas, siempre lo son a través y en razón del amor que se profesa a las personas. Los santos amaron las cosas creadas como obra y vestigios que son del Creador, y a través por lo tanto de su amor a Dios. El santo de Asís, por ejemplo, amaba las cosas con la misma sencillez e ingenuidad con que el hombre lo hacía en los primeros días de la Creación; de modo que, como obra que son de Dios al igual que él mismo, las consideraba como hermanas suyas: el hermano sol, el hermano fuego, la hermana luna o las hermanas estrellas...

> *Mil gracias derramando,*
> *pasó por estos sotos con presura,*
> *y yéndolos mirando,*
> *con sola su figura*
> *vestidos los dejó de su hermosura.*[12]
>
> ....
>
> *Mi Amado, las montañas,*
> *los valles solitarios nemorosos,*
> *las ínsulas extrañas,*
> *los ríos sonorosos,*
> *el silbo de los aires amorosos...*[13]

---

[12] San Juan de la Cruz, *Cántico Espiritual*, 5.
[13] *Ibid.*, 14.

Como decía también San Juan de la Cruz en sus hermosos versos, tan sublimes como que se han convertido en inmortales.

Continuando con nuestro relato, fue entonces cuando *Él les dijo: "Venid y ved". Fueron pues y vieron dónde moraba, y permanecieron con Él aquel día. Era como la hora décima.* Siempre recordaron con emoción el momento de su primer encuentro con el Señor, como lo muestra el hecho de que San Juan incluso señala la hora en que tuvo lugar.

Tan honda fue la impresión y tan profundo el impacto que aquellos dos hombres recibieron que Andrés, lleno de entusiasmo, corrió enseguida a convencer a su hermano: *Encontró él luego a su hermano Simón y le dijo: "Hemos hallado al Mesías"* —que quiere decir Cristo—. *Y le condujo a Jesús.*

Luego volvieron a las actividades propias de su oficio: su barca, sus redes, su pesca... Hasta que un día, como hemos leído antes, *caminando a lo largo del mar de Galilea, vio el Señor a Simón y a su hermano Andrés que echaban las redes en el mar, pues eran pescadores, y les dijo: "Venid en pos de mí y os haré pescadores de hombres".*

Ahora ya sabían lo que quería el Maestro. Y al fin comprendieron lo que ansiaba también su corazón y el verdadero sentido de su vida. Han oído claramente la llamada del Señor y se han sabido destinados a emprender la mayor de las aventuras. La etapa previa de preparación fue necesaria para entender mejor a Jesús y no sentir miedo ante lo que les iba a proponer.

Algunos pocos episodios nos cuenta el Evangelio en los que aparece, más o menos accidentalmente, el apóstol Andrés: En la primera multiplicación de los panes, cuando junto con Felipe le dice al Señor acerca de un joven que llevaba unos pocos panes y unos cuantos peces —aunque su consternación era grande, pues ¿qué podía significar tan poca cosa para darle de comer a tanta gente?—. O cuando, también junto con Felipe, comunica al Señor que han llegado unos extranjeros que desean hablarle y conocerle... Después apenas si sabemos nada seguro acerca de la manera como transcurrió su vida. Parece que evangelizó ciertas partes de Asia, junto con su hermano Pedro según algunos, aunque es prácticamente seguro que murió martirizado, crucificado en una cruz aspada tal como afirman muchos.

En el *Libro de los Hechos y el Martirio de San Andrés* —cuya absoluta historicidad no os puedo garantizar, a pesar de su extremada antigüedad, aunque tampoco existe nada que impida creerlo— se habla de las palabras que pronunció el apóstol cuando era conducido al suplicio. Pues, como sabéis, las últimas palabras de los hombres que han pasado a la Historia resumen con frecuencia, en forma de compendio, lo que ha sido su vida; y hasta a veces nos dicen más acerca de ellos que muchos de los episodios maravillosos que jalonan sus existencias:

> *¡Oh cruz buena!*
> *Que tanto honor recibiste*
> *por haber llevado sobre ti*
> *los miembros del Señor.*
> *Deseada por tanto tiempo,*
> *amada con tanto esmero,*
> *buscada por mí sin descanso*
> *y con tanto ánimo preparada.*
> *Recíbeme de los hombres*
> *y devuélveme a mi Maestro,*
> *a fin de que me reciba por ti*
> *el que me redimió por ti.*
> *Recíbeme de los hombres*
> *y devuélveme a mi Maestro...*

Y en efecto. Porque cuando contemplamos este nuestro mundo en el que Dios ha querido que vivamos, y en el que el Mal reina en todas partes (Jn 14:30), por más que no se quiera reconocer... Cuando la crisis que sufre la Iglesia ha permitido que las ideas del mundo, o el humo de Satanás en frase de Pablo VI, penetren incluso en su seno. Cuando el paganismo está desplazando al cristianismo por todo el ancho mundo, y todo parece indicar que el fin de la Historia está próximo (Mt 24:15; 1 Pe 4:7; Ap 22:12). Cuando los cristianos estamos siendo perseguidos —de mil modos y maneras— en todas partes. Cuando todo eso sucede, ¿cómo no vamos a sentir el deseo de marcharnos0 a la Casa del Padre, allá en nuestra verdadera Ciudad que es la Patria del Cielo (Heb 13:14)?

¿Que esta Tierra, en la que aún vivimos, es buena y hermosa como creada que ha sido por Dios al fin y al cabo? Por supuesto que sí. Pero es así en cuanto que todo lo que contiene es vestigio y huella de Dios. Y además y sobre todo, porque ha sido para nosotros el medio y la plataforma que nos han permitido compartir la vida y la cruz del Señor. Y así como es verdad que la esperanza cristiana es absolutamente contraria al pesimismo, no olvidéis que es precisamente ella —la virtud de la esperanza— la que nos hace mirar hacia la Ciudad del Cielo, y la que nos induce a sentir la nostalgia de sentirnos pronto en ella como ciudadanos de pleno derecho:

Que muero porque no muero...

Como decía nuestra Santa Teresa de Ávila. O como lo expresaba también San Pablo en su Carta a los Filipenses: *Me siento apretado por ambos lados: por uno desearía quedar desatado para estar con Cristo, que es muchísimo mejor...*[14] Ahora más que nunca, y gracias a Jesucristo, tenemos derecho los cristianos a contemplar la

---

[14] Flp 1:23.

muerte como una liberación más que como un castigo. El niño–ángel Tiberio, o el angelical niño Tiberio (en *Las Campanas Tocan Solas*, de José María Pérez Lozano), con ocasión de ser preguntado acerca de lo que pensaba ser en el futuro, respondió —o quizá pudo haber respondido— que él hubiera deseado ser:

> *Jardinero del aire,*
> *para vivir entre los pájaros y las nubes.*
> *Para estar más lejos de los hombres*
> *y más cerca de Dios.*

La vocación fue la primera llamada que el Señor nos hizo acuciado por la bondad de su corazón, pues nos amó más que a otros. Ahora gemimos esperando la segunda, la cual habrá de sonar con voz más fuerte y clara que la primera. Sucederá cuando la impaciencia de su amor no pueda soportar más la espera, que coincidirá con el momento en que nuestro corazón tampoco desee vivir más de nostalgias ni de ausencias. Será entonces cuando olvidemos para siempre los fríos gélidos de esta nuestra Tierra para marcharnos con Él:

> *Ábreme ya, hermana mía, esposa mía,*
> *paloma mía, inmaculada mía...*

Decía el impaciente Esposo del *Cantar de los Cantares*. Y San Juan de la Cruz, por su parte:

> *Mas, ¿cómo perseveras,*
> *oh vida, no viviendo donde vives,*
> *y haciendo porque mueras*
> *las flechas que recibes,*
> *de lo que del Amado en ti concibes?*[15]

---

[15]San Juan de la Cruz, *Cántico Espiritual*, 8.

Y así es, para alegría nuestra. *Cruz deseada por tanto tiempo, amada con tanto esmero, buscada sin descanso y preparada con tanto ánimo...* Sartre tenía razón, sin saber lo que decía, cuando declaraba que el hombre es un ser para la muerte. Claro que la realidad es de un sentido bien diferente del que su trastocada mente sentía. Pues el mismo San Pablo parece estar de acuerdo con el escritor francés, aunque *a sensu contrario*, si bien se examina: *¿No sabéis que cuantos hemos sido bautizados en Cristo Jesús, en su muerte hemos sido bautizados?*[16] Evidentemente, una vez más queda claro que las ideas del mundo son una triste imitación que viene a desembocar en una desesperada, ridícula caricatura e imagen invertida, de las ideas de Dios.

El día y el momento en que sentimos la primera llamada del Amado —su silbo amoroso, dirigido a nosotros— no lo podremos olvidar. *Era como la hora décima.* Ahora nos toca aguardar, con toda la impaciencia que es capaz de soportar un corazón enamorado, aquella otra que nos llevará a reunirnos con Él para siempre.

---

[16] Ro 6:3.

CURACIÓN DEL CIEGO BARTIMEO

MEDITACIÓN

(Octubre, 26, 2003. Mc 10: 46–52)

Y llegaron a Jericó. Y al salir Él de Jericó con sus discípulos y una gran multitud, el hijo de Timeo, Bartimeo el ciego, estaba sentado junto al camino pidiendo limosna. Cuando se enteró que pasaba Jesús el Nazareno, comenzó a gritar y a decir: "¡Jesús, Hijo de David, ten compasión de mí!" Y muchos le reprendían para que callase; pero él gritaba mucho más: "¡Hijo de David, ten compasión de mí!" Se detuvo Jesús y dijo: "¡Llamadle!" Llamaron al ciego y le dijeron: "¡Ánimo, levántate, que te llama!" Entonces él, arrojando su manto, dio un salto y se acercó a Jesús. Y Jesús, dirigiéndose a él, le preguntó: "¿Qué quieres que te haga?" El ciego le respondió: "Rabboní, que vea". Jesús le dijo: "Ve, porque tu fe te ha salvado". Al instante recobró la vista y le seguía por el camino.

Lo primero que llama la atención, cuando se lee este texto, es el estado de miseria en que se encontraba el ciego Bartimeo. Sentado a la vera del camino, a la entrada (o a la salida, si se prefiere decir así) de Jericó pidiendo limosna. Y no me refiero tanto a su miseria material cuanto a la que se deriva del conjunto de su situación.

Podemos imaginar, con la seguridad de acertar, que las comodidades que le rodeaban no serían abundantes, y que la satisfacción de su hambre no sería un placer del que disfrutaría con frecuencia. Estos pobres infelices vivían de las pocas y miserables limosnas que les arrojaban, por compasión, otras gentes casi tan pobres como ellos mismos.

Y con todo, consideradas las cosas con detenimiento, no era esto en absoluto lo que hacía tremendamente desgraciada la situación del ciego Bartimeo.

Se hallaba el infeliz sentado junto al camino, oyendo a las gentes que iban y venían; pero sin poder moverse a su vez del lugar donde se encontraba. Sin embargo los caminos fueron hechos para recorrerlos y andar por ellos, y no para sentarse en alguno de sus ribazos mientras que unos van y otros vienen. Pensemos en alguien que indefinidamente permanece, inmóvil y sedentario, en el lugar donde todo el mundo marcha buscando una meta que siempre se encuentra más allá..., y nos sentiremos embargados por la confusión y la tristeza. Pues es cierto que los caminos no pueden ser imaginados sino como destinados a conducir hasta un cierto final —¿o tal vez incierto, aunque al fin y al cabo final?—.

Pero lo importante aquí es que el cristiano es fundamentalmente *un ser que camina* —como la Iglesia de esta Tierra y de la que él forma parte, que es siempre itinerante—, en cuanto que ha sido llamado a hacer suya la vida y la existencia de Jesús. El cual dijo de Sí mismo que Él es el Camino, y que incluso no se puede llegar hasta el Padre si no es recorriendo todos los trechos hasta acabarlos por completo (Jn 14:6). Y de ahí que el cristiano no pueda pretender otro destino que no sea el de caminar junto a Él, en Él y con Él.

Pero el ciego mendigo se encontraba quieto e incapaz de moverse en un lugar por donde todos caminaban. Sentado a la vera de lo que había sido hecho para avanzar y sin esperanza de llegar a parte alguna. Obligado a ganarse el mísero sustento viviendo la paradoja de la quietud y de la obscuridad allí donde solamente tenían sentido el movimiento y la luz.

Es evidente que detenerse a perpetuidad a la orilla de un camino parece la mayor de las incongruencias.

El Camino posee siempre un cierto aire de inquietud y de emoción, como una cosa en la que podría aparecer en cualquier momento lo inesperado. Quizá a la vuelta de uno cualquiera de sus múltiples zigzags, donde puede aguardar lo extraño o lo inexplicable; y aún más seguramente algo hasta ahora desconocido que quizá sea capaz de alegrar —o tal vez de entristecer— nuestro corazón. Destinado a perderse en lontananza, aún cumple mejor su cometido cuando no sabemos dónde ni cuándo acabará. A veces se bifurca, o incluso parece perderse u ocultarse, quizá para hacernos dudar de la dirección que nos conviene; como si se tratara de una especie de extraña broma que parece sonreír para sí misma contemplando nuestra incapacidad. Fue abierto para que, recorriendo su trazado, los mortales pudieran saber del cansancio y de la fatiga (Jn 4:6), único y exclusivo modo de alcanzar un pretendido final (pues ya dijo alguien que *las batallas las ganaron siempre los soldados cansados*).

Si vas hacia el otero
deja que te acompañe, peregrino,
a ver si el que yo quiero
nos da a beber su vino
en acabando juntos el camino.[1]

---

[1] *CFC*, 1.

La horrenda desgracia de nuestro ciego mendigo es que se encontraba ante una situación tanto más angustiosa cuanto que no tenía salida. Doble desgracia, para ser más exactos. Porque en realidad el fin propio del cristiano es caminar: *Id y enseñad a todas las gentes...*[2] *Varones de Galilea, ¿qué hacéis ahí mirando al cielo?*[3] Así como también el de poder ver y contemplar a Aquél de quien se dijo que era *la luz de los hombres.*[4] Justamente a esto último conduce su camino.

> *The Road goes ever on and on,*
> *down from the door where it began.*
> *Now far ahead the Road has gone,*
> *and I must follow, if I can,*
> *pursuing it with weary feet,*
> *until it joins some larger way,*
> *where many paths and errands meet.*[5]

El Camino va siempre hacia adelante, de continuo siguiendo y más y más (Flp 3:13), sin que a nadie le sea permitido mirar hacia atrás (Lc 9:62). Pues no fue hecha la Jerusalén Celestial para los cobardes (Ap 21:8), ni para los que, después de haber intentado huir de las inmundicias del mundo, vuelven como el perro a su vómito; o como la cerda, que una vez lavada, regresa a revolcarse otra vez en el cieno (2 Pe 2: 20–22).

---

[2] Mt 28:19.

[3] Hech 1:11.

[4] Jn 1:4.

[5] *El Camino va siempre adelante, sigue y sigue,// desde abajo y desde la puerta misma donde empezó.//Aunque ahora, allá y a lo lejos, el Camino ha llegado a su fin.// Pero yo debo seguirlo, si es que puedo,// continuando adelante con mis pies cansados,// hasta que él se haga uno con otro más ancho y mejor,// justamente allí donde tantos caminos y destinos vienen a encontrarse* (Obra poética de Tolkien en traducción libre).

El final del Camino se adivina o se presiente, mejor que divisarse en lontananza; aunque todavía demasiado lejos como para tener que recorrerlo con nuestros pies cansados. Pero con la certeza, eso sí, de que no existe peligro de perderse, por cuanto que está debidamente señalado y preparado por Aquél que ya lo recorrió primero (Jn 14: 3–4).

Un buen conocedor de la naturaleza humana, como era San Agustín, contemplaba pese a todo esa triste posibilidad: *Bene curris, sed extra viam*, dijo alguna vez el Santo.[6] De todos modos nunca es lícito para el cristiano abandonar el Camino (Mt 10:22), y más bien tiene que seguirlo, suceda lo que suceda: *Pero yo debo seguirlo, si es que puedo.* Y aunque es evidente que jamás sería capaz de hacerlo por sí solo (Jn 15:5), siempre posee el recurso de exclamar con el Apóstol: *Puedo hacerlo todo en Aquél que me conforta*[7] y que nunca me va a abandonar.

> *Si huyera de tu lado,*
> *búscame tú de nuevo, compañero,*
> *y luego de encontrado*
> *retórname al sendero,*
> *allí donde me hallaste tú primero.*[8]

El destino del discípulo de Jesús consiste en recorrer el Camino siempre con pies agotados por el cansancio, pues, como hemos recordado antes, *las batallas las ganaron siempre los soldados cansados*. Y no puede ser de otra manera, por cuanto, como ya lo advirtió el Maestro a sus seguidores, *es angosta la puerta y estrecha la senda que lleva a la Vida y pocos son los que la encuentran*.[9] Su fin, por

---

[6] *Corres bien, pero fuera del camino.*
[7] Flp 4:13.
[8] *CFC*, 73.
[9] Mt 7:14.

lo tanto, es el de avanzar fatigado y agobiado; hasta que el Camino confluya por fin en otro más ancho y dichoso, en donde coincidirán definitivamente tantos destinos que supieron ser fieles. De otro modo no estaría compartiendo la vida, la cruz y la muerte de su Señor.

Pretender ir por otra parte es correr *extra viam*, como decía San Agustín. Significaría haber elegido la senda ancha y espaciosa, lo que equivaldría a correr hacia la perdición (Mt 7:13), privando a la vida de su sentido y de la posibilidad de conocer jamás la Perfecta Alegría.[10]

Una vida no es tal vida, ni menos aún abundante (Jn 10:10), si ha sido desprovista de todo contenido de dificultad y de aventura. La vida que no consiste en una *búsqueda* arriesgada no es verdadera vida. Al igual que un cristianismo fácil —o al uso, para ser aceptado por el mundo moderno postcristiano— no tiene nada que ver con la Persona y el Mensaje de Jesús.

De ahí la perplejidad de muchos cristianos ante la actitud que parece haber adoptado una parte de la Jerarquía de la Iglesia.

No está claro, por ejemplo, que *olvidar lo que nos separa para insistir en lo que nos une* solucione problema alguno, pues los resultados parecen apuntar más bien en sentido contrario. Según la Lógica clásica, la definición tiene por objeto atender a los límites y a las diferencias, que es el único camino para distinguir una cosa de otra. Cuando se da de lado a tales diferencias, la definición se difumina, y con ella la identidad de la cosa definida. Nada tiene de extraño, por lo tanto, que la Iglesia se enfrente hoy a una crisis de identidad consigo misma. La cual no afecta a la Iglesia como tal

---

[10] ¿Tendremos que repetir aquí, una vez más, que la Perfecta Alegría, lejos de ser puramente escatológica, comienza ya en esta Tierra, así llamada también *valle de lágrimas*, por más que esté destinada a desplegarse en total plenitud en la Patria? Lejos de existir aquí asomo alguno de contradicción, es lo cierto que el hecho de ser nuestro mundo un *valle de lágrimas* es justamente la condición indispensable para alcanzar la Perfecta Alegría.

—que jamás tuvo dudas acerca de su naturaleza ni del fin para el que fue fundada—, sino a muchos de los cristianos que forman parte de ella y que parecen haber perdido la fe.

Durante veinte siglos, la Iglesia —la Única y Verdadera— fue conocida con el nombre de *Iglesia Católica*. Actualmente, sin embargo, ha pasado a ser denominada en la jerga oficial eclesiástica (documentos y discursos) como *Iglesia de Cristo*, con la intención, a no dudarlo, de favorecer el ecumenismo.[11] Una consideración honrada, sin embargo, de las estadísticas mostraría conclusiones desoladoras. No solamente no se han visto signos de acercamiento a la Única y Verdadera por parte de los *hermanos separados*, sino que las concesiones y debilidades consentidas por los católicos los han confirmado aún más en sus creencias. Mientras que las deserciones, en cambio, en la Iglesia Católica se pueden contar por millares y millares.

Los sincretismos religiosos no han producido nunca resultados beneficiosos. Al menos en favor de la buena causa. Practicar cultos conjuntamente con *religiones* que no tienen nada de tales (incluidos cultos heréticos, ocultistas, paganos, y hasta sospechosamente perversos), si bien puede ser un signo de buena voluntad, es indudable que sucumbe a los dictados contundentes de la Lógica. Y quien la aplica en este caso es el pueblo sencillo. Para el cual, dígase de la forma que se quiera, si todas las religiones son más o menos iguales, no vale la pena complicarse la existencia por ninguna de ellas. Evidentemente la jerga oficial utilizada por muchos eclesiásticos trata de disfrazar esta afirmación. Y las modernas filosofías (de manipulación) del lenguaje han obtenido también carta de naturaleza dentro de la Iglesia, de tal manera que el argot político y diplomático es

---

[11]Pero así como el estudio de cualquier doctrina o concepto supone comenzar, como decía Epícteto, por una cierta *consideratio nominis*, es evidente que siempre puede darse la eventualidad de que, evacuado el nombre, se evapore también la cosa referida; o que sufra, al menos, grave detrimento.

hoy día de uso común en las Cancillerías y Curias eclesiásticas.[12] Si alguien todavía tiene dudas, siempre puede liberarse de prejuicios y vacilaciones, y comprobar con honradez y objetividad los resultados.

Más peligroso todavía es jugar con el sagrado Magisterio. Me refiero a problematizar, olvidar o falsear su auténtico alcance y contenido, sus legítimas fronteras y limitaciones, su interpretación..., etc. Dar por obsoletos o periclitados Documentos o Declaraciones del Magisterio (incluso solemnes), que forman parte de un sagrado Depósito de Enseñanzas de la Iglesia consideradas como inquebrantables, puede conducir a resultados desastrosos. Si se establece, por ejemplo, que las condenaciones contenidas en el *Syllabus* ya no poseen relevancia alguna (han cambiado las concepciones religiosas, sociales o políticas que las dictaron), o que incluso definiciones solemnes del Concilio de Trento requieren ahora una interpretación diferente (ha cambiado el sentido del lenguaje, mientras que los conceptos filosóficos propios de la época, y que les sirvieron de base, ya no son aceptados por el pensamiento moderno), no sería extraño que muchos concluyeran dudando de la garantía del Magisterio. Tanto del antiguo como del moderno. Pues si el Magisterio de tiempos pasados es susceptible de reinterpretación, ¿por qué no va a serlo también el actual dentro de un número equis de años? Es imposible impedir que la gente acabe obteniendo deducciones y pensando lógicamente por su cuenta. Es bien sabido que las leyes del pensamiento racional (la Lógica) son inmutables e inquebrantables, en cuanto que responden a la misma constitución de la naturaleza humana y, en el fondo, a la misma realidad del ser; de tal manera que ni siquiera el Diablo podría cambiarlas, por lo que sólo le queda el recurso de la

---

[12]Los ejemplos serían innumerables, a saber y por citar alguno: Un fracaso rotundo en unas jornadas de *diálogo*, celebradas entre confesiones cristianas separadas, se presenta ante los *media* con la pretensión de que, *si bien no se han logrado acuerdos positivos definitivos, las puertas no han quedado cerradas*. Recuérdese también el lastimoso *post hoc, non propter hoc*, referido al Concilio Vaticano II.

mentira, a fin de escamotear y disfrazar la verdad. Es imposible evitar, por lo tanto, que tantas personas normales deduzcan sus propias conclusiones aunque sean equivocadas; de hecho han sido inducidas al error por planteamientos nefastos, o notoriamente equivocados al menos.

No tiene sentido escamotear o falsear el contenido del Evangelio. Si el Camino ofrecido en él es estrecho y difícil, y arduo de vender por lo tanto, no vale cambiarlo por otro, más cómodo y espacioso, del que además se sabe que solamente conduce a la perdición. El complicado problema de la moderna Pastoral Católica gira en torno al hecho de que, habiéndose encontrado con el fenómeno social de la deserción de las masas,[13] no ha encontrado otra solución que la de bajar el listón: *Si la montaña no viene a Mahoma, Mahoma irá a la montaña.*

No cabe pensar que la moderna política eclesiástica de acercamiento (a los hermanos separados, a los ateos y agnósticos, a la juventud, a la clase obrera, e incluso a extrañas formas de pensamiento como el Comunismo —Iglesia Estatal China, por ejemplo—, el Feminismo, o los Movimientos Pro Gays) se deba a mala voluntad. Lo que sí parece cierto, sin embargo, es que una cierta ola de temor o miedo se extendió por las Altas Esferas Eclesiásticas, y hasta por las aulas del Vaticano II, desde los comienzos, al menos, de la segunda mitad del siglo XX. El acercamiento actual, ¿sigue respondiendo

---

[13] *La Rebelión de las Masas*, de Ortega y Gasset, no dejó de ser una bella pirueta literaria. Pero ahora no se trata de una rebelión, sino de una deserción, que en ciertos aspectos es quizá peor en cuanto que el belicismo antirreligioso supone al menos una *preocupación* por la religión (puede compararse el indiferentismo de la moderna sociedad postcristiana con el antiteísmo que, partiendo de la Revolución Francesa y pasando por la Ilustración, llega hasta nuestros días). Por supuesto que la moderna Pastoral Católica difícilmente admitirá el hecho, aunque la mera puesta en marcha de las políticas adoptadas es la más palmaria demostración de que lo reconoce.

a ese miedo, o se debe quizá —como algunos afirman— a un cierto sentimiento de afinidad con formas de pensamiento neomodernistas, por parte de ciertos teólogos y algunos jerarcas de la Iglesia? He aquí una pregunta para la Historia.

Aun respetando los modos de pensar de ciertos pastoralistas modernos, y dando por supuesta su buena voluntad, es difícil admitir como política adecuada la puesta en marcha de una cierta pastoral de masas como medio de atraerse a la juventud. Si se admiten honradamente los hechos, es necesario reconocer que las grandes concentraciones religiosas de jóvenes, por ejemplo, no sólo no se han traducido en un incremento de su vida cristiana y de un mayor acercamiento a la Iglesia, sino que más bien ha ocurrido lo contrario.[14] Lo que no tiene nada de extraño si se piensa que el Mensaje Evangélico no puede predicarse a través de los medios, meramente humanos, de la moderna Sociología (1 Cor 2: 4-5). Las técnicas de los poderosos sistemas publicitarios de hoy no tienen nada que ver con el Evangelio, y hasta resultan contraproducentes cuando se utilizan como herramienta casi exclusiva de trabajo.

Por poco que se conozca acerca del mundo juvenil de nuestro tiempo, cualquiera es capaz de ver que vive sumergido en un ambiente lúdico y de diversión en el cual, a través del ruido y del estruendo, junto con el sexo y a menudo con la droga, trata de llenar un angustioso vacío interior. La vida huera y sin sentido es sustituida así por medio del *show*, del estrépito, y de cualquier cosa que permita huir del abismo de su nada interior. El *show* y la apariencia crean un mundo de sueños —no importa que sea falso y efímero—

---

[14]Es conocido el hecho de que las confesiones protestantes, aprovechando los momentos más prominentes de estas concentraciones juveniles, han realizado abundante proselitismo y al parecer con éxito. Sería urgente reconocer con sinceridad que los jóvenes acuden a estos actos masivos, más impulsados por el ánimo turístico y de diversión que por inquietudes religiosas.

enteramente opuesto a la posibilidad de una reflexión interior que conduciría a la realidad. Ni que decir tiene que, asumidas y practicadas como normales estas condiciones, el mundo de lo sobrenatural, de lo sacro, y de las realidades metafísicas del ser y de la verdad, no puede encontrar aquí su lugar.[15]

Esto supuesto, es obvio que *no se debe proporcionar a los jóvenes de lo mismo —o que suene a lo mismo— para sacarlos de lo mismo*. Los jóvenes necesitan *sentir algo diferente* —alguien diría con razón que revolucionario— a fin de que se sientan fuertemente conmocionados y se dispongan así a abandonar su ensueño de muerte. Es preciso sacarlos fuera del estruendo y muchedumbre de un mundo falaz y criminal, en el que viven engañados, para que puedan recobrar de nuevo la visión de la realidad (Mc 8:23). La proclamación del Mensaje cristiano ha de contener para ellos —como para todos los hombres— algo no ya diferente, sino en todo contrario a lo que ofrece el mundo (1 Cor 1: 21-23). Según el Apóstol, el predicador del Evangelio no puede en modo alguno buscar el agrado o el aplauso de los que lo escuchan; en cuanto que el fruto de su siembra se traduce en un resultado que está en razón inversa a tales intenciones: *¿Busco yo acaso el favor de los hombres o el de Dios? ¿O es que deseo agradar a los hombres? Si aún tratara de agradar a los hombres, no sería siervo de Cristo.*[16]

Los pastoralistas de juventud de nuestro tiempo necesitan descubrir algo que, aunque para muchos habrá de constituir una sorpresa, es sin embargo tan (aparentemente) increíble y paradójico como ver-

---

[15] Es frecuente en estas ceremonias masivas que, al mismo tiempo que los obispos y sacerdotes permanecen sentados, adolescentes de uno y otro sexo distribuyan la Eucaristía a granel por medio de cestas de mano, en medio de un tumulto general e incluso en presencia del Papa. Ante tales hechos, y muchos otros semejantes, es muy difícil no darse cuenta de que, en esas circunstancias, el sentido de lo *sacrum* se ha desvanecido por completo.

[16] Ga 1:10.

dadero; cual es que *no es el camino ancho y fácil el que atrae a los jóvenes, sino que, más bien al contrario, es justamente la senda ardua y empinada la única que puede seducirlos*. ¿Quién había pensado que el espíritu de aventura, de heroísmo y de generosidad, es más propio de los viejos? Y no me refiero tanto a los viejos en años cuanto a los viejos de espíritu.

Claro que, de una manera más o menos consciente, puede sucedernos a nosotros lo mismo que al ciego Bartimeo. Lo que significaría encontrarnos junto a un camino inmóviles y sin avanzar. Pero él, obligado por su invalidez; nosotros, por nuestra falta de corazón.

El gran peligro que acecha en la vida espiritual es el de la tibieza o mediocridad: *Conozco tus obras y que no eres ni frío ni caliente. ¡Ojalá fueras frío o caliente! Pero porque eres tibio, y no eres ni frío ni caliente, voy a vomitarte de mi boca.*[17] Bartimeo se encontraba junto a un camino por el que todo el mundo transitaba, menos él; mientras que nosotros nos hallamos junto a Aquél que dijo de Sí mismo que Él es el Camino..., pero sin que quede excluida la horrenda posibilidad de que permanezcamos anclados y fijos, en el mismo lugar, y sin avanzar. Y para colmo también ciegos, desde el momento en que no nos damos cuenta de lo que comporta nuestra situación.

No es posible marchar junto a Cristo y detenerse. Los buenos atletas que son sus seguidores han de concentrarse cuidadosamente en la carrera sin ceder al cansancio, conscientes de la competición y de la meta que aguarda al vencedor.

Yo corro, pero no como a la ventura; peleo, pero no como quien da golpes al aire...[18] ¿*Acaso no sabéis que los que corren en el estadio,*

---

[17] Ap 3: 15–16.
[18] 1 Cor 9:26.

si bien todos corren, sólo uno recibe el premio? Corred pues de modo que lo consigáis.[19]

El amor conlleva siempre necesariamente una carrera entre los amantes. Aunque adopte muchas formas y sentidos: para llegar lo más pronto posible a la meta y encontrarse ambos cuanto antes, para entregar cada uno más que el otro en la contienda amorosa y vencerlo por amor...

La bandera que ha alzado contra mí
es bandera de amor.[20]

Ven, amado mío, vámonos al campo;
haremos noche en las aldeas.
Madrugaremos para ir a las viñas,
veremos si brota ya la vid,
si se entreabren las flores...

....

Corre, amado mío,
corre como la gacela o el cervatillo
sobre los montes de las balsameras.[21]

....

Llévanos tras de ti, corramos.[22]

Y así fue como el ciego Bartimeo, en efecto, corrió con todas sus fuerzas tras el Señor: *Cuando se enteró que pasaba Jesús el Nazareno,*

---

[19] 1 Cor 9:24.
[20] Ca 2:4.
[21] Ca 7: 12–13; 8:14.
[22] Ca 1:4.

comenzó a gritar y a decir: "¡Jesús, Hijo de David, ten compasión de mí!"

El pobre ciego oyó el tumulto —los ciegos no son sordos— y, al enterarse de quién era el que pasaba, comprendió que no podía desaprovechar aquella única ocasión de su vida. Seguramente por algo de esto diría después San Agustín que *timeo Deum transeuntem et non revertentem*,[23] puesto que no sabemos las veces que Él va a pasar a nuestro lado ni las oportunidades que vamos a recibir.

Muchos le reprendían para que callase; pero él gritaba mucho más...

A lo largo de nuestra vida, serán muchos los que, además de intentar ahogar la voz de nuestras llamadas ansiosas al Señor, procurarán impedir, por los medios que sean, nuestros esfuerzos por llegar hasta Él. El mundo postcristiano en el que vivimos no está dispuesto a tolerar otra cosa que no sea, o bien la indiferencia total hacia Jesucristo, o todo lo más la mediocridad. Y en la campaña coercitiva de silencio tomarán parte también nuestros propios hermanos, incluso con mayor fiereza que los extraños (Mt 10:36; 2 Cor 11:26).

Lo que no debe extrañarnos de ninguna manera, por cuanto que ya nos anunció el Maestro que *si me persiguieron a mí, también os perseguirán a vosotros.*[24]

La voluntad seria y decidida de amar y de seguir a Jesucristo suele suscitar el odio de muchos, tanto de cerca como de lejos. Lo cual no deja de ser uno de los más obscuros misterios de la existencia humana, en modo alguno aclarado por completo ni siquiera con las palabras del Señor: *Si el mundo os odia, sabed que me ha odiado a mí antes que a vosotros. Si fuerais del mundo, el mundo amaría lo*

---

[23] *Temo que Dios pase a mi lado y que quizá no vuelva a hacerlo.*
[24] Jn 15:20.

Curación del Ciego Bartimeo

suyo; pero como no sois del mundo, sino que yo os escogí del mundo, por eso el mundo os odia.[25]

Ante la crisis que actualmente afecta a la Iglesia, la más profunda quizá de todas las que ha padecido en su historia, caben tres Posturas diferentes a adoptar por parte de sus miembros. Dos de ellas son extremadamente fáciles de seguir, mientras que la tercera supone para sus partidarios un cúmulo de dificultades y de problemas. Las vamos a llamar aquí, simplemente por mor de la simplificación y de la facilidad, Posturas A, B, y C.

La Postura A es sencilla de entender y relativamente fácil de adoptar. Se suscriben a ella algunos católicos convencidos que piensan que cierto número de principios, a los que hay que añadir enseñanzas del Magisterio, además de ser inmutables son también intangibles; mientras que olvidarlos, escamotearlos, o falsificarlos, es por el contrario atentar contra la Fe. Que es lo que ha hecho precisamente —según los partidarios de esta posición— la actual Jerarquía de la Iglesia. Admitido eso, y ante la imposibilidad de llegar a ningún entendimiento, los seguidores de la actitud A han optado por cortar el vínculo que les unía a la Jerarquía. Todo ello con el fin de mantener los principios, y a pesar de que el Derecho Canónico tipifica tal comportamiento como cismático.

Preciso es reconocer honradamente la verosimilitud de lo que defiende esta Postura, en cuanto que parece cierto al menos casi todo lo que propone. Y es de alabar también la honradez y enteraza de sus seguidores, en los que se puede suponer la mejor de las intenciones.

Adolece, sin embargo, esta Posición —al menos así es como yo lo entiendo— de un fallo importante que afecta precisamente a uno de

---

[25] Jn 15: 18–19. Una explicación que se refiere a primeras causas: *Porque yo os escogí del mundo*. Pero es evidente que aún se podría preguntar por otras causas segundas y más profundas, cuyas respuestas, sin embargo, quedan de momento entre los secretos del corazón de Dios.

los principios que dice mantener: la fidelidad y sumisión a la legítima Jerarquía, por muy inoperante y mundana que pueda parecer en el mejor de los casos, o incluso corrupta en el peor de ellos. Lo cierto es que un fiel católico no puede prescindir nunca del principio fundamental *nihil sine Episcopo, nihil sine Ecclesia*. Por lo demás, como se sabe, los casos de corrupción de la Jerarquía, incluso en sus más Altas Esferas, no son enteramente extraños a la sufrida historia de la Iglesia. Y sin embargo nunca los verdaderos fieles se han sentido por eso justificados para romper con ella: *Ubi Petrus, ibi Ecclesia*.

El problema es ciertamente tan grave como delicado, como corresponde a los difíciles tiempos en los que vivimos. En cuanto a la posible sumisión a una Jerarquía mundana, y hasta dudosamente fiel a los principios de la verdadera Fe y de la sana Tradición, parece que constituirá una de las pruebas que el Señor permitirá que sufran sus discípulos; sobre todo cuando se aproximen los últimos tiempos (Mt 24:15). Si la participación en los sufrimientos de su Señor ha sido siempre la condición del verdadero fiel, es evidente que, hacia el tiempo de aproximarse la gran confrontación final, esa posibilidad habrá llegado a su clímax. Y existe algo también que los auténticos discípulos no olvidan; cual es que la participación en la cruz del Señor, si bien no puede ser sobrellevada sino bajo hombros doloridos, ni contemplada sino con ojos cargados de lágrimas, es en realidad algo glorioso y un anticipo de la Corona final.

La Posición B es fácil de entender y todavía más fácil de seguir. Sus partidarios mantienen con firmeza la fidelidad a la Jerarquía, incluso aunque tal determinación pueda parecer a veces un tanto excesiva. La ignorancia acerca del verdadero alcance de la debida sumisión al Magisterio y a la Jerarquía, por parte de tantos fieles, permite aprovecharse de la circunstancia a determinados ideólogos y grupos de presión. Poniendo entre paréntesis, siquiera sea de momento o indefinidamente, la fidelidad a los principios intangibles

—dogmas incluidos—,[26] los seguidores de esta Postura apoyan decididamente lo que el Papa dice, habla, piensa o hace; aunque sin poner demasiado énfasis en el verdadero contenido, significado, y límites del Magisterio.[27] Menos aún piensan que sea necesario distinguir entre el Magisterio Ordinario, el Solemne, o simples discursos u opiniones vertidas aquí o allá; y ni siquiera que sea necesario integrarlo con lo ya dicho por Papas anteriores, y que también puede formar parte del único y sagrado Magisterio. En resumen y para concluir, y aun por muy extraño que pueda parecer, para los partidarios de la postura B todo lo que diga o haga el Papa, incluido lo más peregrino, es dogma de fe; hasta el punto de que la menor discrepancia al respecto supone, según ellos, dejar de ser fiel a la Iglesia.[28]

Desde luego es preciso reconocer que la Posición B es la más segura. Supone dejar los principios y su interpretación en manos exclusivas de la Jerarquía —¿pero es seguro que se trata siempre de la Jerarquía?— y seguirla fiel y ciegamente. Con lo que la fidelidad queda así asegurada y los problemas resueltos. Por otra parte, la adhesión a esta Postura es también absolutamente necesaria, si es

---

[26]Nótese que aquí se habla de poner entre paréntesis, y en modo alguno de negarlos. Negar los principios intangibles sería algo absolutamente impropio de una Posición que defiende para sí el monopolio de mantenerlos.

[27]No debe olvidarse que la garantía de infalibilidad sobrenatural de que goza el Magisterio de la Iglesia, cuando se ejerce dentro de los límites y necesarias condiciones, impide absolutamente que el Magisterio pueda jamás contradecir al Magisterio. De no ser así, preciso sería reconocer que el Magisterio no existe en absoluto.

[28]Ya hemos dicho antes que los líderes de esta Postura, y sus más calificados y eruditos mantenedores, han inducido a la gran mayoría del Pueblo cristiano, poco instruido por lo demás, a integrarse en ella. ¿Y quién se atrevería a reprochar nada a una multitud de simples fieles que carece de medios para contrastar sus propios criterios?

que se aspira a poseer una cierta posición dentro de la Iglesia que de otro modo jamás se alcanzaría: *Si quis episcopatum appetit, bonum opus desiderat...*;[29] y además probablemente lo conseguirá, lo cual no sería posible de ningún modo sin suscribirse a esta Postura.[30]

La Posición C, sin embargo, es la más difícil de entender y la más dura de practicar. Puesto que es la Cenicienta en esta especie de singular contienda (aunque sin Príncipe enamorado ni final feliz), quizá alguien podría pensar que no vale la pena hablar de ella y tal vez no andaría equivocado. De antemano podemos asegurar que está condenada a ser una actitud despreciada, y aun aborrecida, por parte de unos y de otros. Las Posiciones A y B se ponen de acuerdo en esto para condenarla (como Herodes y Pilatos), y de ahí que sus seguidores sean siempre pocos y merecedores (aunque no se les reconozca) del distintivo de héroes.

Los seguidores de esta Posición están convencidos de que no pueden desertar de los principios intangibles evangélicos, así como de que tampoco pueden abandonar su sumisión inquebrantable a la legítima Jerarquía de la Iglesia. Lo que los coloca, en la presente coyuntura de la Iglesia, en una posición de equilibrio sumamente inestable y bastante difícil. Los partidarios de la Posición A señalarán siempre a estos fieles como vendidos miserablemente al Sistema. Mientras que los seguidores de la Posición B no reconocerán jamás

---

[29] 1 Tim 3:1.

[30] La Posición B, de cuya buena voluntad en la búsqueda de una legítima seguridad aquí no vamos a dudar, olvida también algo importante. Admitido como cierto el principio de fidelidad a la legítima Jerarquía —sin lo cual no existe catolicismo digno de tal nombre—, una sana Teología no puede dejar de tener en cuenta que la Jerarquía también necesita de los fieles; en cuanto que la Iglesia es un Organismo compuesto y completo. Es de notar, por lo tanto, que la legítima autoridad, ejercida por la Jerarquía, no puede prescindir tampoco en absoluto del *sensus fidei* otorgado en el bautismo a todos los fieles.

la lucha de estas gentes por mantener la fidelidad a la verdadera Fe; y no cesarán de acusarlos en todo momento de insumisos y de integristas, por más que hayan obedecido siempre hasta el heroísmo.

Los que se suscriben a esta Postura se saben condenados de antemano a no ser tenidos en cuenta en la Iglesia, ni a que jamás les sean conferidas responsabilidades o prebendas de ninguna clase. Tampoco ellos las desean bajo ningún concepto, pensando quizá que la auténticamente merecida atribución de rangos, así como la distribución de las recompensas, no tendrán lugar hasta que venga de nuevo Aquél que dará a cada uno según sus obras (Ap 22:12).

De esta forma, despreciados y abandonados de todos, su propia locura —que ellos piensan que es divina— los conduce a considerar su condición como timbre de gloria, y aun como garantía de su participación en la existencia del Señor. Puesto que se saben destinados, como ya os he dicho antes, al desprecio y al anonimato, es por lo que esperan con certeza saborear de antemano un anticipo de la felicidad del Cielo. Convencidos como están de que, después de todo, siempre será verdad aquello de que *de los hombres se puede decir lo que de los pueblos: dichosos los que no tienen historia.*[31]

---

[31]Existe curiosamente una cuarta Posición, bastante peculiar y única: la de la Iglesia (?) Católica Estatal China, enteramente sometida al Estado comunista chino y separada por completo de la comunión con Roma. Con lo cual, como puede verse, participa, conjuntamente y a la vez, de las Posiciones A y B. Extrañamente, sin embargo, esta Iglesia goza de las simpatías y comprensión de las Altas Esferas Vaticanas; al contrario de lo que sucede con la Iglesia Católica china del *underground*, la cual se ha mantenido fiel a Roma a pesar de las persecuciones que ha sufrido por parte de las Autoridades comunistas, pero que no suele recibir tales gestos de cariño y aliento de parte del Vaticano. Así como los infelices lefevrianos han agotado en contra suya el tarro de los anatemas, no ha sucedido así, ni mucho menos, con la *Iglesia Católica Estatal China*. Las razones que puedan justificar estas diferencias de trato son por ahora desconocidas.

Al percatarse de los gritos del ciego y del escándalo producido en su entorno, *Jesús se detuvo y dijo: "¡Llamadle!"*

Esta actitud de Jesús está en consonancia con la Pastoral práctica tal como a menudo se desprende del Evangelio. La cual consiste en utilizar a otros —a aquéllos que se encuentran más cercanos a Él— para llamar a los que desea atraer: *Dijo entonces el señor a su criado: "Sal a los caminos y a los cercados y oblígalos a entrar, para que se llene mi casa"...*[32] *El reino de los cielos es semejante a un rey que celebró las bodas de su hijo. Envió a sus criados a llamar a los invitados, pero éstos no quisieron venir... "Puesto que los invitados no han sido dignos, id a las encrucijadas de los caminos, y a cuantos encontréis invitadlos a las bodas"...*[33] *"Id también vosotros a mi viña, y os daré lo que sea justo".*[34]

La llamada es siempre personal y directa..., salvo que las circunstancias[35] aconsejen como más viable otra cosa de momento. En el cual caso cobra pleno sentido el significado de la palabra *apóstol* como *enviado*. Y puesto que el Señor ha decidido trabajar en colaboración con sus criaturas,[36] se comprende así el papel que su Corazón ha encomendado a sus sacerdotes o ministros: los ha hecho enviados, mensajeros, y ángeles de lo Alto encargados de convocar y atraer a todos los hombres hacia Él. Y por eso dice la Escritura que *tiene por mensajeros a los vientos, y por ministros llamas de fuego.*[37]

---

[32] Lc 14:23.

[33] Mt 22: 2–3.8.

[34] Mt 20:4. Cf Mt 28:19; etc.

[35] O el amor, que suele impulsar al amante a que la persona amada tome parte en sus propias tareas, como una forma de participar ambos de la misma existencia.

[36] Codo a codo con sus amadas criaturas, a las que ya no desea llamar siervos, sino amigos (Jn 15:15).

[37] Sal 104:4.

Según lo cual el sacerdote —el apóstol, o el enviado— es viento huracanado y llama de fuego. Viento que sopla donde quiere y que no se sabe de dónde viene ni a dónde va (Jn 3:8), o fuego que abrasa la selva y quema los montes (Sal 83:15). ¿Quién ha hablado de la crisis de identidad del sacerdote...? ¿Quién se ha atrevido a atribuir al simple laico (a pesar de toda la grandeza que posee como cristiano e hijo de Dios) la misma dignidad que a un ministro que es viento y llama de fuego al mismo tiempo...?[38]

En los últimos tiempos, sin embargo, la profunda crisis que sufre la Iglesia ha afectado con particular intensidad al sacerdocio. No podía ser de otra manera. En un mundo postcristiano, en el que muchos fieles —incluidos miembros de la Jerarquía— han visto desvanecerse su fe en Jesucristo, tal cosa no podía sino repercutir negativamente en los que han sido llamados para ser *otros Cristos*. La tan pregonada promoción de los seglares ha ocasionado que multitud de sacerdotes se vean desplazados de sus funciones por los laicos. La puesta en tela de juicio de su identidad, por parte de teólogos en candelero y de Jerarcas irresponsables, junto con la dedicación de los Obispos a tantas tareas tan a menudo ajenas a una verdadera Pastoral, han dejado a miles de sacerdotes en un lamentable estado de abandono y olvido; o en una situación que algunos calificarían como de miseria espiritual, y hasta material. Pues siendo cierto, como venimos diciendo, que el sacerdote es otro Cristo, también es verdad que es primeramente un ser humano. Y de ambas maneras necesita de un Padre, el cual

---

[38]La atribución al sacerdote del oficio de apóstol o enviado es más bien una terminología de amortiguación; algo así como para no inquietar a los espíritus débiles o fáciles de escandalizar. El sacerdote es un enviado a la vez que es mucho más que eso, en cuanto que se identifica con quien lo envía: el sacerdote es otro Cristo. En realidad no viene simplemente *de parte de*; porque, si bien se considera, actuando como él lo hace *in persona Christi*, se cumple aquello de *quien a vosotros escucha, a mí me escucha; y quien a vosotros rechaza, a mí me rechaza* (Lc 10:16).

no puede ser otro sino su propio Obispo. Ya que un ser humano sin padre —sea según la sangre, o sea según Cristo— no es más que un simple huérfano cuya situación se ve agravada cuando se trata del plano sobrenatural. Desgraciadamente, sin embargo, con frecuencia han faltado verdaderos Pastores que tendrían que haber atendido al cuidado espiritual, moral, doctrinal, y personal de tantos y tantos sacerdotes. Si en esas circunstancias algunos han mancillado la alta dignidad de la que estaban investidos, no sería justo olvidar, en la atribución de responsabilidades, las causas últimas y más culpables que han conducido a tales situaciones.

Pero el sacerdocio cristiano es algo demasiado grande y sublime como para que puedan mancharlo, y menos aún destruirlo, las insidias del Maligno. Las promesas formuladas en la Última Cena, y lo allí sucedido, son cosas demasiado elevadas y bellas como para que puedan ser alcanzadas por la fealdad o la malignidad rastrera. Las aguas volverán a su cauce, la Iglesia —Madre y Maestra— volverá a poner las cosas en su sitio, las nubes amenazantes que ahora oscurecen el cielo se rasgarán para dar paso a los rayos ardientes y vivificantes del sol. Habrá hecho su aparición de nuevo el Ejército de los sacerdotes santos, los cuales serán entonces, como siempre lo fueron también en el pasado, los únicos que podrán salvar a la Iglesia en el futuro.

Por lo que hace a algunos de nosotros, ahora que nos encontramos ya en el atardecer de nuestra vida, miramos hacia atrás y comprobamos otra vez que nunca hemos sido aceptados por los hombres. Y sin embargo, jamás hemos pretendido otra cosa que no sea el empeño por difundir el amor a Jesucristo. ¿Quizá por eso todas las puertas nos fueron cerradas y nos fueron puestas barreras en todos los caminos? No lo sabemos, aunque jamás nos ha preocupado la respuesta a esa pregunta. En el expolio al que se ha visto sometida la nada de nuestra existencia, ni siquiera nos hemos atrevido a consolarnos con el recuerdo de que Él también *vino a los suyos, pero los suyos no le recibieron*.[39] Al igual que San Pedro, tampoco nosotros somos dignos de morir de la misma forma que nuestro Maestro.

> *All that is gold does not glitter,*
> *Not all those who wander are lost;*
> *The old that is strong does not wither,*
> *Deep roots are not reached by the frost.*
>
> *From the ashes a fire shall be woken,*
> *A light from the shadows shall spring;*
> *Renewed shall be blade that was broken;*
> *The crownless again shall be king.*[40]

Lo que dice Tolkien de su mítico Aragorn podría aplicarse con propiedad al sacerdote de hoy. Aunque sin caballo, sin espada, y sin victorias espectaculares, claro está. Por supuesto que Tolkien escribe una épica novelada en la que, a través de un hermoso lenguaje, dibuja una apasionante metáfora destinada, tanto a construir el lenguaje literario con la belleza de la poesía, como a transmitir el mensaje profundo de la existencia humana y, en último término, de las relaciones de amor humano–divinas. Las victorias del discípulo del Señor no suelen ser nunca espectaculares, y hasta más bien adquieren la apariencia de derrotas; o al menos así es como se muestran ante el mundo. Como el Señor en su Pasión y en su Muerte.

---

[39] Jn 1:11.

[40] *No brilla todo lo que es oro,// No todos los que vagan errantes están perdidos;// Lo viejo que es fuerte no se marchita,// A las raíces profundas no alcanzan las heladas.// De las cenizas resurgirá un fuego,// Brotará una luz de entre las sombras;// Reparada será la espada que fue rota;// El que estaba sin corona será de nuevo rey* (De la obra poética de Tolkien).

Satanás pone buen cuidado para que sus propias derrotas no sean pregonadas de cara a los públicos del mundo. Y de ahí que la lucha que libra el ministro del Señor contra el Maligno sucede siempre en los abismos de lo profundo: en lo más íntimo del corazón humano, en la oscura y hasta tenebrosa inmolación de sí mismo —tan real como desconocida para el mundo—, en el misterioso abandono y vacío de aquellos momentos de la oración en los que comparte la Hora de Getsemaní..., y siempre de tal manera que pasa desapercibida hasta para los Poderes Tenebrosos. Los cuales jamás podrán comprender la humildad de la entrega silenciosa y oculta de la vida por amor. Pero, al fin y al cabo y de todos modos no deja de ser legítima la equiparación del sacerdote con Gandalf, aunque la realidad vaya más allá de todo lo que ese personaje significa.[41]

El sacerdocio cristiano puede parecer hoy enterrado entre el descrédito de muchas gentes, el olvido de muchos Jerarcas, las omisiones de Documentos y Declaraciones, y la apropiación, por parte de los laicos, de unas tareas que en tiempos denotaban su carácter sagrado en cuanto que las desempeñaba el sacerdote. *Pero no brilla todo lo que es oro.* Porque el precioso metal puede estar aún escondido, en lo profundo quizá o en las hendiduras de las piedras, esperando que alguien con ánimo decidido lo extraiga de nuevo para ser otra vez luz y brillo que atraiga a los hombres. Ahora yace como desconocido

---

[41] El Gandalf mago–guerrero de Tolkien es mucho más que un héroe de batallas y leyendas. Su lucha contra el Señor Oscuro nada tiene que ver con una mera narrativa épica en la que se enfrentarían ejércitos fabulosos, cuya composición y número superan a lo concebido por la imaginación más exaltada. Lo que sucede es que Tolkien escribe una grandiosa épica novelesca de puro lenguaje literario... para los que leen de corrido; con un lenguaje arcano, pero de alto significado y contenido, para los que saben leer más abajo y en lo profundo. En la lucha del Bien contra el Mal solamente un Personaje es el que puede decidirla a favor del Bien. No precisamente bajo la forma de Jinete Victorioso con su espada, sino al precio de su desaparición; que es lo mismo que decir de su inmolación.

sin ser visto; pero el oro, como la luz, no tiene otro destino sino el de deslumbrar a los hombres. *Lo viejo que es fuerte nunca se marchita, ni a las raíces profundas alcanzan las heladas.* Y de ahí que la Esperanza cristiana prohíba la duda acerca de que pronto surgirá de nuevo la era de los santos: *De las cenizas resurgirá un fuego, brotará de nuevo la luz entre las sombras, la espada que estaba rota quedará reparada, y el que había sido despojado de su corona será rey otra vez.*

Al fin se compadecieron del ciego *y le dijeron: "¡Ánimo, levántate que te llama!"*

La expresión es una verdadera consigna y un buen programa de apostolado. Infundir ánimo al que está derribado y abatido, exhortarlo a que se levante..., y aún más que todo eso, proporcionarle la razón principal para que lo haga: *Porque Él te llama.*

Esto último es quizá el único motivo determinante que puede impulsar a levantarse a los que están caídos. La infusión de ánimo y la comprensión dispensados a los desgraciados, junto con la exhortación a que depongan su marasmo y abandonen su estado de miseria, pueden no ser suficientes; incluso a fuer de sinceros, tendríamos que decir que bastante a menudo no lo son. Pero la expresión de que *Él te llama*, pronunciada junto a los oídos del que sufre su desgracia y su miseria; y aun el simple conocimiento de que Él ha fijado su atención en el abatido, lo ha llamado por su nombre (Jn 10:3), y lo ha requerido para que acuda a su lado, parecen poseer una fuerza mágica de evocación. *¡Él me llama...!*

Cuando, al comienzo de mis estudios universitarios, ingresé en lo que entonces se llamaba una Residencia Colegio Mayor, recuerdo la impresión que recibí al leer por primera vez la inscripción que rezaba a las puertas de la capilla: *Magister Adest et Vocat te.*[42] No

---

[42] *El Maestro está aquí y te llama* (Jn 11:28).

sabría explicar cómo pudo suceder aquello, pero es lo cierto que inmediatamente me sentí emocionalmente aludido.

Muchas veces he pensado que la razón de la inoperancia de tantos impulsos pastorales reside en su falta de referencia. O por decirlo más claramente, en la carencia de la debida referencia a Jesucristo. *Es que Él te llama y te espera.* Algo así como hizo San Pedro, aunque en sentido contrario, cuando exhortó al paralítico que yacía en la puerta del Templo para que se levantara en el nombre de Jesucristo (Hech 3:6). Son demasiados los programas pastorales —a menudo tan abultados y eruditos— surgidos de los laboratorios de las Curias y elaborados por expertos especializados de alta graduación, que más parecen tratados de sociología que otra cosa. Por eso es posible que, cuando la Iglesia decida liberarse de alguna cantidad del peso muerto que impide su impacto en el mundo moderno, incluya en la lista de cosas a tener en cuenta a los expertos en alquimia pastoral.

El ciego, arrojando su manto, dio un salto y se acercó a Jesús. Y Jesús, dirigiéndose a él, le preguntó: "¿Qué quieres que te haga?" El ciego le respondió: "Rabboní, que vea". Y Jesús le dijo: "Ve; tu fe te ha salvado". Al instante recobró la vista, y le seguía por el camino.

Comenzamos esta reflexión aludiendo al hecho de que el ciego Bartimeo, sentado a la vera de un camino, se encontraba sin embargo inmovilizado e impedido de avanzar por él. Ahora por el contrario, al final del episodio y después de lo sucedido allí, el Evangelista nos dice, como en un grito de entusiasmo triunfal que culmina y pone punto final a la narración: *Y le seguía por el camino...*

Antes de llegar a este momento, se han quedado atrás algunos y bellos episodios que hubieran requerido nuestra atención... si acaso todavía nos sintiéramos con fuerzas para hacerlo. De ahí que bien podemos decir que han sido el cansancio y la impaciencia —ambos a la vez— los que nos han impulsado a llegar cuanto antes a este instante postrero y emocionante de la narración.

Desde que comencé a leer el Evangelio, siendo yo todavía adolescente, me he sentido siempre afectado ante esas palabras: Y el ciego, después de haber recobrado la vista, *le seguía por el camino*. Y así es como, extrañamente y sin conocer la razón última que nos permitiera explicarlo, ha venido a ser el Camino, de alguna manera, el hilo principal que ha venido tejiendo este bello relato evangélico.

> *Upon the hearth the fire is red,*
> *Beneath the roof there is a bed;*
> *But not yet weary are his feet,*
> *Still round the corner may wait*
> *A new Road or a secret gate,*
> *And though he passed them by today,*
> *Tomorrow he may come this way*
> *And take the hidden paths that run*
> *Towards the Moon or to the Sun.*
> *Home is behind, the world ahead,*
> *And there are many paths to tread*
> *Through shadows to the edge of night,*
> *Until the stars are all alight.*
> *The world behind and home ahead,*
> *He wanders back to home and rest.*[43]

---

[43] *Junto al calor del hogar el fuego es rojo,// Bajo el tejado hay un lecho;// Y porque sus pies no están cansados todavía,// Más allá del recodo aún puede esperar// Un nuevo Camino o una puerta secreta,// Si bien él las pasó de largo hoy,// Aún puede encontrar mañana este camino// Y pisar los escondidos senderos que corren// Hacia la Luna o hacia el Sol.// El hogar queda atrás, y el mundo adelante,// Cuando aún quedan muchos caminos por andar// A través de las sombras hacia el filo de la noche,// Hasta que brillen en el cielo todas las estrellas.//El mundo queda atrás y el hogar hacia adelante,// Mientras él camina de regreso ya al hogar para al fin descansar* (Traducción libre del poema de Tolkien).

Es cierto, como dice el poeta, que *junto al calor que despide el hogar es rojo el fuego y que bajo el tejado hay un lecho.*

Es por eso por lo que, ante la locura del mundo, el discípulo hubiera podido volver la vista hacia otro lado, para después acogerse a la seguridad confortable de un hogar bajo un techado. Y más aún cuando, después de haber intentado otra cosa, no habría recogido sino el rechazo de todos.

Pero entonces, ¿dónde habría quedado la gran aventura de la búsqueda del verdadero amor? ¿Y acaso el Amor se ha encontrado alguna vez por los senderos tranquilos? ¿Y cómo se puede salvar la locura de los hombres si no es por medio de otra locura?

> *Buscando mis amores,*
> *iré por esos montes y riberas,*
> *ni cogeré las flores,*
> *ni temeré las fieras,*
> *y pasaré los fuertes y fronteras.*[44]

Decía San Juan de la Cruz. Por eso el discípulo quiere creer que *sus pies no están cansados todavía, y que, de todos modos, a la vuelta de un recodo, aún puede aguardar un nuevo Camino o una puerta secreta.* Recuerda haber oído decir al Maestro que, si acaso os expulsan de una ciudad, marchad enseguida a otra; pues no se acabarán las ciudades de Israel hasta que Él venga (Mt 10:23). Y porque nunca podrán cerrarnos todas las puertas, pues siempre habrá otra de cuya existencia no hubiéramos sabido; y porque en todo momento nos aguarda seguramente un nuevo Camino, es por lo que no queda lugar para pensar en el cansancio.

---

[44]San Juan de la Cruz, *Cántico Espiritual*, 3.

Y aunque a menudo hayamos pasado de largo junto a ellos, *todavía mañana podemos volver sobre nuestros pasos, a fin de tomar los caminos escondidos que corren... hacia la Luna o hacia el Sol.* Hacia los caminos cuyo horizonte final solamente podemos presentir, y nunca divisar. Hacia los desconocidos senderos que corren, por encima de las estrellas, hacia la Luna o hacia el Sol. Son sobre todo los caminos del sacerdocio, que empiezan, de alguna manera, en una cierta semejanza con el Maestro y acaban indefectiblemente en la identificación con Él, tal como lo pide el perfecto Amor.

Para el discípulo del Señor —para el sacerdote de Cristo, tan despreciado por el mundo y hasta, a veces, tan olvidado de la misma Iglesia— *el hogar queda atrás y el mundo adelante, pues quedan aún demasiados caminos por andar. ¡Id por todo el mundo...!* Y aunque el camino discurra *a través del medio de la noche* (no podría ser de otra manera), llegará por fin el momento en el que *todas las estrellas brillen en el cielo.*

Al final ya de todo, en el crepúsculo ya cercano a la noche, cuando se aproxime el final de la aventura, es cuando sucederá que *el mundo quede atrás y el hogar, ya por fin, se vislumbre en lontananza. Será cuando habrá llegado ya el momento de volver a Casa y descansar.* Tal como lo pensaba el poeta de Fontiveros:

> *Quedéme y olvidéme,*
> *el rostro recliné sobre el Amado,*
> *cesó todo, y dejéme,*
> *dejando mi cuidado*
> *entre las azucenas olvidado.*[45]

Ha llegado también para nosotros la hora de concluir. Algún día, con el Señor a nuestro lado, habremos culminado nuestra tarea.

---

[45] San Juan de la Cruz, *Noche Obscura*, 8.

Mientras tanto nos queda escuchar con emoción la llamada de los caminos que aún tenemos ante nosotros; los que están todavía por descubrir y recorrer. Aún podemos seguir con Bartimeo por ellos tras el Maestro. Por aquéllos que nos llevan por la grande Aventura de nuestra existencia, y que al fin nos conducirán

Hacia la Luna o hacia el Sol.

FIESTA DE CRISTO REY

MEDITACIÓN

(Noviembre, 23, 2003)

Resulta difícil explicar la persistencia de algunas Fiestas de la Iglesia en el Calendario Litúrgico, por cuanto han logrado superar el paso del tiempo y las circunstancias adversas.[1]

Pero que algo sea difícil de explicar no quiere decir que carezca de razones que lo justifiquen. Puede suceder simplemente que el tema necesite una explicación más profunda; o una nueva clarificación que haga más comprensibles las razones de mantenerlo actualizado, a

---

[1] La misma dificultad aparece, aunque ahora en sentido contrario, con alguna Fiesta nueva introducida en el Calendario. Cuando el Papa Pío XII instituyó la Fiesta de San José Obrero el día primero de Mayo (Fiesta profana del Trabajo), como de Primera Clase con Octava en el Calendario Litúrgico, todo parecía indicar que el carácter puramente marxista del Día del Trabajo quedaría contrarrestado, o al menos mitigado de algún modo. El paso del tiempo demostró la ineficacia de la buena voluntad del Papa, además de poner de manifiesto que la profunda visión de las cosas, por parte de este gran Pontífice, había pecado esta vez de ingenuidad. En la actualidad ha quedado reducida a la mínima categoría litúrgica de Memoria Libre.

pesar de los cambios que el paso del tiempo y las nuevas condiciones históricas hayan podido introducir.

Es justamente lo que sucede con la Fiesta de Cristo Rey, celebrada por la Iglesia en el domingo último del Tiempo Ordinario que precede al domingo primero de Adviento.

El planteamiento del problema podría comenzar con una breve exposición de los sentimientos que los hombres actuales, tanto adultos como jóvenes, experimentan con respecto a los Reyes y a la Realeza.

Con respecto a lo cual, parece que la mayoría de los adultos conserva todavía una idea, más o menos vaga, del tema en cuestión. Si bien la ignorancia, cada vez más profunda y más extendida, aparte de otras circunstancias de las que después hablaremos, van difuminando y falseando los conceptos a medida que pasa el tiempo.

Para las nuevas generaciones, en cambio, las cosas se presentan de manera bien distinta. Dentro de este campo, el problema aparece en forma mucho más aguda y con motivos de mayor gravedad. Si los jóvenes de hoy conservan aún alguna noción sobre la Realeza, es sin duda alguna para identificarla con lo anacrónico, lo inútil, y hasta con lo desastroso.

Como siempre suele ocurrir, son diversas y variadas las causas motivadoras de esta situación. Intentaremos resumir algunas de ellas, entre las que nos parecen más importantes.

En primer lugar está el fracaso rotundo de los modernos Sistemas de Enseñanza.

Aunque, por supuesto, es posible que esta afirmación sea bastante relativa; e incluso, hasta cierto punto, no del todo conforme con la realidad. Puesto que más bien podríamos decir que se trata de un éxito del Sistema. El cual ha conseguido, prácticamente en todo el mundo, que la actual juventud se encuentre anclada en un estado supino de ignorancia, desprovista de la capacidad de pensar, desconocedora por completo de la Historia..., y bien fácil de manejar por lo tanto. A propósito de lo cual podríamos añadir, ya más concretamente, que si la Historia que el Sistema enseña a los jóvenes de hoy, como materia de aprendizaje, se pareciese en algo a la realidad, sería pura coincidencia (algo que, en realidad, no suele ocurrir nunca).

A continuación es forzoso anotar el descrédito que, a costa de no pequeños esfuerzos, han logrado introducir en esta Institución los pocos miembros que todavía la integran (Europa es hoy casi el único punto de referencia que aún permanece).

Aquéllos que no sienten ninguna clase de inclinación afectiva hacia la Monarquía o la Realeza, que son muchos, piensan que la Institución no significa hoy otra cosa que un anacronismo inútil y costoso para los ciudadanos, cuando no algo aún más nocivo. Y que debe, por lo tanto, desaparecer.

Otro gran número de ciudadanos, más o menos indiferentes a cualquier forma de gobierno, también están convencidos de la inoperancia de la Institución; y por supuesto de su descrédito.

Los partidarios de la Realeza, en cambio, suelen ser personajes de tinte romántico, profundamente convencidos, y más bien aferrados a tradiciones que muchos consideran como obsoletas y nostálgicas. No son muy numerosos en realidad. Aunque otras veces se trata simplemente de individuos de carácter sumamente práctico, dedicados a cultivar amiguismos que parecen producirles pingües beneficios.

Personalmente no soy un fervoroso entusiasta de la Monarquía. Aunque no la considero, de todos modos, una figura política peor o mejor que las formas de gobierno llamadas ahora democráticas, o incluso que la dictadura. Los griegos, que fueron los pioneros y grandes artífices del Derecho Político, incluían sin rubor a la dictadura como otra forma posible de gobierno. Estaban convencidos de que, para un Pueblo determinado y en un momento histórico también determinado, podía ser la mejor forma de gobierno, e incluso hasta necesaria.[2] Por mi parte siempre he creído que las formas de gobierno como tales no son ni buenas ni malas, sino los hombres que las regentan o los Pueblos que los eligen. Desde niño estuve convencido de que no existe la forma de gobierno perfecta, sino todo lo más la menos mala. Y ya entonces sospechaba que, por lo que hace al mundo de la Política, los nombres y las etiquetas encubren siempre cosas distintas de lo que proclaman: ¿Acaso puede creer alguien, por ejemplo, que en las llamadas Democracias es el Pueblo quien elige a los gobernantes que verdaderamente desea?

Pese a todo, la Monarquía y la Realeza gozaron durante largos siglos de la estima y del respeto de los Pueblos (sin que vayamos a entrar aquí en el problema de hasta qué punto fueron siempre merecidos). Y es bien sabido que, al menos hasta la caída del *Antiguo Régimen*, nadie puso en duda el carisma de los Reyes ni se discutió acerca de su Poder Absoluto. Cuando en la epopeya de Tolkien se habla de las manos del Rey como *manos que curan*, el autor se está haciendo eco de un sentimiento por demás universal y popular del carisma cuasisagrado de los Reyes. Los grandes Imperios amasados por los Pueblos de Occidente que lograron hacer Historia, coincidieron en el tiempo con la forma de gobierno Monárquica, sin que eso quiera decir que vayamos a insistir aquí en una relación de causa y efecto. Es sabido también que los teólogos de la Edad Media, haciendo suya una tradición multisecular que se remonta a tiempos anteriores a Jesucristo, estaban convencidos del carácter divino de la Institución Monárquica: *La Monarquía, como forma de gobierno de Derecho Divino*. Por supuesto que hoy ya nadie cree en esto último,

---

[2]El concepto exclusivamente peyorativo de la dictadura es relativamente moderno.

con la excepción quizá de unos pocos fanáticos soñadores de los que nadie hace caso.

De todos modos, hasta la caída del llamado *Antiguo Régimen*, como ya hemos dicho antes, no se puede dudar de la inmensa prestancia y del carisma casi sobrenatural que, durante siglos, los Pueblos le reconocieron a la Realeza. Sin embargo, con la desaparición del Poder Absoluto de los Reyes, y aun antes de que se extendieran por el mundo las ideas *democráticas*, se produjo un cambio radical en la mentalidad de los Pueblos de Occidente. Las escasas Monarquías que subsistieron a las nuevas concepciones pasaron a ser democráticas, representativas, constitucionales, garantes de una simple función unificadora, etc., según muchos; meramente decorativas, o inútiles amén de desprestigiadas, según otros. En cualquier caso, se afianzó en todas partes como indiscutible el principio de que *el Rey reina, pero no gobierna*. Con lo que surge así otra nueva e importante dificultad a la que han de enfrentarse los cristianos actuales, si es que todavía puede esperarse que tenga sentido para ellos la Fiesta de hoy.

Se trata de que la idea de la Realeza como Poder Absoluto, no solamente es ininteligible para la mentalidad moderna, sino también absolutamente inaceptable.

Sin embargo Jesucristo es Rey Absoluto y Señor del Universo. Afirmación enteramente contraria a lo que significaría una Realeza como mera figura decorativa; y absolutamente opuesta, por lo tanto, a las ideologías que hoy imperan en el mundo.

Con lo cual, por extraño que parezca, aún no hemos llegado a lo más espinoso del problema. Puesto que, con la infiltración dentro del Organismo Eclesial de las ideas *democráticas*, no solamente se ha pretendido subvertir maliciosamente la estructura Jerárquica y Monárquica de la Iglesia, sino que también, de manera indirecta pero lógica, se ha intentado desvirtuar y difuminar la figura de Cristo como Rey y Señor de todo lo creado.

Si la Iglesia posee una estructura constitucional Jerárquica y Monárquica inquebrantable, tal como lo quiso y dispuso su Divino Fundador, no existe poder humano alguno que pueda modificarla. Pero sucede además, que *su constitución Jerárquica y Monárquica se fundamenta necesariamente en el hecho de que su Fundador, el Verbo hecho Hombre, ha sido constituido como Rey, Dueño y Señor de todo el Universo.* La configuración Monárquica de la Esposa de Cristo —en toda la trabazón de su Organismo, y más que nada en su ápice— no obedece a una mera voluntad arbitraria o aleatoria de su Fundador, sino a lo que podría considerarse como una prolongación estructural, *ad extra*, de la Persona de Aquél *a quien Dios le exaltó y le otorgó el nombre que está sobre todo nombre. Para que al nombre de Jesús se doble toda rodilla en los cielos, en la tierra y en los infiernos; y para que toda lengua confiese: "Cristo Jesús es Señor", para gloria de Dios Padre.*[3] El Organismo del cual Él es la Cabeza habría de ser un reflejo y manifestación del carácter Real de su Persona.[4]

Debido a lo cual, cuando se ha pretendido difuminar, o al menos mitigar, la estructura constitucional de la Iglesia (bajo la influencia de corrientes ideológicas de tintes *democráticos*), se ha causado un grave daño a la fe y a la salud espiritual de los fieles. Trataremos de decir algo, lo más resumidamente posible, acerca del modo como se hizo posible llegar a esta situación.

Después de la Segunda Guerra Mundial se extendió por el Mundo Occidental la ola ideológica de la Democracia. A lo cual contribuyó también la caída del Nazismo y la desaparición del Muro de Berlín, años después. A partir de ese momento no se reconoció legitimidad

---

[3] Flp 2: 9–11.

[4] En el conjunto de la Revelación todos los dogmas están relacionados; aunque algunos de ellos guardan además entre sí una especial conexión o interdependencia.

Fiesta de Cristo Rey 139

alguna política, ni de ninguna otra clase, a lo que no pasara por el tamiz de la Democracia y de lo que todo el mundo conocía como *Derechos Humanos*. Como puede suponerse, los *Derechos Humanos* han ido siempre íntimamente unidos a la Democracia; y viceversa. No había —no hay— Derechos Humanos sin la Democracia, y no hay Democracia sin Derechos Humanos.

Tal como suele ocurrir en el extraño modo de comportarse la naturaleza humana, fueron muy pocos los que trataron de definir y aclarar con precisión lo que significaba la Democracia. No es sorprendente, por lo tanto, que ideologías políticas absolutamente opuestas utilizaran ese mismo nombre para designar situaciones contrarias (pretendiendo cada cual, como es de suponer, ser el verdadero poseedor de la pura esencia democrática). En cuanto a los Derechos Humanos, ocioso es decir que cada ideología, cada país, y hasta cada individuo, los han venido enumerando e interpretando de modo distinto.

Asombrosamente, sin embargo, nada de esto ha parecido preocupar a las actuales corrientes de pensamiento, las cuales han continuado su curso como si nada ocurriera. Todo parece indicar que, así como la Revolución Francesa entronizó a la *Diosa Razón*, la Edad Contemporánea ha derribado por los suelos al *sentido común*.

Pero más asombroso todavía es el hecho de que, a lo largo de toda la segunda mitad del siglo veinte, las nuevas ideas también encontraron cabida dentro de la Iglesia. A partir de los tiempos del Concilio Vaticano II, un grupo de ideólogos encabezados principalmente por los teólogos alemanes más conocidos (de tendencias marcadamente progresistas, e incluso neomodernistas según algunos) consiguieron encauzar a su modo el pensamiento dentro de la Iglesia.

A través de un hábil manejo de los medios de comunicación, amén de una inteligente distorsión de los datos teológicos, de una sutil presión (pretextando las nuevas necesidades y circunstancias históricas) sobre Obispos y teólogos menos preparados, y de una asombrosa exhibición de habilidades diplomáticas, lograron concesiones importantes. De las cuales fue la primera el hecho de que las discusiones en el seno del Concilio transcurrieran bajo su dirección. Aparte de eso, ya en el período postconciliar, las conclusiones alcanzadas por los Padres Conciliares fueron, o bien ignoradas, o bien interpretadas de forma más bien tergiversada.[5]

Y no es esto todo. Porque los nuevos ideólogos —*audaces Fortuna juvat*— lograron algo paradójico y por demás curioso. Mientras que el Movimiento no se ha cuidado nunca de prestar demasiada atención al verdadero Magisterio —antiguo o moderno—, menos aún ha vacilado jamás en lanzar los rayos de los anatemas contra cualquiera que intente la menor resistencia. Muy inteligentemente ha jugado sus cartas con un doble juego. En realidad, si por un lado socavaron hábilmente la autoridad del Papa (y no menos la de los Obispos), por otro han pretendido imponer a los católicos la obligación de aceptar, como dogma de fe, cualquier cosa que el Papa piense, hable o lleve a cabo; se cumplan o no las condiciones requeridas para la infalibilidad o, en general, para la garantía del Magisterio.

De esta manera, como vamos a ver ahora, es como se ha llevado a cabo el intento de *democratizar* las estructuras de la Iglesia, debilitando su estructura Jerárquica y Monárquica y procurando así un fácil campo de acción a los Grupos de Presión Progresistas. El camino ha quedado despejado para los vientos con olor a Modernismo. Mientras tanto, y gracias a la utilización del doble juego por

---

[5]Las condenaciones contenidas en el *Syllabus*, y las exhortaciones de la Encíclica *Pascendi*, fueron primero ignoradas, y luego abrogadas prácticamente. Se consiguió dar cabida en la Iglesia a un Ecumenismo más que dudoso, y se hizo caso omiso de todo, o de casi todo, el Magisterio anterior. Por citar unos pocos ejemplos entre los muchos que se podrían enumerar.

Fiesta de Cristo Rey 141

parte de los nuevos ideólogos, la figura de Jesucristo como Rey y Señor del Universo, Cabeza del Cuerpo Místico que es su Iglesia, corre también el peligro de difuminarse.[6]

El ambiente europeo estaba impregnado de las nuevas ideologías durante los tiempos en los que se inauguró el Concilio Vaticano II. Se hizo circular la idea de que el Concilio Vaticano I había ido quizá demasiado lejos en las atribuciones reconocidas al Papa.[7] Si el anterior Concilio había sido el del Romano Pontífice, el que ahora iba a celebrarse habría de ser el *Concilio de los Obispos*.[8]

La nueva ola de las ideas democráticas inundó la Iglesia en todos sus niveles: desde el Papado hasta las más humildes parroquias. La democracia, la colegialidad, la solidaridad, el diálogo y la participación, fueron algunas de las ideas que alimentaron a partir de entonces el Organismo Eclesial. A lo que hay que añadir la incansable acción de los Movimientos que abogaban por la *Promoción de los Seglares*, las nuevas ideas sobre el reconocimiento de los *Derechos y Participación de la Mujer*, etc., etc., y que vinieron a desplazar a los

---

[6]Los pensadores cristianos han sido siempre particularmente sensibles a las nuevas ideas que surgen (o que van apareciendo como nuevas, aun sin serlo, aquí o allá en cualquier momento histórico). El Pseudo–Dionisio, San Agustín y Santo Tomás, por ejemplo, supieron aprovechar con éxito muchas de las ideas de Platón y de Aristóteles. En los tiempos modernos, sin embargo, el fenómeno presenta un aspecto bien diferente. Si bien parecería que nada aprovechable en absoluto podría extraerse del pensamiento de Carlos Marx —por ejemplo—, ahí están, aunque parezca increíble, la *Teología de la Liberación* y la aguda infiltración de marxismo que viene sufriendo el Catolicismo desde hace más de medio siglo.

[7]Aunque tal cosa no se proclamaba abierta y descaradamente, un examen honrado de los hechos históricos reconocería la verdad de esta afirmación.

[8]De nuevo la ironía de la Historia. La realidad, de la que habremos de hablar después, es que la autoridad y el papel de los Obispos quedaron bastante recortados después del Concilio. Y no precisamente en favor del Papa; sino que todo vino a parar en el auge y en la tremenda influencia que le fue reconocida a la nueva figura de las Conferencias Episcopales.

sacerdotes de sus funciones propias para colocarlos en un estamento de *fieles de segunda categoría*.⁹

Por lo que respecta a las funciones propias del Papa, conocidos Grupos de Presión hicieron circular ideas acerca de la necesidad de enfatizar la Colegialidad; así como también las de conseguir el previo consenso, y aun la aprobación, de las correspondientes Sagradas Congregaciones y Comisiones Pontificias para la publicación de los Documentos Papales; las de recabar el (conveniente) consentimiento de los Obispos; las de utilizar las consultas y el diálogo con las diversas Conferencias Episcopales; o las de limar *asperezas doctrinales* que pudieran obstaculizar el entendimiento con otros Jerarcas de las *Iglesias Separadas*, etc. Todo ello sin perjuicio de seguir esgrimiendo, como argumento condenatorio y siempre que fuera necesario —maniobra del doble juego—, la falta de fidelidad al Romano Pontífice contra cualquiera que intentara denunciar tales manejos.¹⁰

El papel del Papa, que hasta ahora había sido reconocido siempre como Pastor Supremo de la Iglesia Universal, se iba desvaneciendo.

---

[9] A propósito del vocabulario–jerga integrado por términos como los de democracia, colegialidad, solidaridad, diálogo, participación, etc., es curioso advertir, y digno de tenerse en cuenta por lo tanto, la casi total ausencia de términos o conceptos de contenido sobrenatural. Parece que no cabe duda: la Sociología ha ido desplazando paulatinamente a la Teología; lo mismo que los Derechos Humanos a los Derechos de Dios.

[10] La jugada es inteligente y no fácil de descubrir por los ingenuos. Sucede aquí algo semejante a lo que se explica en la teoría física del umbral sensorial: Si la intensidad de la onda recibida sobrepasa el umbral de la capacidad receptiva del sentido humano (la vista, el oído, el gusto, etc.), la señal deja de percibirse en absoluto. Pretender a toda costa exagerar la Autoridad del Papa dando por indiscutible que es absoluta, incluidos sus hechos u opiniones en o sobre asuntos que no son de su incumbencia (o dando como propias de un Magisterio Solemne, por ejemplo, opiniones manifestadas al paso a los periodistas durante un viaje aéreo o en cualquier lugar), es un modo efectivo de acabar con su autoridad y con su prestigio.

Y con ello el concepto de Iglesia como Institución Monárquica, edificada sobre la Roca de Pedro.[11]

En cuanto a los Obispos, en contra de lo que hubiera podido esperarse, sus funciones y autoridad se vieron también mermadas por la prestancia que las Conferencias Episcopales fueron adquiriendo después del Concilio. Es sabido que todos los Documentos y Declaraciones insisten siempre en que cada Obispo es independiente dentro de su propia diócesis —aunque integrado en el Colegio Episcopal, sometido a su vez y presidido por la Autoridad del Papa—, y que no queda sujeto a las decisiones de la propia Conferencia Epis-

---

[11] Las *nuevas ideas* se fueron introduciendo en la Iglesia de un modo gradual inmediatamente después de terminado el Concilio Vaticano II. ¿Qué sentido tuvo, en realidad, la supresión del *Juramento Antimodernista*? Jurídicamente no podía tener otro significado sino lo que es: una abrogación. Pero los hechos, una vez consumados, poseen de por sí un contenido intrínseco cuyo sentido no puede ser disimulado o escamoteado. Un intento de homicidio, una mentira perniciosa o una estafa, por ejemplo, no manifiestan nunca intenciones caritativas; lo mismo que un acto de verdadero amor no puede indicar otra cosa que el deseo del bien para la persona amada. ¿Respondía acaso tal supresión al convencimiento de que las condenaciones del *Syllabus* ya no eran procedentes? Y de no ser así, ¿a qué respondía realmente? ¿Tal vez había ganado terreno la convicción de que las nuevas condiciones históricas habían otorgado carta de legalidad a las ideas modernistas? Sea lo que fuere, de una manera o de otra, es evidente que muchos habrían agradecido aquí una explicación. Suele decirse ahora que ha pasado la época de las condenaciones y ha llegado la era del *acercamiento*. Pero nadie sabe lo que hubiera ocurrido si los Padres y teólogos de la Iglesia, a través de veinte siglos, no hubieran condenado las herejías y luchado ferozmente contra ellas. Por lo demás, no parece sino que las numerosas imprecaciones y condenaciones contenidas en el Nuevo Testamento no hubieran tenido sentido (Cf Mt 18:7; 23: 13–39; Lc 6: 24–26; 10: 13–15; 11: 42–46; 17:1; 1 Cor 16:22; Ga 1:8; Ap 22:15; etc.). Algo así como si la Palabra de Dios hubiera dejado de ser *viva y eficaz* (Heb 4:12). Los resultados, sin embargo, se muestran más bien como desoladores; puesto que todos los indicios parecen indicar que no ha sido la montaña la que se ha acercado a Mahoma, sino Mahoma a la montaña.

copal. Lo cual es cierto en teoría..., pero irrealizable y utópico en la práctica, puesto que cualquier Obispo conoce las consecuencias que pueden recaer sobre él si discrepa del conjunto. Las decisiones de las Conferencias Episcopales se toman por el sistema de votación, tal como disponen la colegialidad, la solidaridad, el consenso, la doctrina democrática, etc., etc. La escueta realidad nos muestra sin embargo que, puesto que dentro de las colectividades como tales resulta más difícil mantener un criterio personal, no es raro que los Grupos de Presión acaben casi siempre imponiendo su parecer.

De manera que la figura del Obispo, hasta ahora Padre y Pastor de su propia Iglesia Diocesana (sometido siempre a la Autoridad del Pastor Supremo o Papa), queda prácticamente obligada a gobernar bajo la forma del voto y del *consenso* de la mayoría. De donde también aquí, por lo tanto, el sistema democrático, paulatina y casi insensiblemente, continúa desplazando al sistema monárquico.

Pero es quizá en las parroquias donde el fenómeno es más ostensible para los simples fieles, a pesar de que a menudo suele pasar desapercibido para ellos. De esta forma, el estamento más inferior del Organigrama, aunque también el más popular y numeroso, tampoco queda excluido de sufrir el acoso de manejos que intentan cambiar las estructuras de la Iglesia.

Desde el momento en que las parroquias han pasado a ser entidades estructurales macroorganizadas y organizativas, olvidando su antiguo carácter de lugar de reunión familiar de santificación —*ecclesia*—, han visto aparecer en su seno un enjambre de Ministros,[12] Comisiones, Juntas Parroquiales, etc., todo ello a cargo de los laicos y a veces también con intervención de monjas. Una vez

---

[12] El número y clases de los diversos *ministerios* existentes en las parroquias son hasta ahora desconocidos. Se sabe de muchas en las que el número de los Ministros de la Eucaristía es mayor que el de los simples fieles.

Fiesta de Cristo Rey 145

que tales entidades se han hecho cargo de la gestión y dirección de casi todas las funciones parroquiales, la antigua figura del Párroco, como Pastor espiritual de su rebaño de fieles, ha quedado relegada prácticamente a la de un simple burócrata a las órdenes de ellas.

El problema en su conjunto, consideradas todas las circunstancias, presenta un aspecto doblemente grave.

En primer lugar, porque estando estructurada la Iglesia jerárquicamente por institución divina —el Papa como único Pastor Supremo, no sometido a ninguna otra forma de autoridad; el Concilio Ecuménico presidido y aprobado por el Papa; los Obispos; los Presbíteros y Diáconos; todos por ese orden—, tales fundamentos no pueden ser modificados por Autoridad alguna de este mundo. Los simples fieles que han recibido solamente el Bautismo o la Confirmación, o cualesquiera que no hayan sido investidos con el sacramento del Orden, a pesar de su inmensa dignidad de auténticos cristianos y verdaderos hijos de Dios, *no constituyen autoridad en la Iglesia*.

Por otra parte, la *Democracia* es una figura política, o forma de gobierno, cuya existencia está más ubicada en el mundo de la especulación que en el de la realidad. Aunque no se quiera reconocer, las Democracias también están gobernadas a su vez por oligarquías.

Llegados a este punto, después de esta sucinta exposición del estado de la cuestión, podemos comprender mejor la oportunidad de la pregunta: ¿Conserva hoy todavía sentido para los cristianos la Fiesta de Cristo Rey? Y caso de haber mantenido su significado, tal como lo tuvo en tiempos pasados, ¿están capacitados los cristianos de ahora para comprenderlo? Es necesario reconocer que, desaparecida la condición del Poder Absoluto de los Reyes, desprestigiada por sus propios representantes la Institución de la Realeza, además de haber sido distorsionada y falseada por la Historia moderna, y ante las nuevas circunstancias históricas, la pregunta no sería fácil de responder.

Sin embargo la Revelación es clara y contundente en este punto: Jesucristo es el Señor Absoluto y el Rey del Universo: *Dominus dominorum et Rex regum*.[13] San Pablo se gloría en proclamar de Él: *Al Rey de la eternidad, incorruptible, invisible, único Dios, el honor y la gloria por los siglos de los siglos.*[14]

Pero el Misterio de la Realeza de Cristo no puede ser bien entendido si no es dentro del Misterio de la Iglesia, de la cual Él es la Cabeza. Aunque la Iglesia, a su vez, junto con las estructuras que la constituyen, es también un Misterio de Fe, contenido como tal dentro de los Artículos del Credo: *Creo en la Santa Madre Iglesia*. Solamente bajo esa perspectiva podemos echar una ojeada a su historia..., y a los sucesos del presente, sin peligro de escandalizarnos.

Ambos temas —el Misterio de la Realeza de Cristo y el Misterio de la Iglesia— están vinculados estrechamente. Puesto que la razón última de que la Iglesia haya sido instituida sometida a una forma de gobierno monárquica, no democrática (sobre todo desde su ápice), radica en el hecho de que Cristo —el Verbo hecho Hombre— ha sido constituido como Único Rey y Señor del Universo.

Si se olvida que la Iglesia es un Misterio de Fe, se convierte para nosotros en algo ininteligible. Y ha de tenerse en cuenta, al mismo tiempo, que cualquier Misterio de Fe es ya de por sí, y por lo tanto, un misterio. Lo que quiere decir que puede estar abierto a que se profundice en su contenido; pero que, por definición, permanecerá siempre con el carácter de algo arcano e imposible de conocer plenamente (comprender, o comprehender).

De esta forma ya podemos admitir, sin escrúpulos bobalicones, el hecho de que la Iglesia es divina y humana al mismo tiempo. Lo que equivale a decir que es también, a la vez, santa y pecadora: *Ecclesia*

---

[13] Ap 17:14.
[14] 1 Tim 1:17.

semper reformanda. Ni los cristianos de la época apostólica, ni los Padres de la Iglesia, ni los teólogos de la Edad Media, desconocieron el hecho ni, menos aún, lo hubieran admitido jamás como objeto de escándalo. Así lo viene a reconocer, sin paliativos, un magnífico texto de Bernanos: *Una parroquia es forzosamente sucia. Una cristiandad es más sucia aún. Aguardemos al gran día del Juicio y veremos lo que los ángeles tendrán que sacar a paletadas de los más santos monasterios... Eso prueba que la Iglesia tiene que ser una buena ama de casa, un ama de casa razonable... Y una buena ama de casa sabe que no puede hacer de su hogar un relicario. Tales cosas no son más que ideas y pensamientos de poeta.*[15]

Pese a todo ello, o si se quiere teniéndolo en cuenta, cualquier católico es consciente de que forma parte de la Iglesia; en la cual nació a la vida sobrenatural y dentro de la cual ha de vivir y morir. Sabe que la Iglesia es el medio exclusivo de santificación para él, y el único camino para llegar al Cielo. Jamás se sentirá con derecho a rebelarse contra una Madre a través de la cual le fue otorgada la vida de la gracia. *Extra Ecclesiam nulla salus*.[16] Un verdadero católico no ignora la realidad, y sabe que pueden darse ocasiones en las que la Jerarquía olvide, e incluso traicione, sus sagrados deberes de pastoreo. Pensar otra cosa sería, para un fiel católico, abandonar el mundo de la realidad para caminar por el de la utopía y la ficción. De ahí que un fiel hijo de la Iglesia, enteramente consciente de que

---

[15]Bernanos, *Diario de un Cura Rural*, I. Ahí están también, por ejemplo, los ásperos *Sermones* de San Agustín contra los malos Pastores; o las duras exhortaciones de Santa Catalina de Siena a los Papas Gregorio XI y Urbano VI. Unas muestras entre muchas posibles.

[16]Otra expresión más de las que la moderna teología progresista ha vaciado de sentido. No hay salvación, en efecto, fuera de la Iglesia. Pero el concepto progresista de la Iglesia es ahora lo suficientemente amplio como para dar cabida a todo el mundo, incluidos los que de ningún modo desean pertenecer a ella.

existen los malos Pastores (Jn 10: 10.12–13),[17] ha de estar preparado para soportar tamaña, triste y pesada cruz que, por supuesto, va a hacer mucho más difícil su existencia como discípulo del Señor; puesto que siempre permanecerá vigente su deber de fidelidad a la legítima Jerarquía.

Junto a todo ello, un católico sabe también que no es lícito para él prestarse a la maniobra del *doble juego*, puesta en práctica por la teología de avanzada. No ignora la doctrina acerca del Magisterio de la Iglesia; y de ahí que sepa distinguir entre el Magisterio del Papa y el de los Obispos, así como entre el Magisterio Ordinario y el Solemne. Conocedor de las condiciones que han de darse para que el Magisterio goce de la garantía de la infalibilidad, no se deja engañar por abusivas pretensiones de asentimiento a actuaciones que se quieren presentar como magisteriales, cuando en realidad no lo son. Y sabe, por último, que en la Iglesia existe un único Magisterio, en el que no cabe contraponer enseñanzas que se arrogan la cualidad de *puestas al día*, frente a otras de las que se dice que son *obsoletas y que respondieron a circunstancias históricas distintas de las actuales*.

En resumen, y para expresarlo brevemente, no existe para un católico incompatibilidad alguna, entre el deber de sentirse vinculado a la Jerarquía legítima, por una parte, y el no menos firme de fidelidad a los principios inmutables, por otra; los cuales —estos últimos— coinciden por lo demás con los proclamados, a través de la Jerarquía, por el auténtico y único Magisterio de siempre. De ahí

---

[17]Es de notar, a propósito de este texto de San Juan, que Jesucristo no se refiere a seres posibles, sino a realidades tangibles que, por serlo, *están ahí*. El texto es sobradamente claro en ese sentido. Las meras posibilidades, por tratarse de meras esencias que no han recibido el acto de existencia, no pertenecen por lo tanto al mundo de las realidades. ¿Cuál será el verdadero significado de la expresión *mera posibilidad real*, referida al Infierno, y ahora tan de moda en el pensamiento progresista? La Lógica parece que sólo puede atribuirle uno: la increencia en su existencia.

Fiesta de Cristo Rey

que el verdadero católico no pueda aceptar, entre otras muchas cosas que algunos pretenden ahora que admita más o menos abiertamente, una cierta democratización de la Iglesia; ni siquiera bajo la amenaza chantaje de falta de fidelidad a la Jerarquía. Solamente existe una Iglesia Jerárquica, regida en último término por Quien es Cabeza de todo el Organismo Eclesial; el cual es el Principio, el Primogénito de entre los muertos, y el que posee la Primacía en todo (Col 1:18): Cristo Jesús, Rey y Señor del Universo.

No es nuestra intención realizar aquí un estudio exegético de un tema que, por otra parte, no es objeto de polémica teológica alguna. Por eso nos vamos a limitar a traer a colación dos textos importantes, del Antiguo Testamento uno y del Nuevo Testamento otro, a fin de utilizarlos, siquiera como punto de partida, para la consideración de algunas cuestiones interesantes que la Realeza de Cristo suscita para el cristiano de hoy (y para el de todos los tiempos, en realidad).

El Señorío de Cristo sobre todo el Universo fue ya predicho solemnemente por el profeta Daniel: *Seguía yo mirando en la visión nocturna, y vi venir entre las nubes del cielo a un como Hijo de Hombre que se allegó hasta el Anciano de los Antiguos Días y fue presentado a Éste. Le fue dado el señorío, la gloria y el imperio; y todos los pueblos, naciones y lenguas le sirvieron, y su dominio es dominio eterno que no acabará nunca; y su imperio un imperio que nunca desaparecerá.*[18]

El texto neotestamentario al que aquí nos referimos, si bien está relatado por todos los Evangelistas, es San Juan quien lo refiere de forma más completa y clara:[19] *Pilato le dijo: "¿Luego tú eres Rey?"*

---

[18] Da 7: 13–14.

[19] El texto está contenido en el capítulo 18, y abarca los versículos 33–37. Las pequeñas dificultades textuales del verso 37 carecen de significación, y no empañan en modo alguno ni la claridad ni la expresividad de su sentido, por demás contundente.

Jesús respondió: "Tú dices que Yo soy Rey. Yo para esto he nacido y para eso he venido al mundo, para dar testimonio de la verdad".

Hemos dado por inoperantes los problemas que, para el cristiano actual, parecía presentar la Realeza de Jesucristo. Sin embargo, el tema ofrece todavía una aparente antinomia que puede merecer profunda atención.

Reconocido el hecho del Señorío Universal de Jesucristo —*Me habéis llamado "Maestro" y "Señor", y decís bien, porque lo soy*[20]—, queda todavía por explicar la fundamental realidad de la intimidad de amor ofrecida por Dios al hombre en Jesucristo. Todo parece apuntar hacia la inmensa distancia que media entre la condición de Rey como Señor Absoluto, de una parte, y la proximidad, reciprocidad, bilateralidad e igualdad de condiciones, que impone el *tú a tú* que de hecho existe entre Amante y Amado, de otra.

Para llegar a esta intimidad de amor se hizo Hombre el Verbo: *Ya no os llamo siervos, sino amigos...*[21] *Habiendo amado Jesús a los suyos, que estaban en el mundo, los amó hasta el fin.*[22] La revelación y plenitud de esta inefable realidad tienen su cumplimiento en Jesucristo; aunque existía ya desde las edades perdidas en los más remotos tiempos del Antiguo Testamento. La dicotomía Rey–Esposo, por ejemplo, que ofrece el *Cantar de los Cantares* es bien conocida:

> *Llévanos tras de ti, corramos.*
> *Introdúcenos, rey, en tus cámaras,*
> *y nos gozaremos y regocijaremos contigo...*[23]

---

[20] Jn 13:13.

[21] Jn 15:15.

[22] Jn 13:1.

[23] Ca 1:4. Cf también 1:12; 3:11. En realidad todo el Poema sagrado es la narración poética de la lucha de amor (Ca 2:4) de dos figuras de Amante: la del Rey–Esposo frente a la Esposa.

Fiesta de Cristo Rey 151

Una dicotomía que corre también a lo largo de las páginas del Nuevo Testamento, en las que se juega a la vez con la antítesis Rey–Esposo, Señorío–Amistad e Intimidad de Amor.[24] Un hecho cuyo fundamento último se encuentra en la doble naturaleza de Jesucristo —divina y humana—, derivada a su vez del misterio de la Encarnación del Verbo. San Pablo lo explica con concisa exactitud: *Cristo Jesús, el cual, teniendo la forma de Dios, no consideró como presa codiciable el ser igual a Dios. Por el contrario, se anonadó a Sí mismo tomando la forma de siervo, haciéndose semejante a los hombres; y, en su condición de hombre, se humilló a Sí mismo haciéndose obediente hasta la muerte, y muerte de cruz.*[25] Dado que el Amor perfecto supone perfecta bilateralidad, igualdad y reciprocidad, Dios quiso ser amado de los hombres con un amor humano, pero *perfecto* como tal amor. Amor de entrega en totalidad por parte de Dios; respuesta de Amor en totalidad por parte del hombre. Por eso se hizo Hombre en Jesucristo, sin dejar de ser Dios. Y a partir de ese momento, el hombre puede amarlo, a su vez, como a su Señor y como al Esposo y Amigo de su alma.

El amor divino–humano que de aquí se sigue es uno y único. Pues la condición de bilateralidad y perfecta reciprocidad se resuelve en una situación de total unicidad:

Mi Amado es para mí y yo soy para Él.[26]

Un solo corazón y una sola alma. Teniendo en cuenta además, tanto la unicidad de la Persona (divina) de Jesucristo, como también la de la Esposa. No debe olvidarse que el Buen Pastor llama *a cada*

---

[24] Cf Mt 9:15; 17: 25–26; Lc 5:35; Jn 3:29; 1 Tim 6:15; etc.
[25] Flp 2: 6–8.
[26] Ca 2:16.

una de sus ovejas por su nombre (Jn 10:3). El amor divino–humano, como todo verdadero amor, se consuma siempre en la relación *del uno al otro.*[27]

Porque es única mi paloma, mi perfecta.[28]

La solución del (aparente) problema suscitado por la Realeza de Cristo en la relación de amor divino–humana, requiere acudir al procedimiento de la analogía. Algo semejante a lo que hace la Teología con los atributos divinos, para cuyo conocimiento y explicación se utilizan las que suelen llamarse *via remotionis* y *via eminentiæ*. Se trata simplemente de eliminar en el atributo correspondiente todo lo que suponga imperfección, al mismo tiempo que se predica de él la perfección en su grado sumo.

Las dificultades que pudieran sentir los fieles de cualquier momento histórico, con respecto a la figura de Cristo Rey, tendrían su

---

[27] En el amor divino–humano el hombre ama a Dios como *el Otro*. Sin excluir la Trinidad de Personas, lo que considera el acto de amor de primera intención es la unicidad de la naturaleza divina, aunque *previamente conocida y contemplada a través de la Persona de Jesucristo*. Es lo que sucede también en la relación puramente humana, en la que la referencia es siempre *a la persona* (lo que en modo alguno significa la exclusión del cuerpo o del alma); y, puesto que se trata de una relación, ocurre siempre en reciprocidad. En el amor divino–humano, la creatura ama a Dios a través de la Persona de Jesucristo. Inundada en el Amor del Espíritu, y a través de la divinidad de la Persona del Señor, es como la creatura encuentra al Padre; por Cristo, en el Espíritu, hasta el Padre: *Nadie va al Padre sino por Mí* (Jn 14:6). De ahí la equivocación de ciertos místicos, los cuales pensaron que, una vez *divinizada* el alma (conseguida la unión mística en su grado más alto, conocida con el nombre de *desposorios místicos*, *matrimonio espiritual*, o cualquier otro), ya podía prescindir con seguridad de la Humanidad de Cristo. Un error grave, en cuanto que prescindir de la Humanidad asumida por el Verbo sería prescindir de la Persona del Verbo hecho Hombre (la unión hipostática ya no admite separación); lo que equivaldría a prescindir de la divinidad.

[28] Ca 6:9.

fundamento último en la extrapolación ilegítima del concepto humano de Realeza al concepto divino de la misma.

Jesucristo conocía bien los puntos sensibles por los que se hacen patentes las debilidades de la Realeza humana. Y de ahí que pusiera buen cuidado en distinguirla de la suya propia: *Los reyes de las naciones las dominan, y los que tienen potestad sobre ellas reciben el nombre de bienhechores. Pero entre vosotros no ha de ser así.*[29] De ahí su rotunda afirmación ante Pilato: *Mi reino no es de este mundo.*[30] La cual, mejor que referirse a que no pertenece al presente eón, parece significar más bien que su Reino no se ajusta a los parámetros de las medidas puramente humanas; como sugiere la clara afirmación de que *el reino de Dios está entre vosotros.*[31] San Pablo, por su parte, también apostillaba claramente las palabras del Maestro: *El reino de Dios no es comida ni bebida; sino justicia, y paz, y gozo en el Espíritu Santo.*[32]

Prueba clara de que la Realeza de Cristo tiene poco que ver con la Realeza humana. Además de que —¡cosa admirable!— pocas veces se cae en la cuenta de tal cosa, como lo demuestran también las

---

[29] Lc 22: 25–26. Es de notar la suave ironía que encierra la frase *son llamados bienhechores* los que tienen potestad sobre las naciones; la cual habla por sí sola. Sucede aquí lo mismo que con otros temas, como el de la paz, por ejemplo; acerca del cual Jesucristo tuvo exquisito cuidado en advertir que su paz —la que Él dejaba para siempre a sus discípulos— no tiene nada que ver con la que proporciona el mundo, y de la que siempre está hablando (Jn 14:27). Advertencia esta última que la actual Catequesis Oficial parece haber olvidado, en cuanto que centra su insistencia en la paz mundana y olvida hacer lo mismo con la de Cristo.

[30] Jn 18:36.

[31] Lc 17:21. La traducción *entre* vosotros parece más conforme al contexto que la alternativa *dentro* de vosotros. De todas formas queda claro que el Reino está ya presente; que no es a la medida de este mundo; y que la Realeza no es ejercida en él a la manera como la han practicado y sentido siempre los hombres: *No vendrá el reino de Dios con espectáculo* (Lc 17:20).

[32] Ro 14:17.

terminantes afirmaciones del Maestro: *Dejad a los niños y no les impidáis que vengan a Mí, porque de ellos es el reino de los cielos*.[33] O las más claras aún de las Bienaventuranzas: *Bienaventurados los pobres de espíritu, porque de ellos es el reino de los cielos*.[34] Pero los Niños y los Pobres, tal como el Nuevo Testamento entiende estos conceptos, no pertenecen al eón futuro, sino al presente.[35] Y no parece en modo alguno desprenderse del contexto que la bienaventuranza de la que se habla haya de esperar a un Reino futuro.

Queda bien claro, según lo dicho, que la Realeza de Cristo no es ejercida en el plano de la sumisión y de la obediencia, a pesar de que estas realidades parecen ser notas constitutivas y características de la Regia Institución;[36] sino que más bien, como decía el Apóstol, se actualiza en el ámbito de la justicia, de la paz, y del gozo en el Espíritu Santo.[37]

Habrá de darse por supuesto que, en el Reino de los Niños y de los Pobres —de la Infancia Espiritual y de la Pobreza—, el Rey de todos ellos será seguramente el más Niño y el más Pobre de todos. Como así es, en efecto, y a pesar de que la idea extrañará a quienes no posean una noción clara acerca de la excelsitud de la Infancia Espiritual y de la Pobreza Cristiana. Sin embargo, puesto que la

---

[33] Mt 19:14.

[34] Mt 5:3.

[35] Los únicos Pobres, para el Nuevo Testamento, son los *pobres de espíritu* (aquéllos que viven en estado de miseria no se identifican necesariamente con los Pobres según la Biblia). La distinción entre unos y otros, dentro del contexto neotestamentario, no tiene sentido si se posee una idea clara de la pobreza como virtud cristiana. De donde se sigue que la ya vieja discusión exegética entre el texto de Lc 6:20, contrapuesto por muchos al de Mt 5:3, es baladí e intrascendente.

[36] Cosa bien distinta es lo que sucederá a los enemigos que se nieguen a reconocerla y admitirla (Cf 1 Cor 15: 24–27; Ap 19: 15–16.20–21).

[37] Tampoco aquí debe darse lugar al equívoco. La justicia y la paz han de entenderse en el sentido neotestamentario.

Infancia Espiritual y la Pobreza son realidades tan íntimamente ligadas al Amor, podemos entonces concluir que hemos encontrado la característica principal del Reino cuyo Señor es Cristo. Otra confirmación más de que la Realeza de Jesucristo, si bien es semejante a la Realeza Humana en algunos aspectos, tiene poco que ver con ella en la realidad.[38]

Habremos de ver ahora, en efecto, que, tanto la Infancia Espiritual como la Pobreza, son cualidades exclusivas de los verdaderamente Enamorados.

El Enamorado —el Esposo—, en la medida en que lo es verdaderamente, es un auténtico Niño. Por su corazón puro, por su simplicidad e ingenuidad, por su sencillez, por su nobleza, por su confianza, por su ternura, por su simpatía, por la belleza de su rostro todavía no manchado por la concupiscencia..., y hasta por un lenguaje que el Amor parece convertir en infantil, cándido, y desmedido hasta la exageración y carencia de lógica:

> *¡Qué hermosa eres, amada mía, qué hermosa eres!*
> *Son palomas tus ojos a través de tu velo.*
> *Son tus cabellos rebañito de cabras,*
> *que ondulantes van por los montes de Galaad.*
> *Son tus dientes cual rebaño de ovejas de esquila,*
> *que suben del lavadero,*
> *todas con sus crías mellizas,*
> *sin que haya entre ellas estériles.*
> *Cintillo de grana son tus labios...*[39]

---

[38] Como es patente, por lo que respecta a la analogía, tanto la *via remotionis* como la *via eminentiæ* han de utilizarse a fondo en el estudio del problema. Hay en él mucho que quitar y también mucho que poner.

[39] Ca 4: 1–3.

Pero el Reino del que Cristo es Rey es el Reino de los Niños, que es lo mismo que decir el Reino de los Enamorados. A lo que ya sólo resta añadir —para evitar posibles confusiones del lenguaje— que la Infancia Espiritual, además de ser enteramente opuesta a la inmadurez, es la única cosa capaz de convertir a los seres humanos en auténticos Hombres y en verdaderas Mujeres.[40] En la historia de amor, sobre la que se teje la urdimbre del *Cantar de los Cantares*, el Amante que busca apasionadamente a la Esposa posee un corazón de Niño; a la vez que es también el Rey y el Esposo que muestra estar enamorado como sólo sabría hacerlo un auténtico Hombre ante una verdadera Mujer. Como la esposa se goza en reconocer:

> *Mi Amado es fresco y colorado,*
> *se distingue entre millares.*
> *Su cabeza es oro puro,*
> *sus rizos son racimos de dátiles,*
> *negros como el cuervo...*
>
> *Sus piernas son columnas de mármol*
> *asentadas sobre basas de oro puro.*
> *Esbelto como el Líbano,*
> *gallardo como el cedro...*[41]

Y su Reino es también el Reino de los Pobres (San 2:5). Lo cual es así porque, como hemos dicho antes igualmente, es el Reino de los Enamorados. ¿Y acaso puede haber alguien más Pobre que el mayor

---

[40] En el lenguaje evangélico, el niño que como tal está destinado al Reino, más bien que nacer, *se hace*; como si se tratara de una maravillosa cualidad que es necesario adquirir: *Si no os hacéis como niños, no entraréis en el Reino de los Cielos* (Mt 18:3).

[41] Ca 5: 10–11.15.

Fiesta de Cristo Rey

de los Enamorados, quien en su amor total *lo ha entregado todo* a aquél a quien ama? Según San Francisco de Asís, Jesús se desposó con la Pobreza en la Cruz para ser el más Pobre entre los Pobres. La verdad es que nadie ha entregado más que Él desde el momento en que nadie ha amado más que Él. Es por lo que, en el combate de amor que sostiene, no pudiendo dar más porque nada le queda, se encuentra en necesidad de pedir. Con lo cual desembocamos en la más sorprendente de las realidades: ni la mente, ni el corazón humano, habrían imaginado nunca la figura de un Rey que llega hasta mendigar por amor:

'Iba yo pidiendo, de puerta en puerta, por el camino de la aldea, cuando tu carro de oro apareció a lo lejos, como un sueño magnífico. Y yo me preguntaba, maravillado, quién sería aquel Rey de Reyes.

Mis esperanzas volaron hasta el cielo, y pensé que mis días malos se habían acabado. Y me quedé aguardando limosnas espontáneas, tesoros derramados por el polvo.

La carroza se paró a mi lado. Me miraste y bajaste sonriendo. Sentí que la felicidad de la vida me había llegado al fin. Y de pronto tú me tendiste tu diestra diciéndome: "¿Puedes darme alguna cosa?"

¡Ah, qué ocurrencia la de tu realeza! ¡Pedirle a un mendigo! Yo estaba confuso y no sabía qué hacer. Luego saqué despacio de mi saco un granito de trigo, y te lo di.

Pero qué sorpresa la mía cuando, al vaciar por la tarde mi saco en el suelo, encontré un granito de oro en la miseria del montón. ¡Qué amargamente lloré de no haber tenido corazón para dártelo todo!"[42]

Donde es de observar también en el poema la reciprocidad y la bilateralidad, como notas fundamentales del Amor. Pues en el Amor no hay yo sin tú, ni entrega sin donación. El Amor lo espera todo

---

[42] Rabindranaz Tagore, *Ofrenda Lírica*, 50.

porque Él previamente lo ha entregado todo. Pide y mendiga porque no puede hacer otra cosa, desde el instante en que se ha quedado sin nada. Pero pide y mendiga, sobre todo, porque no puede entregar sin recibir; y aún más que eso todavía, porque ansía y desea hasta la muerte el amor de la Esposa. Si bien, en el combate de amor divino–humano es Jesús, el Señor, quien ha tomado la iniciativa: Él se hizo Pobre primero; porque también nos amó primero:[43]

> *Ábreme, hermana mía, esposa mía,*
> *paloma mía, inmaculada mía.*
> *Que está mi cabeza cubierta de rocío*
> *y mis cabellos de la escarcha de la noche.*[44]

El Esposo suplica humildemente a la esposa para que le abra, dada la precaria situación en la que se encuentra y que sólo ella puede remediar: su cabeza está cubierta de rocío, e igualmente los cabellos, húmedos y salpicados de la escarcha de la noche.

Y tales son los súbditos de este Reino cuyo Rey y Señor es Cristo: los verdaderos Niños y los auténticos Pobres. Sin ellos, ni el Reino, y ni siquiera la Iglesia, podrían subsistir. De ahí los males que pueden derivarse si acaso se pierde de vista esta perspectiva. Demasiado tiempo, y demasiadas energías, malgastados seguramente para conseguir desterrar la Pobreza de entre los hombres. Si el intento de acabar con los Pobres se refiere a las situaciones de miseria material, se persigue una utopía; pero si apunta a los Pobres de espíritu, se está pensando en cometer un crimen. Durante veinte siglos se ha esforzado la Iglesia por mitigar el dolor humano y también por santificarlo; pero nunca ha padecido la ilusión de eliminarlo. En cuanto

---

[43] Cf 2 Cor 8:9; 1 Jn 4:19.
[44] Ca 5:2.

a los Pobres de espíritu..., ellos son la verdadera aristocracia de la Iglesia y los auténticos súbditos del Reino de Cristo. El esfuerzo por implantar en el mundo la justicia social no puede ser objetivo prioritario —ni siquiera principal— para la Iglesia. Buscar ansiosamente horizontes de bienestar material para los hombres, además del peligro de dar de lado y de prescindir del verdadero bienestar, significaría olvidarse de los Niños y de los Pobres; sin los cuales ya no habría razón alguna para que ni el Mundo, ni por supuesto la Iglesia, siguieran existiendo.

Ya habíamos dicho antes que en la Realeza de Cristo, a diferencia de lo que sucede en las Realezas puramente humanas, no tienen cabida las categorías de la sumisión o la de la obediencia. Por lo que no sería exagerado afirmar que nos encontramos ante uno de los hallazgos más importantes, y hasta más sorprendentes, de los suministrados por la *via remotionis*.

La sorpresa se desvanece, sin embargo, desde el momento en que se considera que el Reino de Cristo es el Reino del Amor. Y el Amor, por definición, excluye la sumisión en la medida en que coloca a los que se aman en un plano de igualdad, de un lado; y en cuanto que hace de los corazones y de las almas de ambos un solo corazón y una sola alma, de otro. Más todavía, por cuanto que el Supremo Rey en modo alguno desea mantener con el hombre una relación de señorío–servidumbre, sino exclusivamente la única que no sabe de otra cosa más que de amistad, de intimidad, y de mutuo amor: *Ya no os llamaré siervos, sino amigos.* Para eso y por eso Dios se hizo Hombre. Una realidad —la relación de tú a tú— que, más aún que fundamentarse en la voluntad infinitamente generosa y amorosa de un Dios, encuentra su explicación ontológica en el plano de semejanza, o de igualdad en el que el Amor coloca a los amantes:

Al discípulo le basta llegar a ser como su maestro, y al siervo como su señor...[45] *Todo el que esté bien formado será como su maestro.*[46]

El Esposo, en efecto, que en este caso es también el Rey, animado e impulsado por las leyes inexorables del Amor (las cuales, a su vez, emanan de su propia Naturaleza o Esencia, por cuanto que Dios es Amor), no desea otra cosa sino estar cerca de la Esposa. O mejor aún, junto a ella y con ella:

> *Ven, paloma mía,*
> *que anidas en las hendiduras de las rocas,*
> *en las grietas de las peñas escarpadas.*
> *Dame a ver tu rostro, dame a oír tu voz,*
> *porque tu voz es suave, y es amable tu rostro.*[47]
>
> ....
>
> *Voy, voy a mi jardín, hermana mía, esposa,*
> *a coger de mi mirra y de mi bálsamo;*
> *a comer la miel virgen del panal,*
> *a beber de mi vino y de mi leche.*[48]

Quizá sería conveniente advertir, llegados a este momento de nuestra reflexión y como entre paréntesis, que al Poema Sagrado de *El Cantar de los Cantares* le sucede lo mismo que a toda poesía. O bien se trata de una sucesión de metáforas y bellas expresiones, cuyo sentido es tan misterioso como hermético y hasta esotérico; o bien tales expresiones no significan nada en absoluto, aparte del juego de

---

[45] Mt 10:25.

[46] Lc 6:40. Según la redacción de este texto en la Neovulgata: *Perfectus autem omnis erit sicut magister eius.*

[47] Ca 2:14.

[48] Ca 5:1.

la belleza del lenguaje. Pero cuando se trata de verdadera poesía, necesariamente ha de poseer un contenido real, en cuanto que siempre se refiere al esplendor del ser (realidad), que es la belleza; la misma que por ser esplendorosa es también amable. El Poema Sagrado de *El Cantar* ha conocido infinidad de interpretaciones a través de los siglos, tanto de tinte místico o religioso como de carácter meramente profano. Por supuesto que referidas al amor; pero de un carácter tan pueril casi siempre, tan infantil, tan edulcorado, y a veces hasta empalagoso, que más bien han contribuido casi todas ellas a desvanecer el maravilloso contenido del Sagrado Poema. El cual, si no es interpretado seria y concienzudamente, desterrada toda apariencia de cursilería, como referido a las relaciones de amor Esposo–Esposa en el sentido de amor divino–humano, ¿para qué otra cosa pudo haber sido inspirado y escrito este Libro Sagrado?

Pero el texto bíblico más importante acerca de este tema, y hasta el más clarificador, es seguramente el que narra el acontecimiento del Lavatorio de Pies, ocurrido en la noche de la Última Cena. Lavados los pies de los Apóstoles, y llegado el turno a Pedro, el que pronto habría de ser Cabeza del Colegio Apostólico se niega a que su Maestro se humille ante él de tal manera. Todavía está Pedro lejos de entender las verdaderas exigencias del Amor, y de ahí que Jesucristo le advierta gravemente: *Si no te lavo, no tendrás parte conmigo.*[49] Un ejemplo demasiado gráfico de que el discípulo no está sobre su maestro..., ni el maestro sobre el discípulo: *Le basta al discípulo ser como su maestro.* Como su Maestro que ama hasta el fin, por supuesto; y que, cuando media la imposibilidad de que el de abajo suba hasta la condición del que está arriba, las cosas se hacen sencillamente factibles haciendo que el situado arriba baje hasta la

---

[49] Jn 13:8.

inferior condición del que está abajo. En definitiva, porque *el Hijo del Hombre no ha venido a ser servido, sino a servir.*[50]

Claro que el hombre a quien San Pablo llamaría *carnal* —opuesto al conducido y animado por el Espíritu— no entendería ninguna de estas cosas; e incluso las consideraría una forma más de locura, según advierte también el mismo Apóstol. Que es, en último término, lo que sucede con nuestro mundo de hoy. Paganizado hasta su raíz, e incluso vuelto de espaldas a Dios y contra Dios, es incapaz de comprenderlas. Y de ahí que el sentido de la auténtica Realeza, incluso aunque llegara a ser bien entendido y correctamente interpretado por los hombres de hoy, les resultaría extrañamente ajeno, mientras que la Fiesta de Cristo Rey continuaría sin tener ningún significado para ellos.

Todo lo cual contribuye —¿quién puede dudarlo?— a alimentar la esperanza de los cristianos. A hacerles vivir más y más la nostalgia y la seguridad de que algún día se hará presente ese Mundo Mejor que tienen firmemente prometido. Porque es cierto que todo parece indicar que el Mundo no está dispuesto a volver a escuchar las enseñanzas del Galileo. Y hasta nosotros mismos, sus pequeños y débiles discípulos que luchamos, un día tras otro, por mantenernos en la fidelidad de un testimonio cada vez más difícil, nos sentimos a veces asaltados por la horrible tentación de que las cosas no van a cambiar. Sencillamente porque los hombres no lo desean en modo alguno.

Pero es entonces, y solamente entonces, cuando percibimos y sentimos con claridad la enorme belleza de la virtud teologal de la Esperanza. Hermana a su vez de la Fe y de la Caridad, es la que nos mantiene en pie sin caer en la lucha, y sin dar cabida tampoco al abatimiento. Pues es ella —la sublime virtud de la Esperanza—

---

[50] Mt 20:28.

la que nos enseña y nos conduce hasta la Perfecta Alegría, al tiempo que la convierte por adelantado en una realidad para nosotros. ¿Qué importaría, incluso aunque nos parezca —sería simplemente una ilusión, porque en definitiva, *si escucharon mi palabra, también escucharán la vuestra*— que los hombres se niegan a oírnos, que el Mundo nos desprecia y nos persigue..., si sabemos con certeza que, al final del camino, dejadas atrás todas las cosas, es Él quien nos espera?

Desde las altas cimas
de elevadas montañas y hondas simas
va el río descendiendo,
en rumorosos saltos repitiendo
la canción de sus aguas cristalinas
en paso más ligero entre colinas,
pues siente de la tierra la presura
de llegar con presteza a la llanura.
Mas, viendo que a su canto
nadie responde, entristecido tanto,
en curso más sinuoso,
más cansado, más triste y perezoso,
el mar sigue buscando.
Y mientras va bajando,
para que el trigo en primavera espigue,
sus aguas va dejando,
y el río sigue y sigue
a ver si unirse con el mar consigue.[51]

---

[51] *CFC*, 20.

A CADA UNO UN DENARIO
(PARÁBOLA DE LOS OBREROS ENVIADOS A LA VIÑA)

MEDITACIÓN

(Mt 20: 1–16)

El Reino de los Cielos es semejante a un propietario que salió muy de mañana a contratar jornaleros para su viña. Habiendo ajustado con los jornaleros en un denario al día, los envió a su viña. Salió también hacia la hora tercia y vio a otros que estaban en la plaza parados, y les dijo: "Id también vosotros a la viña y os daré lo que sea justo". Ellos fueron. Salió de nuevo hacia la hora sexta y a la nona, e hizo lo mismo. Salió cerca de la hora undécima y encontró a otros que estaban parados, y les dijo: "¿Por qué estáis ahí ociosos todo el día?" Le dijeron: "Porque nadie nos ha contratado". Él les dijo: "Id también vosotros a la viña". Después de atardecer, dijo el propietario de la viña a su administrador: "Llama a los jornaleros, y págales el jornal, empezando por los últimos hasta llegar a los primeros". Fueron los de la hora undécima y recibieron un denario cada uno. Llegaron los primeros y pensaron que cobrarían más, pero ellos también recibieron un denario cada uno. Al recibirlo, murmuraban contra el propietario, diciendo: "A estos últimos, que trabajaron una hora sola, los has equiparado a nosotros, que hemos soportado el peso del día y del calor". Pero él replicó a uno de ellos: "Amigo, no te hago injusticia alguna. ¿No te ajustaste conmigo en un denario? Toma lo tuyo y vete, pues yo quiero dar a este último lo mismo que a ti. ¿O es que no puedo hacer con lo mío lo que quiero? ¿O tu ojo es malo porque yo soy bueno?" Así, los últimos serán primeros, y los primeros, últimos.

Muchas de las situaciones y costumbres populares contenidas en las parábolas evangélicas han desaparecido ya. Debido a lo cual, los jóvenes de ahora no habéis conocido ninguna o casi ninguna de ellas. Mientras que yo, por el contrario, que soy viejo y cargo sobre mis espaldas el peso de muchos más años que vosotros, todavía he llegado a tiempo de vivir la experiencia de algunas de las que componen el pequeño resto que aún permanece. Por ejemplo, con las que aparecen en el pintoresco costumbrismo descrito en la parábola de los Obreros enviados a la Viña.

El espectáculo de los jornaleros, congregados desde el alba en la Plaza Mayor del pueblo esperando ser contratados,[1] era para mí una imagen rutinaria a la que estaba acostumbrado desde mi niñez. Ahora la vida ha cambiado demasiado y los pueblos se han hecho mucho más grandes; tomados al asalto por inmigrantes y gentes extrañas, repletos de edificios elevados, de avenidas y de plazas nuevas, son

---

[1] El mío era entonces un pueblo pequeño, tranquilo y recoleto, donde todos éramos parientes, amigos o conocidos, y en donde la vida transcurría en una paz feliz que ahora recuerdo con nostalgia.

ahora lugares en los que ya casi nadie se conoce y en donde vagan, como sombras fugaces, memorias y recuerdos de un pasado mejor que nunca volverá. Es por eso por lo que, cuando leo y releo esta parábola, no puedo evitar sentimientos de una agridulce añoranza que, por otra parte, me ayudan sin embargo a utilizar mejor la famosa *composición de lugar* de la que hablaba San Ignacio de Loyola en sus meditaciones. Allí siguen estando en la parábola, sin que el tiempo haya sido capaz de acabar con ellos y tal como los recuerdo desde mi niñez, los jornaleros congregados en la plaza; esperando impacientes y ansiosos la posibilidad de ser contratados para un trabajo que les proporcionará, por lo menos, la comida del día.

Lo bueno del caso es que, desde mis tiempos jóvenes, siempre que volvía a leer esta intrigante parábola, me parecía que los obreros quejosos tenían razón. Al fin y al cabo habían trabajado todo el día; mientras que los otros, llegados hacia el final de la jornada y habiendo bregado menos por lo tanto, obtenían la misma remuneración. Y desde luego es forzoso reconocer que, al menos de primera intención, eso es lo primero que viene a la mente de cualquiera que se asome a esta situación. Tal parece como si la Justicia apareciera de pronto por aquí reclamando con energía, y hasta con gritos, sus derechos pisoteados. Ante lo cual todos nosotros, los humanos, reaccionamos como todo el mundo sabe: fácilmente dispuestos a ponernos a favor de las reivindicaciones justas (al menos a primera vista) de los demás..., siempre y cuando, sobre todo, no afecten negativamente a nuestros propios intereses. Por aquellos tiempos de mi juventud, que en esto sin embargo son iguales a los de ahora, la letanía había sido tan machaconamente repetida como para haber quedado grabada en las mentes de todos: justicia social, reivindicaciones salariales, derechos del trabajador, intolerancia ante los abusos empresariales, etc., etc. En donde entra todo lo que, según el mundo, no se puede permitir. Ya se entiende que los jornaleros de la primera hora no habrían necesitado acudir al Sindicato; y ni siquiera utilizar el recurso de convocar movilizaciones con pancartas, a fin de que les fueran reconocidos sus derechos. Hasta nosotros mismos nos habríamos puesto de su parte.

Lo cual demuestra, una vez más, que la raza humana no es demasiado proclive a profundizar en los problemas. Y sin embargo, raro sería que llegásemos a encontrar alguno —si es que existe— que no necesite ser considerado seria y despaciosamente. Como sucede precisamente en el caso que ahora contemplamos: el que plantea la parábola de los Obreros enviados a trabajar a la Viña.

Puesto que es evidente que el sentido global de la parábola, con su enseñanza final, no tiene nada que ver con las reivindicaciones de los sindicalismos de izquierdas (en España al menos no se conocen otros), habrá que averiguar por otro lado la verdadera intención didáctica que se propuso Jesucristo con este apólogo. A lo que podemos decir, ya de entrada, que la tarea no parece presentarse como demasiado sencilla.

Lo cual plantea un problema previo. Puesto que se supone que las parábolas son breves narraciones a modo de ejemplo, cuyo fin no es otro que el de facilitar la comprensión de la doctrina que se expone,[2] ¿cómo se explica que su intelección, como ocurre en este caso, no sea demasiado fácil, y que incluso se convierta en ocasión de planteamientos profundos? Más todavía: ¿Cómo se entiende que

---

[2] Todos los que escuchan son conscientes de que la parábola no pretende atribuir realidad histórica al suceso narrado. Coincide con la fábula en cuanto que pretende desembocar en una moraleja o enseñanza práctica; aunque se diferencia de ella en que se aparta de la fantasía para sumergirse en el mundo real. Si bien el propósito de ambos géneros es el didactismo, su diversidad es patente: mientras que la fábula utiliza como marco el mundo de lo imaginario y de la ficción, la parábola en cambio elabora su enseñanza a través del *realismo* sencillo de la vida diaria en el que la gente se desenvuelve.

en algunas ocasiones puedan ser empleadas —al menos así parece— con el fin de no entregar abiertamente a todos el sentido de la verdad completa?[3]

Es evidente que algunas parábolas contienen un significado que, aunque profundo, es de clara y sencilla intelección; como la del Hijo Pródigo, por ejemplo. Mientras que otras, por el contrario, se presentan como inquietantes, aparentemente enigmáticas, o poco fáciles de entender al menos;[4] como ésta misma, de la que estamos hablando, o la del Administrador Infiel (Lc 16: 1–8).

¿Por qué les hablas en parábolas? Y no sería justo pretender que la pregunta es ociosa. Si se admite que la función que desempeña el ejemplo en el lenguaje es la de facilitar la comprensión del discurso, ¿por qué utilizar un lenguaje oscuro o difícil?

A lo que habría que decir, antes de seguir adelante, tanto con respecto al lenguaje de las parábolas como al de la Sagrada Escritura en general, que la Palabra de Dios, dirigida a todos los hombres para su salvación, no puede estar formulada en forma jeroglífica; lo que la convertiría en incomprensible para muchos. Bien es verdad que San Pedro advierte sobre la dificultad de algunos puntos en los escritos de San Pablo; aunque añadiendo a renglón seguido que la clave del problema debe situarse más bien —según el Príncipe de los Apóstoles—, no en una supuesta imposibilidad de comprensión, sino en el hecho de que muchos ignorantes e inconscientes *tergiversan* las Escrituras para su perdición (2 Pe 3:16).

---

[3] Con respecto a este tema, existe un texto cuyo sentido puede parecer ambiguo: *Acercándose los discípulos le dijeron: "¿Por qué les hablas en parábolas?" Él les respondió: "Porque a vosotros se os ha dado el conocer los misterios del reino de los cielos; pero a ellos no se les ha dado"* (Mt 13: 10–11).

[4] Los mismos discípulos rogaban a veces al Maestro que les explicara el sentido de ciertas parábolas: *Tras despedir a la muchedumbre se fue a la casa. Y se le acercaron los discípulos diciendo: "Explícanos la parábola de la cizaña en el campo"* (Mt 13:36).

En realidad la clave del lenguaje, del sentido de las parábolas, y de la oportunidad de su utilización, la proporciona el mismo Señor ayudándose para ello de un texto de Isaías. Bastaría leer con atención para hacerse cargo de la situación y de lo que pretende el Maestro: *Les hablo en parábolas porque viendo no ven; y oyendo, no oyen ni entienden. Y se cumple en ellos la profecía de Isaías, que dice: "Escucharéis y no entenderéis; miraréis y no veréis. Porque el corazón de este pueblo se ha embotado, y han escuchado a duras penas; y han cerrado sus ojos, no sea que vean con ellos, y oigan con los oídos, y entiendan con el corazón y se conviertan, y yo los sane"*.[5] De donde se desprende que, según el Señor, si Él les habla de ese modo *es precisamente porque ellos han cerrado voluntariamente su corazón y han hecho su opción por la mentira*. De manera que la oscuridad no reside en sus palabras —que cualquiera de buena voluntad podría fácilmente comprender—, sino en el corazón de los oyentes que han adoptado una actitud de hostilidad hacia ellas. No obstante lo cual Él les habla, como una forma de testimonio contra ellos (alegato acusatorio): *Si Yo no hubiera venido, ni les hubiera hablado, no tendrían pecado; pero ahora no tienen excusa de su pecado.*[6] En definitiva, creo que podemos dar por bueno el siguiente resumen, valedero tal vez como explicación inicial del objeto de las parábolas: Sucede que era preciso que cayera del cielo una lluvia copiosa, como abundoso torrente de claridad y de luz, sobre aquéllos que hicieron su opción por la oscuridad a causa de que amaron la mentira más que la verdad; y ello, a fin de que se hiciera más patente de esa manera la maldad de su corazón: *La luz luce en las tinieblas; pero las tinieblas no la acogieron...*[7] Quien obra mal abo-

---

[5] Mt 13: 13–15.
[6] Jn 15:22.
[7] Jn 1:5.

A Cada Uno un Denario

rrece la luz, y no viene a la luz para que no se reprueben sus obras; pero quien obra la verdad, viene a la luz...[8] El Sol puede abundar en rayos encendidos de calor y de luz; pero si se cierran los postigos de la ventana, ningún destello luminoso penetrará en la habitación.

Ahora ya podemos iniciar una primera aproximación, con emoción y temblor, al contenido de nuestra parábola de hoy. Con curiosidad e ilusión repletas de emoción, en efecto, por cuanto las parábolas son como perlas esparcidas por el Evangelio, bien capaces de causar nuestra dicha cuando se repara en ellas. Por ejemplo, casi todas comienzan con una extraña, encantadora, y sublime referencia que suele pasar desapercibida: *El Reino de los Cielos es semejante a...* La cual nos hace pensar que el contenido de la parábola contiene algo que se asemeja, de alguna manera, al Reino de los Cielos; y que es suficiente, por sí solo, para proporcionar de entrada a la parábola un tono de embriagadora y fascinante seducción. Sin duda que algo propio del Cielo está encerrado, más o menos oculto, en su contenido. Incluso parábolas como la del Amigo Inoportuno,[9] o la del Juez Injusto,[10] basadas en sucesos normales de la vida ordinaria pero un tanto difíciles de explicar, contienen enseñanzas de sublime belleza y de significado profundo. Ambas parábolas, por ejemplo, una vez leídas atentamente y más allá de su aparente cobertura un tanto áspera, fácilmente manifiestan su clara referencia a la oración, a saber: al inefable diálogo amoroso entre Dios y el hombre.

Comienza nuestra parábola de hoy diciendo que *el Reino de los Cielos es semejante a un propietario*[11]*que salió muy de mañana a*

---

[8] Jn 3: 20–21.

[9] Lc 11: 5–13.

[10] Lc 18: 1–8.

[11] El término clásico, ya anticuado, era el de *Padre de familias*, que es una mala trascripción del *paterfamilias* del Derecho Romano (figura jurídica ya desaparecida y por eso mismo difícil de trasladar al lenguaje moderno).

contratar jornaleros para su viña. Y lo primero que llama nuestra atención es el contraste que aparece con respecto a la parábola de los Invitados a las Bodas.[12] En esta última son enviados emisarios para convocar a los invitados; mientras que en la que estamos comentando, por el contrario, es el mismo propietario quien sale personalmente para contratar a los jornaleros. Primer punto a considerar, por lo tanto.

La razón de la conducta del propietario en este caso no parece difícil de explicar, si bien es necesario acudir a capas de profundidad más hondas de lo que puede parecer a primera vista. La parábola de las Bodas tiene como objeto proclamar la convocatoria universal para que todos acudan a las Nupcias del Cordero; lo que equivale al llamamiento *general* a la santidad. Mientras que la de los Obreros enviados a la Viña, en cambio, se refiere a una invitación mucho más peculiar y particular; cual es la llamada a los especialmente elegidos, a saber: a aquéllos que han de seguir al Cordero más de cerca (Ap 14: 1–4). Ésta nuestra parábola de hoy se encara, en realidad, con la situación de aquéllos que han sido destinados a convertirse en *otros Cristos* y, por extensión, a los que siempre han sido designados como *almas consagradas*. Dicho también de otro modo, a quienes busca el propietario o Padre de familias aquí es precisamente a *los suyos*, que son los que van a encargarse del laboreo de su viña para procurar buenos pastos al resto de las ovejas. Hablando en general, la parábola encierra en su significado a todo el conjunto de hombres y mujeres que no han tenido reparo, por amor, en hacer de su vida una *completa donación* para Jesucristo. El grupo de elegidos precisamente del que San Pablo no hubiera sentido rubor en proclamar hoy lo que ya dijo en su conocido texto: *Quiero que estéis libres de preocupaciones. El no casado se preocupa de las cosas del Señor, de cómo agradarle. Mientras que el casado se preocupa de las cosas del*

---

[12]Mt 22: 1–14; Lc 14: 16–24.

mundo, de cómo agradar a su mujer; y está dividido... Esto lo digo para vuestro provecho; no para tenderos un lazo, sino con vistas a lo más perfecto y a lo que une al Señor sin distracción.[13] Por supuesto que algunos estarán dispuestos a decir que no estamos aquí ante la inflexible rigidez de la Palabra Revelada; sino que, puesto que el texto fue escrito en otros tiempos, y ante diversas circunstancias, las enseñanzas del Apóstol no tienen ahora aplicación. Sin embargo, nosotros seguimos manteniendo, de una parte, que las verdades reveladas no pasan jamás (Mc 13:31); y que el sentido de la parábola es bien claro y contundente, de otra: puesto que a quienes busca en este caso el propietario —Él personalmente— es a los que han de encargarse del cuidado de su viña.

Es evidente que el Buen Pastor ama a todas sus ovejas; llama a cada una de ellas por su nombre, y por todas ellas entrega su vida. Pero es obvio también, se quiera o no se quiera reconocer, que es precisamente a *los suyos* a quienes profesa una dilección especial; y a la que San Juan no duda en calificar como de *amor hasta el fin* (Jn 13:1).[14] Y también es cierto consecuentemente que, dando todo esto por establecido, nos colocamos en los antípodas del lugar que ocupa la doctrina llamada de la *promoción del laicado*. Es imposible dejar de admitir que, tanto para la Escritura como para la Tradición unánime de veinte siglos, la vida consagrada es más perfecta, en el sentido de vivencia cristiana, que la vida meramente laical.[15] La doctrina paulina acerca de este tema (1 Cor 7) es rotunda y clara,

---

[13] 1 Cor 7: 32–35.

[14] La denominación de *los suyos*, referida a algunas de sus ovejas, es del mismo Evangelista, en el texto que acabo de citar. Aunque la expresión podría extenderse, en sentido amplio, a todos los integrantes del Cuerpo Místico, es indudable, si es que se pretende hacer una exégesis seria y se tiene en cuenta el contexto, que se refiere en sentido estricto a los especialmente elegidos.

[15] La vida consagrada fue considerada siempre dentro del marco de los que en todo momento fueron denominados *estados de perfección*, según una terminología que habla por sí sola.

por más que ahora se hagan esfuerzos por ignorarla. La verdad es que la *promoción de los seglares* ha desarraigado, quizá sin proponérselo, el sentimiento que el Pueblo cristiano poseía sobre cosas tales como la virginidad, la vida religiosa, los estados de perfección, el sacerdocio y, en general, todo lo que supone la entrega a Dios por entero dentro del marco de la Espiritualidad cristiana.[16]

San Josemaría Escrivá, fundador de la Prelatura Personal *Opus Dei*, tuvo en su tiempo el atrevimiento de escribir que *el matrimonio es para la clase de tropa, y no para el estado mayor de Cristo*.[17] Lo cual es absolutamente cierto, y por eso mismo merecedor de ser mantenido. Aunque es bien posible que la expresión, al fin y al cabo fruto de su época, no fuese muy afortunada ni goce del aprecio de los oídos modernos; y de ahí que haya motivado el disgusto de muchos, incluidos algunos de sus propios hijos espirituales, que hasta han tratado de disimularla. Pero la verdad es siempre la verdad, y no

---

[16]Soy consciente de que se me acusará de exageración, en el mejor de los casos. Sin embargo nadie puede negar que la llamada *promoción de los seglares* ha constituido un fenómeno peculiar, cuyos resultados no siempre han sido satisfactorios. De hecho, si bien todo el mundo habla de la famosa promoción, apenas si alguien intenta explicar con seriedad en lo que consiste. ¿Se trata quizá de avanzar algunos pasos *(pro–motion)* por parte de los seglares? En cuyo caso, ¿en qué se traduce exactamente ese movimiento hacia delante? ¿Se refiere, como piensan muchos, a un cierto progreso o subida de categoría —subir, pero ¿adónde?— el cual se concreta, a su vez, en una participación en la función jerárquica de la Iglesia? Habrá que ser cuidadosos en este punto; por cuanto las tareas de culto realizadas ahora por los seglares pueden contribuir a sacristanizarlos. Lo cual no puede ser considerado como el carisma propio de los laicos. Por otra parte, está demostrado que cuando sucede que, ante dos cosas de carácter opuesto, de las cuales se quiere promover una más especialmente, se utiliza para ello el método de minusvalorar la otra, *lo único que se logra es rebajar el concepto y la valoración de ambas, cuando no destruirlas* (algo así como la teoría socialista de la equiparación social: bajar a los que están arriba en vez de subir a los que están abajo, a fin de quedar de esta forma todos al mismo nivel; el del suelo, como es lógico).

[17]Escrivá de Balaguer, *Camino*, 28.

deja de serlo por más que se encuentre expresada de tal forma que en este momento, o para algunos, suene mal.[18]

Sin embargo aún no hemos llegado a la razón última capaz de explicar, con definitiva claridad, lo que se dice al comienzo de la parábola. Y me refiero al hecho de que es el mismo propietario de la finca quien *personalmente* se encarga de contratar a los posibles jornaleros.[19]

Pues tratándose aquí de una cuestión de amor, *y aun del más fino y delicado de todos los negocios del amor*, es sin duda alguna un asunto que ha de ser tratado de forma personal, única y exclusivamente, a saber: de enamorado a enamorado, de Amante a la Persona Amada; en donde una vez más aparece el recíproco *tú* y *yo*, que es el que siempre constituye el entramado de la relación amorosa.[20] Pues

---

[18]Lo cual no tendría que ser así, si acaso la afirmación, como sucede en este caso, se ajusta a la más estricta realidad. El fondo del problema estriba, sin embargo, en que los actuales progresistas no están dispuestos a reconocer la superioridad de la virginidad sobre el matrimonio. A lo que hay que añadir el hecho de que muchos puritanos, demasiado atentos a los vientos de la época, padecen de lo que se suele llamar el *scandalum pusillorum*. Ni menos aún hay que olvidar a los que prestan más oídos a lo que suena bien o mal que a las propias realidades. Desde luego es frecuente que la mentira *suene* mejor que la verdad; lo que no es de extrañar cuando se piensa que la mentira, para poder subsistir, necesita cargarse de adornos y de abalorios, como sierva que es de las apariencias y aun de la misma verdad. No es casual que adjetivos como *desnudo*, o *escueto*, queden reservados en cambio para la verdad: verdad escueta, o verdad desnuda, según suele decirse. Y todo ello debido a que el pensamiento moderno ha hecho su opción por la apariencia más bien que por el ser, convencido como está de que la realidad (o el ser, o el ente) no tiene más existencia que la que le proporciona la mente del hombre. Pues el mundo de hoy es, en efecto, el mundo del idealismo; en el que, después de que ha sido suprimida como inútil la noción de Dios, ha quedado también evaporada la del ser.

[19]En contraste, conviene no olvidarlo, con la narración de la parábola de las Bodas, en donde son enviados emisarios para llamar a los invitados.

[20]Entre los muchos textos que podrían citarse, es muy expresivo el de San Juan: *Manete in me, et ego in vobis* (Jn 15:4), donde se subraya de nuevo la reciprocidad en la relación de amor. Cf Jn 6: 56–57; 14:20; Ap 3:20.

no se trata aquí de cualquier amor, sino de la llamada o invitación —*vocación*— que el más amoroso de los Amantes dirige a una particular creatura para un recíproco y mutuo enamoramiento de total perfección: *Si quieres ser perfecto ve y vende cuanto tienes y dalo a los pobres; y tendrás un tesoro en los cielos. Luego ven y sígueme.*[21] Y siendo el Amor lo más personal que existe en el Universo, y tratándose aquí de su expresión la más sutil y delicada que puede darse o imaginarse, no cabe en modo alguno la intervención o participación de terceros. La tercería queda reservada para las relaciones meramente humanas y profanas a las que el mundo, sin que nadie haya explicado todavía la razón, sigue llamando amorosas. No sucede así en el verdadero amor, en el que se busca la intimidad con el otro; el diálogo que transcurre en soledad, y en el olvido de los Amantes con respecto a todo lo demás:

> *¡Ay quién podrá sanarme!*
> *Acaba de entregarte ya de vero;*
> *no quieras enviarme*
> *de hoy ya más mensajero,*
> *que no saben decirme lo que quiero.*[22]
>
> ....
>
> *En soledad vivía,*
> *y en soledad ha puesto ya su nido,*
> *y en soledad la guía*
> *a solas su querido*
> *también en soledad de amor herido.*[23]

---

[21] Mt 19:21. Como se ve, el Maestro está hablando aquí de la perfección.
[22] San Juan de la Cruz, *Cántico Espiritual*, 6.
[23] *Ibid.*, 34.

A Cada Uno un Denario

Lo mismo se desprende del *Cantar de los Cantares*. Para el Esposo y la Esposa cada uno de ellos es único, de tal manera que no tiene cabida aquí la idea de un amor de tipo colectivo. El amor —el perfecto y verdadero amor—, mejor que en la línea del yo–vosotros, discurre en la del yo–tú.[24]

> *Como lirio entre los cardos*
> *es mi amada entre las doncellas.*[25]
>
> ....
>
> *Pero es única mi paloma, mi perfecta;*
> *es la única hija de su madre,*
> *la predilecta de quien la engendró.*[26]

Dice el Esposo, hablando de la Esposa. Y la Esposa piensa lo mismo con respecto al Esposo, el cual es para ella único entre todos:

> *Como manzano entre los árboles silvestres*
> *es mi amado entre los mancebos.*[27]

La llamada al seguimiento total es la convocación al amor perfecto y total, y supone la mayor donación de amor que Dios es capaz

---

[24] El amor a los demás no queda excluido. Sucede, sin embargo, que aquí se está hablando del amor perfecto, el cual se resuelve siempre en la relación interpersonal del *yo* al *tú*. En realidad sucede algo semejante, de una forma o de otra aunque en otro plano, en el amor a las colectividades (a los prójimos, a los enemigos, etc.); puesto que siempre acaba concretándose en el amor a cada una de las personas que las integran. El Buen Pastor es el Gran Pastor de todas las ovejas (Heb 13:20); aunque luego las conoce personalmente y *llama a cada una por su nombre* (Jn 10:3).

[25] Ca 2:2.

[26] Ca 6:9.

[27] Ca 2:3.

de regalar a un ser humano. De ahí que la convocatoria tenga un carácter peculiar e íntimo, como que está dirigida a una especial y particular persona, a la que Dios llama por su nombre; pero con un silbo amoroso que sólo el aludido es capaz de oír y entender: *Ego vocavi te nomine tuo...*[28] *Y yo le daré una piedrecita brillante; y escrito sobre ella un nombre nuevo, que nadie conoce sino el que lo recibe.*[29] Lo que tiene una singular aplicación en la vocación sacerdotal, donde ya no se trata de una mera fusión de corazones, sino de una cuasi identificación personal.[30]

El problema ahora radica en que, a medida que el mundo ha prescindido de Dios y la sociedad se ha hecho más profana, al aumento constante de la maldad ha correspondido una consiguiente disminución de la caridad. Fue el mismo Señor quien señaló expresamente esa relación proporcional (Mt 24:12). Sucede, sin embargo, que, al enfriarse la caridad, se desvanece la idea del amor perfecto; y con ella

---

[28] Is 45:4.

[29] Ap 2:17.

[30] Cf Jn 20:21; Lc 10:16. He ahí la razón del fracaso de tantas campañas vocacionales, que no producen resultado alguno. La vocación sacerdotal auténtica se configura *necesaria y exclusivamente* a través del enamoramiento de Jesucristo por parte del convocado. De donde no se trata en modo alguno de entusiasmar a los jóvenes con el sacerdocio (menos aún si se pretende tal cosa mediante programas de escaso o nulo contenido sobrenatural), sino de conseguir que se enamoren de Jesucristo. Lo que a su vez es imposible de alcanzar sin utilizar medios sobrenaturales, de los cuales es la oración el primero y principal (Lc 10:2). La gracia de la vocación sacerdotal —la gracia de las gracias— comienza con un mutuo enamoramiento, se desarrolla y crece mediante un amor cada día más perfecto y maduro, y se consuma en la apoteosis amorosa de dos amantes que, al tiempo que conservan su carácter personal y propio, se identifican sin embargo, como si fueran un solo ser, de forma total y para toda la eternidad: *Vivo, pero no yo, sino que es Cristo quien vive en mí* (Ga 2:20). Tal como lo prometió el Maestro: *Cuando Yo me vaya, y os haya preparado un lugar, vendré de nuevo y os llevaré conmigo; para que donde Yo estoy, estéis también vosotros* (Jn 14:3).

la posibilidad del mutuo enamoramiento entre personas. Por lo que, una vez desaparecido del horizonte el sentimiento del *amor tierno y emocionado a la Persona de Jesucristo* —lo que ordinariamente se conoce como estar enamorado—, la vocación sacerdotal ha perdido la brújula que la orientaba. El objetivo ilusionado del amor loco por Jesucristo queda sustituido por *programas* cuyo contenido y orientación no suelen ser sobrenaturales. Así es como se ha dado lugar a que el Evangelio, hasta ahora considerado como una Proclamación del Amor de Dios hacia el hombre (con sus peculiares y personales llamadas al seguimiento del Maestro mediante la entrega total), haya sido relegado al desván de las cosas inservibles para ser sustituido por Programas de Reformas sociales. Con un claro resultado que puede considerarse como alarmante y estremecedor: deserciones en masa en la vida consagrada, escasez de vocaciones, crisis de identidad en el sacerdocio..., y un Pueblo cristiano desorientado y hambriento de verdaderos Pastores a los que busca ansiosamente, aunque sin encontrarlos por ninguna parte.

La crisis de Pastores en el Pueblo cristiano actual es una cruel y preocupante realidad.[31] Aunque si se admite, como en efecto es así según la doctrina de siempre, que la vocación o llamada depende primordialmente de Dios (Heb 5:4), ¿cómo es posible que se haya llegado a esta situación? Y la explicación en este caso no es difícil, si se tiene en cuenta sobre todo que primordialmente no quiere decir exclusivamente. La vocación o llamada, por la que alguien es invitado a convertirse en *otro Cristo*, es un fino y delicado acto de amor, según lo que ya hemos dicho antes. Y el acto de amor, como es sabido, siempre es cosa de dos: uno que propone su amor y otro

---

[31] Por lo que hace a la carencia de Pastores, es algo que no pueden negar las propagandas triunfalistas, tan habilidosas por lo demás en disimular y disfrazar los hechos. ¿A qué obedece, si no, el establecimiento del diaconado permanente?

que responde con su aceptación; o uno que sale de sí mismo hacia el otro y que es correspondido a su vez de la misma manera. Pero siempre es un acto bilateral, recíproco y mutuo, hasta el punto de que no puede existir de otra manera. Sin dos que mutuamente se llamen y respondan, y que a la vez se correspondan, no hay amor. Del Espíritu Santo, a Quien en la Trinidad se le atribuye el Amor, se dice en el Credo *qui ex Patre Filioque procedit*. La parábola de los Obreros enviados a la Viña, como no podía ser menos, contempla el hecho y proporciona una respuesta adecuada.[32]

La preocupación del propietario o Padre de familias por atender al laboreo de su viña es evidente. La parábola comienza aludiendo a la inquietud que le mueve a salir diligentemente, *muy de mañana*, para contratar jornaleros. Y después sigue hablando de otras diversas salidas, a horas distintas y llevadas a cabo con el mismo objeto.

Circunstancias que han sido entendidas a menudo, por los autores de Espiritualidad, como los diversos momentos de su vida en los que el hombre puede ser objeto de la llamada o vocación por parte de Dios. Interpretación piadosa que no habría inconveniente alguno en aceptar.

Sin embargo, si se atiende a una exégesis más seria y fundada, lo que aparece en el texto con claridad parece apuntar más bien al cuidado divino por las vocaciones a la vida consagrada. Queda bien patente que Dios interviene, con la diligencia y los medios necesarios, a fin de proveer de Obreros que trabajen su viña; o de Pastores que conduzcan al resto de las ovejas, si se quiere expresar así. Sale a las diversas horas del día, incluyendo aquéllas que son ya casi inmediatas

---

[32]La parábola, considerada directamente, es sobre todo una clara exposición del cuidado y preocupación de Dios con respecto al problema; aunque en la parte que a Él le corresponde. Un texto fundamental complementario, que atiende a su solución, es el de Mt 9: 37–38 (Cf el paralelo Lc 10:2).

A Cada Uno un Denario 181

al fin de la jornada, habla y ajusta con los jornaleros, interpela a los que están ociosos a fin de que también acudan al trabajo, etc. Nadie podría decir que Dios no ha cumplido con la parte que le corresponde de la tarea.

No obstante lo cual, como ya hemos dicho antes, Dios obra de tal manera que, en todos los negocios que emprende con el hombre y en los que anda de por medio el amor,[33] espera la colaboración de su creatura. Como no podía ser de otra manera. Pues siendo el amor una relación bilateral y recíproca —un *producto* de dos— no se puede cumplimentar *sin el uno y el otro*, conjuntamente y a la vez. Por otra parte, habiendo sido originado también —amor mutuamente ofrecido y recíprocamente aceptado— como acto de dos voluntades enteramente carentes de cualquier sombra de coacción, no puede existir, por lo tanto, sin el mutuo asentimiento y libérrima actuación de los dos opuestos que se aman: *Ubi autem Spiritus Domini, ibi libertas.*[34] Dicho con otras palabras y en resumen, por lo que se refiere a las vocaciones a la vida de seguimiento total o de perfección evangélica: si bien no falta nunca en ellas la indispensable gracia y colaboración de lo Alto, en cuanto a la también necesaria colaboración humana no siempre se cuenta con ella. La realidad preocupante, reconocida expresamente por el mismo Señor, es que de hecho falta a menudo; y de ahí la angustiosa escasez de obreros para trabajar la Viña (Mt 9:37).

---

[33] Todas las acciones que Dios lleva a cabo, por el hombre y para el hombre, no son otra cosa que un puro y exclusivo negocio de amor.

[34] 2 Cor 3:17.

Con respecto a este problema, que es actualmente uno de los más graves con los que se enfrenta la Iglesia,[35] el convencimiento de la necesidad de una reforma de los *Seminarios Tridentinos* existía desde mucho antes del Concilio Vaticano II.[36] Muy doloroso resulta decir, sin embargo, que no se vislumbran en modo alguno por ahora esperanzas de la tan ansiada y necesaria reforma. Inmersa la Iglesia

---

[35] Aunque los partidarios de falsos triunfalismos no están dispuestos a reconocerlo así. Empeñados en difundir dentro de la Iglesia ideas progresistas bastante afines al Modernismo, se esfuerzan en presentar lo que es una evidente catástrofe como si fuera un venturoso fenómeno bajado del Cielo.

[36] El tema está tratado con mayor extensión en mi opúsculo: *Sociedad de Jesucristo Sacerdote, Notas y Espiritualidad*, Shoreless Lake Press, New Jersey (USA), 2012. Existía una considerable deficiencia, tanto en la formación humana como en la intelectual de los futuros sacerdotes; a lo que hay que añadir también el grave desenfoque de la espiritualidad que se les impartía. Con respecto a lo primero, los formadores no concedían demasiada importancia al cultivo de las cualidades humanas en los estudiantes, ni tampoco prestaban mucha atención a las ciencias profanas; con el resultado de una extraordinaria pobreza en este punto. En cuanto a lo que se refiere a la parte de preparación para la Teología, la escasa Filosofía que se enseñaba giraba sobre todo del lado de Scoto y de Suárez, y daba prácticamente de lado al tomismo; aunque parezca increíble, por ejemplo, yo personalmente tuve que descubrir a Santo Tomás siendo ya sacerdote, después de haber superado la etapa del Seminario.

Aunque más gravemente todavía se planteaba el problema de la espiritualidad. Enfocada exclusivamente a la vida religiosa, se echaba de menos con urgencia una auténtica espiritualidad secular, cual es la que hubiera correspondido a sacerdotes seculares que iban a vivir en medio del mundo. Justo es decir que aunque intensa (yo diría más bien piadosa), ortodoxa, y animada por auténtica Fe, toda ella giraba sin embargo en torno a los métodos, modos de oración, costumbres, y hasta vocabulario, propios de los religiosos.

Con todo, y a pesar de todos los problemas, lo que pudo sobrevivir de los Seminarios después del estrago que padecieron a partir de los tiempos posteriores al Concilio, fue bastante peor de lo que había existido hasta ese momento. La esperada reforma no se tradujo en un avanzar de pasos hacia delante, sino en una veloz carrera hacia atrás.

A Cada Uno un Denario

en una grave crisis de fe y de disciplina como para haberla conducido a una peligrosa anarquía; imbuida de criterios mundanos; influenciada por las filosofías marxistas y las teologías protestantes; tocada de Modernismo en muchos de sus teólogos y Jerarcas, y comprometida en una empresa de dudoso Ecumenismo..., la Barca de Pedro no parece ser consciente del problema. Buena prueba de lo cual es el hecho de que, puesto que no se habla del tema, todo parece indicar que tampoco siquiera se piensa en ello. Es muy de temer que transcurra el siglo XXI sin que se haya abordado seriamente el problema, con el peligro de que, para entonces, ya no sea necesaria ninguna solución.

Pero volvamos al contenido central de nuestra parábola. Acabada una primera lectura, siquiera sea de modo superficial y sin excesivo detenimiento, es imposible sustraerse a la idea de que se está cometiendo en ella una posible injusticia; o de que apunta al menos hacia una cierta falta de lógica. Los obreros que en ella aparecen trabajaron, según la narración, en grados muy distintos de dedicación e intensidad, para acabar recibiendo todos al final exactamente el mismo salario. Pero teniendo en cuenta que las parábolas —como siempre sucede con la Palabra de Dios— han sido pronunciadas y escritas para nuestra enseñanza, ¿en qué consiste exactamente la lección que Nuestro Señor pretende que aprendamos de ella?[37]

No es difícil comprender el hecho de que se hayan dado multitud de interpretaciones acerca del significado de la parábola. Lo

---

[37]Todo parece indicar que, al menos en algunas de las parábolas, el Señor buscó intencionadamente un significado ambiguo; o al menos un tanto oscuro, si es que se quiere calificar de esta manera a lo que no es sino simplemente profundo. Admitido esto, habría que concluir que lo que el Maestro pretende con ello es poner a nuestra disposición un rico venero de enseñanzas; las cuales, sin embargo, por la riqueza y profundidad de su contenido, no se prestan a ser formuladas mediante una enunciación y un significado meramente simplistas.

cual parece indicar que, o bien ninguna de ellas acaba de satisfacer plenamente; o tal vez que el contenido de la narración se presta a diversas capas de profundidad, en cuanto a la explicación de lo que en ella se dice. Y hasta es posible que la prudencia aconseje tomar en consideración ambas posibilidades. De todas las que conozco, confieso que me produjo grata impresión la original interpretación de Bruce Marshall, contenida en una de sus novelas (la cual ha venido siendo traducida comúnmente al español con el título de *A Cada Uno un Denario*).[38]

Según esta interpretación, la queja de los obreros llegados a primera hora, constreñidos por lo tanto a soportar la mayor parte del trabajo, no estaba justificada. Un punto en el que todo el mundo está de acuerdo, como no podía ser de otra manera, puesto que el mismo tono general de la parábola reprueba la actitud de tales jornaleros. El problema está en dilucidar la razón exacta capaz de descalificar tales quejas. ¿Puede afirmarse con seguridad que carecían absolutamente de fundamento? En realidad, puesto que los obreros recibieron su salario en la cantidad exacta que había sido ajustada, no cabe en este punto controversia alguna. Así como tampoco puede discutirse el derecho del propietario a disponer libremente de su propio dinero, y más aún si no se perjudican los intereses de terceros.

Sin embargo, si se consideran las exigencias de la justicia desde un punto de vista más amplio y flexible, parece que, puesto que habían trabajado mucho más, tal vez hubieran podido esperar una actitud más generosa y comprensiva por parte del propietario; si no por justicia, al menos por equidad.[39] De todos modos, y pese a

---

[38] Bruce Marshall, *To Every Man a Penny*. Existen múltiples traducciones y ediciones en español.

[39] Los juristas romanos pensaban que la aplicación estricta de la Justicia podía degenerar en crueldad en algunos casos. En el Derecho Romano era conocido el principio de *summum jus, summa injuria*.

A Cada Uno un Denario

cualquier cosa que se pueda decir, debe mantenerse como infundada la protesta de los obreros de la primera hora, como así lo establece el tono general de la parábola. *Pero no por las razones en las que ordinariamente se piensa.*

Según la original teoría de Bruce Marshall, los obreros del primer turno se quejaron indebida e imprudentemente *porque, en realidad y frente a los demás, ellos habían recibido lo mejor*, a saber: el privilegio de haber llevado sobre sí el peso de la carga mayor, de haber realizado el esfuerzo más difícil, de haber sido considerados como los últimos en este sentido..., y en definitiva, desde el punto de vista cristiano, de haber compartido más que los demás los sufrimientos, las cargas, y la Cruz del Señor. Y desde luego, lo que no puede ponerse en duda es que la parábola *debe ser considerada desde una perspectiva cristiana.*

Con lo cual hemos llegado al punto álgido, no ya de la parábola, sino incluso de la existencia cristiana y hasta de la vida misma del hombre. Y me refiero al valor supremo del sufrimiento y aun de las llamadas virtudes pasivas, contemplado todo ello desde la perspectiva de la Cruz. De este modo adquiere sentido el misterioso versículo que cierra la parábola y que no siempre es bien entendido: *Así los últimos serán los primeros; y los primeros, los últimos.*[40]

De este modo la parábola, casi sin darnos cuenta, nos ha conducido al mismo centro de la existencia cristiana. A aquello para lo

---

[40]Si se considera con atención, el versículo parece admitir diversas lecturas. Los que llegaron los últimos, por ejemplo, serán los más agraciados; mientras que los de la primera hora, por su torpeza, serán relegados al último lugar. O bien el versículo puede ser leído también: aquéllos que, según criterios puramente mundanos o profanos son considerados en último lugar, serán los primeros para Dios; mientras que los que ocupan para el mundo el primer lugar serán confinados, por el contrario, al último puesto. Todo parece indicar que esta segunda lectura es la más correcta y la más acorde, por lo tanto, con la lección que se desprende de la parábola.

cual fuimos precisamente bautizados: *¿No sabéis que cuantos hemos sido bautizados en Cristo Jesús, en su muerte hemos sido bautizados?*[41] Fuimos bautizados para hacer nuestra la vida de Jesús, a través sobre todo de la participación en su Pasión y en su Muerte. Compartir de cerca la existencia del Maestro, llevando con Él, como nuevos Cirineos, la mayor parte de la carga —*el peso de todo el día y del calor*—, no significa otra cosa sino haber recibido de lo Alto la gracia de las gracias: *Quien no toma su cruz, y viene tras de mí, no puede ser mi discípulo.*[42]

La gran tragedia del cristianismo moderno estriba en que ha olvidado esta verdad fundamental. El Verbo se hizo Hombre para hacer de esta Tierra un mundo mejor; que no es lo mismo que confortable, aunque muchos lo hayan creído así. Pero prescindir de la Cruz del Señor es rechazar el Amor que Dios nos ofrece, el cual es justamente el eje sobre el que gira todo el cristianismo. ¿Quién ha podido pensar que cosas como el mayor confort de vida, el pretendido establecimiento de la paz mundial, el reconocimiento universal de los derechos humanos, o la general implantación de las democracias, nos van a situar más cerca de Dios y van a edificar para todos un mundo mejor?[43]

El Mensaje cristiano no es un programa de la UNESCO para edificar un mundo en el que se viva mejor y más cómodamente. Si

---

[41] Ro 6:3.

[42] Lc 14:27.

[43] Alguien podría preguntarnos si acaso es nuestra intención pretender arrojar por la borda estos valores; a pesar de que tal acusación andaría muy lejos de lo que aquí se está diciendo. Tales aspiraciones, en efecto, son deseables y merecedoras, por lo tanto, del esfuerzo consiguiente para conseguirlas. Teniendo siempre presente, sin embargo, que algunas de ellas, cuando no la mayoría, se reducen en el fondo a meras utopías. Lo que intentamos denunciar aquí, haciéndonos eco del contenido de la parábola, es la falsedad y malicia de la pretensión de hacer un mundo mejor *sin preocuparse primero y ante todo de hacer un hombre mejor.*

estamos pensando en una vida mejor y más confortable, la consigna está bien señalada y muy claramente delineada: *¡Qué angosta es la puerta y estrecha la senda que lleva a la Vida, y qué pocos son los que la encuentran!*[44] Por otra parte, desde que el Verbo se hizo Hombre, no existe otro camino a seguir que no sea el que representa Él mismo como tal (Jn 14:6). Y aquél que se determine a recorrerlo (conviene insistir en que no hay otro) sabe también con seguridad lo que le aguarda: *Todos los que quieran vivir piadosamente en Cristo Jesús padecerán persecución.*[45] ¿Dónde están aquí el mundo mejor, la paz universal, los derechos humanos reconocidos y acatados por todos, la justicia social al fin implantada, las Naciones Unidas como Autoridad indiscutida y garante del Orden Mundial, etc., etc.? Las utopías desempeñan una adecuada función en el terreno de la Literatura, o todo lo más como un soñado desiderátum; aunque no son capaces de pasar de ahí. Los cristianos, sin embargo, sabemos ciertamente que el Reino de Dios será algún día una realidad plena, incluidos un cielo nuevo y una tierra nueva (Ap 21:1). Pero jamás sucederá lo mismo con el Reino del Hombre, puesto que las puertas del Paraíso Terrenal fueron cerradas para siempre.

Las quejas de los obreros de la primera hora eran injustificadas, por cuanto no supieron ver el don que en realidad habían recibido. Como igualmente se equivocan quienes pretenden vivir el cristianismo sin aceptar plenamente el camino de la Cruz. Un camino que, *lejos de suponer un mal menor que debe ser aceptado resignadamente*, es ya una prenda de la gloria definitiva y de la futura bienaventuranza. San Pablo lo expuso con palabras oportunas que hoy parecen olvidadas: *Con gran gusto me gloriaré en mis debilidades, a fin de que habite en mí la fuerza de Cristo. Por eso me complazco en mis*

---

[44] Mt 7:14.
[45] 2 Tim 3:12.

flaquezas, en las afrentas, en las necesidades, en las persecuciones, en las angustias por Cristo; pues cuando flaqueo, entonces es cuando soy fuerte.[46]

Quizá por este camino se encuentre la explicación del fracaso de las *reformas* emprendidas en la Iglesia después del Concilio Vaticano II. Un examen atento descubriría seguramente que se puso el acento en el cambio de *estructuras*, más bien que en la reforma de las *personas*. Se erigieron nuevas Comisiones Pontificias; se crearon las Conferencias Episcopales y los Consejos Presbiterales; florecieron rápidamente en todas partes, como por conjuro, innumerables Comisiones Diocesanas y Parroquiales, con multitud de atribuciones que reducían al mínimo las funciones del Párroco como Pastor; se impuso, o se restableció, el Diaconado Permanente (allí donde era necesario y aún más donde no lo era); se crearon los Ministerios laicales, en variedad de clases y funciones sólo de Dios conocida;[47] se abrieron nuevos caminos de diálogo con las Iglesias separadas; se declaró obligatoria la celebración de la Misa en lengua vernácula; se proclamaron enfáticamente los *derechos de la mujer*, una vez permi-

---

[46] 2 Cor 12: 9–10.

[47] El término *Ministerio laical* es canónica y teológicamente aberrante, dado que el carisma ministerial es enteramente ajeno a los laicos.

A Cada Uno un Denario 189

tida también su admisión en las funciones del culto;[48] se abolieron antiguas condenaciones que advertían a los católicos de los peligros del pensamiento racionalista moderno; se facilitaron y ampliaron las causas de nulidad del matrimonio, con un criterio tan amplio como generoso..., y un largo etcétera en el que sólo faltaba la puesta al día de los medios sobrenaturales: justamente los necesarios para la mejora de la vida cristiana de los miembros que integran el Pueblo de Dios. Tampoco es necesario decir que el mayor esfuerzo que hubieron de sobrellevar los obreros de la primera hora —*el peso de todo el día y del calor*— pareció ser valorado negativamente; mientras que todo inducía a sobrestimar, como preferibles y valiosas, las más cómodas facilidades laborales conseguidas por los de la última. En resumen y en definitiva, algo así como para inclinarse a admitir lo justificado de las quejas de los que se consideraban objeto de una posible injusticia; dado que se habían visto obligados a soportar el peso del trabajo más fatigoso.[49]

San Pablo se defendía de algunos que le acusaban de que continuaba predicando la circuncisión. Si eso fuera cierto, venía a decir el

---

[48]Hasta ese momento nadie había notado la falta de los derechos de la mujer, ni después ha explicado nadie tampoco, de forma satisfactoria, en lo que consisten exactamente tales prerrogativas. Siempre se había pensado, sin que nadie se permitiera la menor duda —al parecer ingenuamente—, que la mujer poseía la misma dignidad que el varón; y que asimismo gozaba dentro de la Iglesia de un *status* peculiar que le permitía llevar a cabo funciones de su exclusiva competencia y dignas, por otra parte, de alto reconocimiento y de sublime admiración. Para San Pablo, la misión más alta de la mujer es la maternidad (1 Tim 2:15), oficio sagrado y cuasidivino que no solamente abarca la generación y crianza carnal de la prole, sino su educación y completa formación (sin olvidar que la maternidad espiritual posee una dignidad inmensamente más elevada que la meramente carnal).

[49]También Carlos Marx pretendió mejorar el orden del Mundo, acabando definitivamente con las injusticias sociales mediante el cambio violento de las estructuras. Pero al olvidar, sin embargo, al hombre como persona, desembocó en el resultado que todos conocemos.

Apóstol, *quedaría liquidado el escándalo de la Cruz* (Ga 5:11). Escándalo que él procuraba, con extremo cuidado, que constara siempre en la primera línea de su predicación, puesto que era lo único que importaba; hasta el punto de que sobraba como estorbo todo lo demás (1 Cor 1: 17.22–23). La Cruz era para él, por lo tanto, el portaestandarte de su catequesis y el principal y único medio de salvación; sin que importara demasiado que pareciera locura para unos y escándalo para otros. Modernamente, sin embargo, son muchos los que no están dispuestos a ofrecer al Mundo un Mensaje que lo escandaliza y en el que no desea creer. Los hombres de hoy, además de rendir culto al hedonismo, no parecen deseosos de admitir tampoco lo que no logre pasar a través del estrecho filtro de su mentalidad. Todo parece indicar que, tanto el Mundo como los cristianos de hoy, se rebelan contra la posibilidad de soportar la carga de la Cruz —*el peso de todo el día y del calor*—, esperando más bien recibir su denario con el mínimo esfuerzo que supone el haber llegado al final de la tarea. Se equivocaría, sin embargo, quien creyera ingenuamente que la Sociedad moderna no acepta la Cruz simplemente porque no es capaz de comprenderla. En el fondo de esta actitud existe un inconfesado e inconfesable odio a Dios y a todo lo que Él significa. Si bien el Amor Perfecto está muy por encima de la capacidad de comprensión humana, de hecho al hombre le ha sido otorgada, por gracia, la posibilidad de entenderlo..., y de compartirlo si así lo quiere.

Dicen que Satanás, además de odiar los caminos de Dios, es incapaz de entenderlos. Su mente retorcida, petrificada ya para siempre en la mentira, le obliga a estar de continuo de cara al error y a desvirtuar la Palabra de Dios; incluso a su pesar y en su perjuicio. No tiene de extraño, por lo tanto, que muchos interpreten el significado de esta parábola en sentido distinto, y aun opuesto, al verdadero.

A Cada Uno un Denario

De tal manera que, vistas las cosas desde cierta óptica, incluso estarían dispuestos a justificar a los obreros llegados al comienzo de la jornada; a pesar de la enseñanza en contrario que se desprende del sentido general y obvio del apólogo.

Antes de entrar en el examen más detenido de las quejas aportadas por los obreros que habían llegado al despuntar el día, es preciso que añadamos aquí una observación. Ciertas situaciones son demasiado complejas para ser reducidas a una explicación simplificadora, por más que se contengan en ella elementos que reflejan con exactitud la realidad. Con respecto a nuestro tema, es muy posible que la situación de la Iglesia, como resultado de las reformas que se han venido introduciendo después del Concilio Vaticano II, no pueda reducirse fácilmente a una simple y excesiva acentuación de las estructuras en detrimento de la persona. Tal interpretación, a pesar de contener suficientes fragmentos de la verdad total, pecaría seguramente de simplista y se mostraría probablemente como inexacta ante un examen objetivo; por cuanto pronto aparecería como incapaz e insuficiente para suministrar una explicación convincente de los hechos. Aun a riesgo de ser gravemente acusados de cualquier cosa, creemos que aquello de lo que se trata en el fondo no es sino del eterno retorno de la gnosis:[50] el intento de hacer un cristianismo más *racional* y asequible para un entendimiento humano que, además de haberse erigido como único dios y árbitro de todo, es

---

[50]Resulta pavoroso el panorama de la coacción a la que se ven constreñidos los que se empeñan en mantener la fidelidad a principios que, por otra parte, han sido siempre considerados como inquebrantables, precisamente por haber sido sostenidos por la Tradición y el Magisterio constante de la Iglesia durante siglos y siglos. Al tiempo que se extiende por todas partes una completa anarquía doctrinal, litúrgica y disciplinar, además de una abierta carta de franquicia para atentar incluso contra los dogmas, existe más bien escasa libertad para los que pretenden denunciar tales situaciones.

incapaz de comprender la grandeza y sublimidad de los caminos de lo Alto. Una vez más, lo de siempre: si la montaña no viene a Mahoma, Mahoma se preocupará de ir a la montaña. Si el Mundo no está dispuesto a aceptar a la Iglesia, la Iglesia en cambio está decidida a allegarse hasta el Mundo.[51] De esta forma el suicidio se encuentra al fin servido en bandeja de plata, a falta solamente de llevarlo a cabo.

Con respecto a las protestas de los obreros llegados al comienzo de la jornada, conviene advertir ante todo que, al menos en la generalidad de los casos, las quejas *no suelen estar nunca justificadas*. Lo que no es difícil de admitir si se tiene en cuenta que hablar de quejas no es lo mismo que referirse a las lamentaciones. Pues mientras que estas últimas suelen expresar sentimientos tiernos y profundos del corazón humano, las quejas, por el contrario, van teñidas casi siempre de un cierto matiz de protesta. Por lo demás, incluso la Biblia contiene un *Libro de las Lamentaciones*; y hasta no es raro que los místicos las utilicen para expresar sus relaciones con Dios, a menudo también atormentadas y desgarradoras:

> *¡Ay quién podrá sanarme!*
> *Acaba de entregarte ya de vero;*
> *no quieras enviarme*
> *de hoy ya más mensajero,*
> *que no saben decirme lo que quiero.*[52]

En cambio las quejas, como hemos dicho antes, aparecen envueltas casi siempre en el espíritu de la protesta, de la desconfianza y

---

[51] Pero no para luchar por conquistarlo. Sino para mostrarle que es como él, que está con él, y que acepta sus planteamientos. Una forma desesperada, por más que errónea, de intento de lograr un diálogo constructivo y aceptable para todos. Olvidando insensatamente que, ante el ofrecimiento de un diálogo, el Diablo, por más que simule aceptarlo, *no cede nunca, ni con respecto al conjunto, y ni siquiera en el más pequeño de los detalles*.

[52] San Juan de la Cruz, *Cántico Espiritual*, 6.

A Cada Uno un Denario

de la desazón por el agravio sufrido. Y es realmente difícil que las ofensas inferidas contra nosotros, por unos o por otros, superen a las que nosotros mismos hemos cometido contra los demás.[53] Según Bernanos, después de la ofensa que los hombres cometimos contra Dios, haciendo morir a su propio Hijo en la Cruz como si fuese un criminal, nadie, pero absolutamente nadie, tendría derecho a quejarse de haber sufrido agravios.[54] Se cuenta de San Vicente de Paul que, llegada la hora de su muerte, le fueron recitadas como era costumbre las oraciones por los agonizantes. Habiendo sido preguntado, respondió que pedía humildemente perdón a todos los que hubiese ofendido; pero que él, a su vez, no tenía necesidad de perdonar a nadie puesto que de nadie había recibido ofensa alguna. En un interesante texto, transcribe Bernanos unas palabras del Cura Rural, cercana ya su muerte: "Me resulta agradable decir que nadie ha pecado de excesiva severidad hacia mí, por no utilizar la gran palabra *injusticia*. Rindo homenaje a las almas capaces de hallar, en el sentimiento de la iniquidad de que son víctimas, un principio de fuerza y de esperanza. Pero, por mucho que me esfuerce, siento que siempre me repugnará saberme causa —incluso inocente— o solamente ocasión de la falta del prójimo. Hasta en la cruz, cumpliendo angustiosamente la perfección de su Santa Humanidad, Nuestro Señor no se hizo víctima de la injusticia: *Non enim sciunt quod faciunt*.

---

[53]Conviene recordar la expresión de Jesús acerca de la pajita en el ojo ajeno y de la viga en el nuestro.

[54]Es verdaderamente ridícula la moderna pretensión de eximir a los judíos de responsabilidades con respecto a la muerte de Jesús. Por supuesto que su muerte es imputable a la humanidad entera..., incluidos los judíos; y no parece probable que estemos a punto de descubrir, como parece que pretenden algunos, que el Pueblo Elegido es el único inocente en el deicidio. Lo que sí es cierto, en cambio, es que el Pueblo Elegido, precisamente por serlo y por otras razones, es imputable de un cierto grado de mayor culpabilidad.

Palabras inteligibles a los niños más pequeños; palabras que quisiéramos llamar infantiles, pero que los demonios deben repetirse desde entonces, con un temor creciente, sin comprenderlas. Cuando esperaba el rayo aniquilador, fue como una mano inocente que cerrara los pozos del abismo".[55]

Es importante notar que los obreros de la primera hora, al decidir elevar sus quejas al Padre de familias, introdujeron un cambio radical en el tono de la situación. Fueron ellos, en efecto, los que habían soportado *el peso del día y del calor*; y sin embargo fueron incapaces de advertir que, contra toda apariencia, habían recibido mucho más que los otros. Cometieron el error de olvidar que el caso nada tenía que ver con lo que podría considerarse como un mero contrato laboral, sino que apuntaba en el fondo hacia algo mucho más elevado. Tal como sucede siempre en la relación de amor divino–humana, en la cual, aunque regida por un sentido de totalidad que abarca a su vez las relaciones de bilateralidad y de reciprocidad, es mucho más lo que el hombre recibe que lo que entrega.[56] Desgraciadamente los llegados en primer lugar no supieron comprender las cosas. Interpretaron lo que hubiera sido un acto de especial confianza, consecuencia de un peculiar amor hacia ellos, como un escueto y árido contrato de trabajo; de tal manera que todo quedaba reducido a un mero negocio jurídico del orden del *do ut des*, o del *facio ut facias*.

---

[55] Bernanos, *Diario de un Cura Rural*. Como nota de curiosidad, por ejemplo, podríamos recordar aquí el verso de Ovidio en el que el poeta, con su acostumbrada elegancia literaria, pide a su Musa que cese ya en sus tristes quejas:

Tam longas sed supprime, Musa, querelas.

[56] Interpretar la parábola como algo distinto de un mero contrato o negocio jurídico, se impone como lo más obvio y lo único legítimo. El didactismo del Señor, en el que no podrían faltar las parábolas, se orienta siempre en orden a la salvación y al Amor que Dios ofrece al hombre; y de ningún modo admite ser reducido a lo que sería un mero Código de conductas sociales o comerciales.

A Cada Uno un Denario

Es verdad que Dios, en el exceso de su Amor, le ha otorgado al hombre la posibilidad de devolverle a Él más de lo recibido, como se desprende claramente de las parábolas de los Talentos y de las Minas.[57] Pero eso, a su vez, no es sino otro gesto de la infinita liberalidad divina, que es capaz de convertir, por puro amor, lo que no es sino gracia en un auténtico acto libre y meritorio del hombre.[58]

Al reivindicar unas exigencias cuantificables en bienes materiales, los obreros de la primera hora desvirtuaron e hicieron imposible lo que hubiera sido una pura relación amorosa, en la que no caben las mediciones humanas. *Dios da su Espíritu sin medida* (Jn 3:34). Las duras palabras del Padre de familias, dirigidas a uno de los descontentos pero referidas a todos ellos, adquieren así todo su valor y sentido: *Amigo, toma lo tuyo y vete.* En la relación amorosa, todo lo que es de cada uno de los amantes pasa a ser posesión del otro, incluidas también sus propias personas:

Mi Amado es para mí, y yo soy para él.[59]

Pero si el Amor queda reducido a ser objeto de la mezquina categoría de bienes materiales, cuantificables y medibles, se destruye en su misma esencia. Ya no existen ni la entrega ni la donación amorosas, cuyo fundamento no es otro sino el de la generosidad y

---

[57] *Tantos talentos me entregaste, helos aquí; y otros tantos más que he ganado para ti.*

[58] Según Ap 22:12, la Parusía supondrá la retribución a cada cual según sus obras. Aunque ha de tenerse en cuenta, sin embargo, que tal retribución no supone necesariamente una relación de tanto a cuanto. En las relaciones de la creatura con su Creador no es concebible una equivalencia de intercambios. El hombre no puede pretender ante Dios la posesión de derecho alguno que no le haya sido previamente otorgado: *Todo es gracia*, dijo al expirar el Cura Rural de Bernanos.

[59] Ca 2:16.

la falta de interés hacia sí mismo por parte del que ama; se sigue entonces de ahí *que lo que era de cada uno sigue siendo de cada uno*. Se comprenden ahora la inmensa tristeza, la pétrea dureza, y la firmeza de la despedida que se desprenden de la expresión: *Amigo, toma lo tuyo y vete*. Ciertamente no podía ser de otra manera: *Toma lo tuyo. Pero ahora vete de mi lado, por cuanto ya no cabe la unión en la intimidad de amor*. Sigue siendo verdad, por lo tanto, que cuando alguien exige lo que cree que es *suyo* se queda reducido a la desnudez de la nada.

Lo que queda patente en todo esto es que con Dios no cabe el chalaneo. Lo ofrecido sin condiciones y de forma total no puede ser aceptado con condiciones y de forma parcial. De hecho Jesucristo no aceptó nunca en este punto del seguimiento por amor ninguna clase de condiciones ni demoras (Lc 9: 57–62). Nos encontramos ante el desafío de la totalidad divina frente a la totalidad humana. Pues la totalidad de la infinitud admite la compatibilidad con la totalidad de la finitud, pero en modo alguno la del todo con la parte. *Habiendo amado Jesús a los suyos que estaban en el mundo, los amó hasta el fin*.[60] Dado que, ante un amor *hasta el fin* solamente cabe esperar una respuesta *hasta el fin*, ni siquiera sería suficiente la abundancia de buenas obras si se ha perdido el ímpetu del primer amor (Ap 2:4).[61]

El problema surge con toda su gravedad cuando se enfría la caridad (Mt 24:12), en cuanto que es en ella donde se teje la urdimbre del Cristianismo. La posibilidad de que los cristianos dejen de creer en el Amor es algo capaz de suceder. De hecho ya ha sido desplaza-

---

[60] Jn 13:1.

[61] Alguien podría pensar que estamos ante una exaltación hipertrofiada del Amor que va más allá de los contenidos del Nuevo Testamento. Aunque la doctrina aquí expuesta no es sino la aplicación estricta del primero y principal de los Mandamientos: Amarás al Señor tu Dios con *todo* tu corazón, con *toda* tu alma, con *todas* tus fuerzas, etc.

do del lugar central que ocupaba en la Catequesis Oficial, a fin de ser reemplazado por otras cuestiones, más o menos marginales, pero que aparentan ser de más actualidad. Lo prueba, por ejemplo, un hecho difícil de explicar: la praxis católica ha dejado de insistir en la indisolubilidad del vínculo conyugal, y ha abierto las puertas en cambio a las más variadas causas de nulidad alegadas por cualquiera que desee disolver su matrimonio.[62] Parece normal que, si acaso ya no se cree en el Amor como totalidad, tampoco sea aceptada como una de sus notas la perennidad. Ahora ya es posible creer que el Amor pueda desvanecerse o desaparecer, desde el momento en que ha sido relegada al olvido aquella caridad que, según San Pablo, *no pasa jamás* (1 Cor 13:8).

En la parábola de los jornaleros enviados a la viña se adivina la preocupación del Padre de familias, sumamente atareado insistiendo en sus diversas salidas en busca de obreros que le lleven a cabo el trabajo. Todo parece indicar, sin embargo, que la tarea a realizar es más abundante que los hombres disponibles: *La mies es mucha, y los trabajadores son pocos...* Incluso a la hora undécima, a pesar de encontrarse ya cercano el fin de la jornada, aún continúa el Padre de familias en busca de braceros: *¿No decís vosotros que faltan aún cuatro meses para la siega? Pues yo os digo: alzad vuestros ojos y ved los campos ya dorados para la siega.*[63] Lo que parece indicar que mucho y urgente tendría que ser el trabajo por hacer, desde el momento en que no parece importarle la circunstancia de lo avanzado del día. Pero lo extraordinario del caso es el hecho de que, pese a la proximidad del fin de la jornada, todavía encuentra hombres disponibles. Se encontraban tranquilamente en la plaza, mano sobre

---

[62] Claro que no se habla de divorcio, puesto que la indisolubilidad del vínculo matrimonial es de Derecho Divino. Aunque siempre cabe la solución de cambiar el nombre de las cosas.

[63] Jn 4:35.

mano, sin que al parecer ninguna actividad reclamara su atención. De ahí la increpación del Padre de familias, tan importante en el contexto de la parábola como la respuesta recibida: *¿Por qué estáis ahí ociosos todo el día?* A lo que ellos respondieron: *Porque nadie nos ha contratado.* Y los envió entonces a la viña también a ellos.

Una vez más y como siempre, la letra de la parábola nos narra, de manera escueta y sencilla, sucesos ordinarios y triviales del quehacer diario. Como éste mismo que ahora estamos contemplando, por ejemplo. Pongamos atención, sin embargo. Porque bajo la aparente inanidad de la fútil historia, se hallan siempre escondidas profundas enseñanzas; ya que éste y no otro es el objeto de las parábolas.

Y aquí parece suceder algo sorprendente. A pesar de la abundancia del trabajo a realizar, y pese a las horas que ya han transcurrido del día, todavía hay gente que parece no haber encontrado tareas por realizar. Y además —lo que es más extraordinario— porque nadie los ha convocado para encomendarles algún quehacer. *¿Por qué estáis ahí ociosos todo el día?* La mies ciertamente es mucha; pero los trabajadores —los verdaderos trabajadores— son pocos. Y hablo de los verdaderos trabajadores porque la gente disponible ciertamente abunda. Según la parábola, ahí está la multitud de ociosos que han pasado el día, mano sobre mano, sencillamente *porque nadie los ha contratado.* Y ahora ya podemos formular la pregunta que viene al caso: ¿Y si alguien los hubiera llamado? ¿Habrían respondido afirmativamente al requerimiento? Pero para la parábola la respuesta es claramente afirmativa, puesto que tales obreros de la hora undécima accedieron a la petición del Padre de familias sin la menor objeción.

La Iglesia está padeciendo la mayor crisis de su Historia en lo que se refiere a vocaciones sacerdotales y, en general, a la vida consagrada. No hay sacerdotes y el Pueblo de Dios anda desorientado y confuso, como ovejas sin pastor. Los Seminarios están vacíos y los

Noviciados desiertos, suspirando unos y otros en el recuerdo nostálgico de tiempos ya pasados. Las soluciones–de–momento (diáconos permanentes, monjas activistas, seglares comprometidos, etc.) se muestran cada vez más como insuficientes e inoperantes. Es inútil, por otra parte, que la propaganda trate de disimular la crisis, e incluso de disfrazarla de triunfalismo...

Y sin embargo, *existe una enorme multitud de gente ociosa* y que, por lo tanto, podría trabajar; como así lo reconoce expresamente la parábola: *¿Por qué estáis ahí ociosos todo el día?* La respuesta ya la conocemos, aunque tal vez valdría la pena preguntar primero por el sentido de la pregunta; y más todavía por la razón que ha dado lugar a su formulación. La Iglesia se lamentaba, en los tiempos anteriores al Concilio Vaticano II, porque había perdido, según ella, la clase obrera. Ahora, aunque no lo hace, podría lamentarse también —y tal vez con mayor motivo— por la pérdida de la juventud. Pero con todo, y a pesar de todas las circunstancias, *la juventud sigue estando ahí.*

Porque es cierto. La juventud del sexo, de la droga, del alcohol, de la música roquera, de los pubs y de las discotecas, del alma vacía y de las esperanzas e ilusiones perdidas, es una horrible realidad. No es verdad que la juventud está con el Papa. Y nadie con sentido común se va a dejar engañar por los aparatosos y amañados *shows* de las grandes concentraciones de chicos y chicas que aparentan demostrar entusiasmo ante la religiosidad, cuando en realidad solamente tratan de olvidar, a través del bullicio y del turismo organizado, la inanidad de sus vidas destruidas.

Dígase lo que se quiera, es una espantosa realidad. Pero que palidece, sin embargo, *ante la realidad, aún mayor, de que los jóvenes son fuertes y han vencido al Maligno* (1 Jn 2:14). Es por lo demás seguro que el Apóstol San Juan se dirigía a los jóvenes de su tiempo

—en realidad de todos los tiempos— de forma convencida y esperanzada. Pero, ¿era acaso la juventud del siglo I peor o mejor que la actual? A mi parecer, la pregunta no tiene mucho sentido: aquélla, como la de ahora, era y es sencillamente la juventud. Es bastante probable que se puedan equiparar los conceptos de vidas vacías y sin esperanza y el de vidas sencillamente ociosas. Al fin y al cabo significan lo mismo: el vacío y la nada.

Pero ellos ni encuentran nada para hacer, ni poseen horizontes que vislumbrar, ni les son ofrecidas ilusiones que alimenten su ánimo y satisfagan su corazón. Se hallan sencillamente ociosos —ellos mismos lo dicen— *porque nadie les ha contratado.* ¿Cómo es posible que alguien pudiera pensar que la Carta de las Naciones Unidas, o la Declaración de los Derechos Humanos, o la Constitución de los Estados Unidos, fueran capaces de seducir su espíritu? ¿Acaso los viejos están convencidos de que los jóvenes son viejos también? Si nadie, o casi nadie, está dispuesto a creer en muchos de los ideales ofrecidos a la juventud, ¿por qué en cambio se le ofrecen a ella como si fueran válidos? Algo así como sucede con los alimentos a punto de caducar, que los grandes mercados de alimentación regalan a las Instituciones de Beneficencia. Y en cuanto a los niños, no dejan de ser insultantes ciertos métodos y procedimientos utilizados por expertos eclesiásticos en pedagogía infantil (como el de editar folletos de propaganda, con pegatinas y fotos de deportistas, para *reclutar* vocaciones); convencidos, por lo visto, de que los niños son incapaces de pensar o de utilizar el sentido común. Pretenden proyectar en las mentes infantiles su propia incapacidad de visión, ignorando las asombrosas palabras que el Apóstol San Juan les dedicaba también a los pequeñuelos: *Os escribo a vosotros, niños, porque habéis conocido al Padre.*[64] En las que ya no se trata, por lo tanto, de haber

---

[64] 1 Jn 2:14.

vencido al Maligno, sino nada menos y nada más que de la increíble maravilla de tener acceso al rostro mismo de Dios (Mt 18:10). De manera que, ¿dónde queda entonces la incapacidad infantil para hacerse con el conocimiento de lo sobrenatural, como igualmente de Jesús y de sus caminos?

Los virtuales obreros de la hora undécima —que en este caso, por tratarse de los jóvenes, podrían considerarse también como de la hora primera— accederían también generosamente a la llamada para ir a trabajar a la viña..., siempre que se tratara de una auténtica llamada para trabajar en la viña. Cuando el horizonte que se les ofreciera fuera suficientemente elevado. Cuando la tarea que les fuera encomendada no anduviera disfrazada de facilidades; como para caminar por una senda ancha y confortable, sino por un camino más bien tan arriesgado y difícil como realmente es. Cuando pudieran ser convencidos de que no se trata de comprometerse más con el mundo y con las cosas del mundo, sino de enamorarse locamente de Jesucristo y de vivir su mismo destino. Cuando se les hiciera saber que el sacerdote de Jesucristo no es un colaborador de alguna ONG, sino alguien que inmola su vida por los hombres, por amor a ellos y a Jesucristo; y cuando se les hablara abiertamente, sin complejos de ninguna clase, que su misión, como tal sacerdote, no tiene por objeto implantar en esta Tierra el pretendido Reino del Hombre, sino el trabajo por el ansiado y esperado Reino de Dios (el cual solamente tiene en ella su comienzo, y nada más que su comienzo). Podemos por lo tanto estar seguros, en definitiva, que mientras que sean los hombres los que intentan contratar a los ociosos, con fines y para tareas meramente humanos, es más que probable que los posibles jornaleros no estén dispuestos a deponer su actitud de seguir esperando, mano sobre mano. Será necesario que sea el mismo Padre de familias quien les proponga la tarea de ir a trabajar a su Viña.

Quiero decir a su Viña, y no a otro lugar, ni a otro trabajo diferente. Ya no existirán ociosos, ni las ovejas del Pueblo de Dios se sentirán desamparadas. Y al final unos y otros, los llegados primero y los que acudieron después, recibirán algo más que el denario previamente ajustado: *El ciento por uno, y después la vida eterna.*[65]

---

[65] Mt 19:29.

VOCACIÓN DE SAN MATEO
(EL BAILE DE LOS MALDITOS)

MEDITACIÓN

(Mt 9: 9–13)

Cuando Jesús partió de allí, vio a un hombre, llamado Mateo, sentado en el despacho de tributos, y le dijo: "Sígueme". Se levantó y le siguió. Y sucedió que estando a la mesa en casa de él, vinieron muchos publicanos y pecadores y se pusieron a la mesa con Jesús y sus discípulos. Los fariseos, al verlo, decían a sus discípulos: "¿Por qué come vuestro maestro con publicanos y pecadores?" Pero él, al oírlo, dijo: "No tienen necesidad de médico los sanos, sino los enfermos. Id, pues, y aprended qué significa: 'Misericordia quiero y no sacrificio'; pues no he venido a llamar a los justos, sino a los pecadores".

Mateo, o Leví, era de oficio publicano (recaudador de impuestos), considerado por lo tanto, sin más ni más, como integrante de la casta de los *malditos*. A nadie le ha gustado jamás pagar tributos, como sabe quien conozca siquiera algo de la naturaleza humana, o simplemente se considere a sí mismo. Para los judíos, sin embargo, la cosa era mucho más grave, hasta el punto de que, sobre todo para la clase bien pensante, el término publicano era sinónimo de pecador. El hecho de que el Pueblo Elegido tuviera que pagar tributos a la odiada Roma era considerado como un signo oprobioso de forzada sumisión. Algunos incluso pensaban que, por inevitable que fuera la situación, no dejaba de ser delictiva o pecaminosa (Mt 22:17).[1]

Y todo por lo de siempre, a saber: por estar en juego los sagrados conceptos de Libertad y de Nacionalismo, enlazados ambos en la conocida y armoniosa conjunción que casi siempre les acompaña. En realidad otra más de las numerosas curiosidades que se ofrecen al estudioso de la naturaleza humana. Con respecto a la Libertad, por ejemplo, si bien todos hablan de ella y aun la esgrimen como bandera, y pese a que se trata de uno de tantos temas decisivos claramente explicados en la Revelación —dada su fundamental importancia—, *nadie está de acuerdo acerca de su significado, ni tampoco nadie se refiere a ella en un sentido aceptado por todos.* Lo cual no es todavía lo peor. En el extraño y a veces paradójico modo de comportarse el ser humano, incluso no es infrecuente verla invocada y utilizada como instrumento de opresión y de tiranía.

Por increíble que pueda parecer, el concepto que Dios tiene de la Libertad —y por ende, de sus contrarios Esclavitud y Opresión— *es totalmente distinto del admitido y utilizado por el mundo.*[2] Por lo demás, jamás se ha hablado tanto de Libertad y de Derechos Huma-

---

[1] Los demás sinópticos no dejan de señalar el hecho bien claramente: Mc 12:14; Lc 20:22. Una muestra de que el tema era de importancia decisiva y preocupante para los judíos. Aunque no tanto por el dinero a pagar, sino por lo que significaba de sometimiento a los romanos.

[2] El concepto cristiano de Libertad está expuesto con entera claridad en diversos textos. Cf Jn 8: 32–34.36; 2 Cor 3:17; Ga 4:31; 5:13; 2 Pe 2:19.

nos como en los tiempos modernos, y jamás han sido realidades tan pisoteadas y conculcadas como ahora. Los medios de manipulación de masas han sido tan profusamente perfeccionados que el ciudadano medio (también llamado de a pie) tiene pocas posibilidades, y hasta menos deseos todavía de pensar por su cuenta: la verdad, y el conocimiento de lo que realmente sucede, no son otra cosa para él sino lo que dicte el político de turno y lo que difundan la televisión y demás medios de comunicación.

La manipulación de conceptos tales como Libertad y Patria, llevada a cabo sobre todo en los tiempos actuales, ha conducido a la total subversión y falsificación de su significado. Y así es como ha desembocado a su vez en la exacerbación de los nacionalismos, de las etnias y de los racismos.

Sin embargo, como es fácil de apreciar en la misma Biblia, no se trata de excrecencias de nuestra época. Jesucristo, por su parte, demostró con su actitud una completa indiferencia con respecto a los nacionalismos: *Dad al César lo que es del César y a Dios lo que es de Dios.*[3] Bien es verdad que a veces parece inclinarse en sentido contrario, admitiendo al parecer una cierta política de preferencia hacia los de la *propia casa*.[4] Pero bien pronto queda patente, si se examinan en conjunto los numerosos textos,[5] que no se trata, en todo caso, sino de una mera preferencia de turno, sin más alcance.[6]

---

[3] Mt 22:21 y lugares paralelos de los otros sinópticos. ¿Dónde está, por lo tanto, el problema? Lo grave de estas cuestiones consiste en dar carácter de absoluto a lo que no es más que relativo. O lo que es peor: manipular conceptos en favor de intereses ideológicos, políticos, o sociales; casi siempre ocultos e inconfesables.

[4] Cf, por ejemplo, Mt 10: 5–6; Mc 7:27; cf también Hech 13:46, entre otros.

[5] Los textos paulinos sobre el tema son abundantes. Cf Ro 1:16; en algunos, el Apóstol es sumamente explícito en sentido universalista: *Me debo a los griegos y a los bárbaros; a los sabios y a los ignorantes* (Ro 1:14; cf Col 3:11).

[6] Mt 28:19. El mismo texto de Mc 7:27 lo dice expresamente.

La postura de Jesucristo sobre los pretendidos nacionalismos quedaría suficientemente clara con sólo anotar el hecho de que no le importó en absoluto la condición de *maldito* de Leví, el futuro Apóstol y Evangelista San Mateo. A pesar de que la posición de los bienpensantes de su tiempo era la de sentirse escandalizados ante esa situación, como queda patente en el Evangelio.

Pero si bien se considera, las cosas no pueden plantearse de otro modo. Los pretendidos nacionalismos no son en el fondo sino racismos, en los cuales se fundamentan siempre. Lo que equivale a decir, adhesión a una visión particularista de realidades que son de por sí universales; más a fondo todavía, tales posturas se concretan en egoísmos rabiosos e incluso maniqueos: *Nosotros, además de distintos, somos los buenos; los otros en cambio son los malos.* El odio de los fariseos contra los publicanos radicaba en algo más profundo que en el supuesto entendimiento de estas gentes con los romanos. Se alimentaba de una visión egoísta, y por supuesto particularista, de una realidad que quedaba más bien del lado *absolutamente opuesto al Cristianismo*. Y no me refiero a una realidad meramente extraña, sino incluso opuesta —repito— al Cristianismo. El Maestro lo expuso de forma tan clara como tajante: *Los publicanos y las prostitutas os precederán en el Reino de Dios.*[7]

El capítulo 4 del Evangelio según San Juan nos narra un episodio que arroja luz abundante sobre el tema; empezando por el hecho de hacernos comprender que el problema no es de hoy, por más que en los tiempos modernos se haya agudizado. Todo el mundo conoce la enemistad existente entonces entre judíos y samaritanos. Tanto unos como otros eran parte integrante del mismo Pueblo Elegido; lo que no era obstáculo para que ambas comunidades se consideraran mutuamente extrañas, y hasta como poseedoras exclusivas, cada

---

[7] Mt 21:31.

una de ellas, de la única clave correcta para solucionar el problema. El diálogo de Jesucristo con la mujer samaritana zanja la cuestión de una vez por todas, trazando expresamente una visión universalista del Cristianismo que hoy, desgraciadamente, parece haber sido olvidada de nuevo: *Créeme, mujer: llega la hora en que ni en este monte ni en Jerusalén adoraréis al Padre. Vosotros adoráis lo que no conocéis, mientras que nosotros adoramos lo que conocemos; porque la salvación procede de los judíos.*[8] Con intención o sin ella, es evidente que los samaritanos estaban pretendiendo circunscribir la religión del único Dios verdadero a un ámbito territorial, que hoy incluso tildaríamos de nacionalista; y además bastante limitado, que es lo que suele suceder. Lo que nos hace comprender, una vez más, lo que significa la visión chata, particularista, mediocre y alejada de la realidad, cual suele ser la específicamente humana..., frente a la visión amplia y profunda de la realidad de las cosas que es la propia de Dios.

La salvación viene de los judíos, por supuesto. Pero si procede de ellos es justamente porque no se queda en ellos; sino que irradia desde allí, como foco luminoso e incandescente, para los hombres de todos los lugares y de todos los tiempos.[9] De ahí el texto famoso y tan conocido de San Pablo, en el que el Apóstol se hace eco de las palabras y de las intenciones del Maestro: *No hay judío ni griego; no hay esclavo ni libre; "no hay hombre ni mujer"; ya que todos vosotros sois uno en Cristo Jesús.*[10]

No es necesario decir que el entrecomillado del texto, en el que se dice que 'no hay hombre ni mujer", es exclusivamente mío. Pero sub-

---

[8] Jn 4: 21-22.

[9] Nótese bien que el texto no dice que la salvación sea para los judíos. Tal aberrante interpretación estaría en contra de todas y cada una de las páginas del Nuevo Testamento.

[10] Ga 3:28. Cf Ga 5:6; Hech 15: 8-9.

rayado o no, es texto revelado; y además nos conduce derechamente a algunos de los problemas candentes de nuestro tiempo, como son los tan cacareados temas del *machismo* y del *feminismo*, por ejemplo. Si aludimos aquí a ellos es porque parecen estar íntimamente conectados con los exacerbados racismos y nacionalismos de nuestro tiempo.

Tal vez nos convenga comenzar con la advertencia de que aquí no vamos a aludir siquiera a la doblemente ridícula acusación del carácter de *machista* atribuido a San Pablo. No quisiera ser propuesto tampoco para la medalla de la Estupidez de Primera Clase, tan justamente merecida y conseguida por algunos sectores de la teología exegética de nuestro tiempo.[11]

Lo que queda claro en el texto de San Pablo es la evidencia de que, desde el punto de vista cristiano, *ni siquiera puede plantearse la dicotomía machismo–feminismo*; ni tampoco pueden ser llamados a estudio como problemas distintos o independientes, propios de la naturaleza humana. Para el Cristianismo no existen como fenómenos de excrecencia ni el machismo ni el feminismo. Solamente hombres y mujeres: ambos con igual dignidad, aunque con funciones y misiones distintas y complementarias. Por supuesto que el Nuevo Testamento contempla de manera especial todas y cada una de las miserias de la naturaleza humana: lujuria, avaricia, soberbia, etc., etc. El conjunto

---

[11]Tuve ocasión de conocer a unas monjas *expertas* según las cuales la Biblia no era machista, por supuesto. Faltaría más. Pero en cambio San Pablo estaba bien claro, según ellas, que sí que lo era. La caridad cristiana nos veda, en este caso concreto, hacer cualquier clase de comentarios sobre el suceso. Me limitaré a señalar que el *experto* en cuestiones eclesiales (clérigo o laico), no es infrecuente que se convierta en un peligro para los ciudadanos normales; pero cuando se trata de monjas las que tal vez han alcanzado —o se han atribuido a sí mismas— la elevada cualidad de eruditas, ya no queda entonces otro camino sino el de rezar las Letanías de los Santos: pero introduciendo en la coletilla final una imprecación más y añadiendo fervorosamente el conocido *Libera nos, Domine*.

de todo lo que es propio de una naturaleza caída la cual, aunque reparada por la gracia, no por eso ha sido enteramente liberada de la concupiscencia.

Pero el machismo y el feminismo, en la medida en que realmente existan, no son primariamente el fruto de la lamentable concupiscencia que hace presa en el ser humano. *Son más bien el resultado de una deliberada y maligna voluntad,* cuyo objeto a perseguir no es otro que el de la destrucción de la persona humana; y más concretamente de la familia (sobre todo cristiana) como soporte y fundamento de la Sociedad.

Deliberadamente he dicho en la medida en que realmente existan tales fenómenos. Porque el llamado *machismo* concretamente, más bien que una realidad tangible, es un instrumento esgrimido como arma precisamente por los Movimientos Feministas. En una Sociedad corrompida como es la nuestra —y siempre sucede así en toda Sociedad en trance de disgregación y desintegración— lo que realmente existe como fenómeno global es el Matriarcado.[12] Por más que suene aquí a cosa herética y merecedora de la hoguera, la verdad es que el *machismo* tiene en la Sociedad moderna más de fantasmal que de real. Los escépticos sobre el tema podrían llevar a cabo una encuesta que abarcara el mayor número posible de hombres casados.

La Sociedad en la que vivimos se ha acostumbrado a considerar como situación normal la de vivir en la mentira. Lo cual supone también, como es lógico, *la voluntad de no investigar nunca hasta el fondo las verdaderas causas de los hechos sociales.* Tomemos como ejemplo un caso de gran actualidad. Todo el mundo es conocedor del hecho innegable del aumento alarmante de la violencia domés-

---

[12] Para ser exactos, más que superioridad o mayor influencia de la autoridad de la madre, habría que hablar en realidad de la referente a la mujer; o a la esposa sin más.

tica; en la cual casi siempre, o siempre, es culpable el marido. O al menos eso es lo que se da por admitido. Ante tan preocupante situación se han arbitrado toda clase de posibles soluciones, entre las que se encuentra, como era de esperar, una mayor profusión de medidas y represiones legales. Si bien con resultados nulos, o apenas perceptibles.

Hasta aquí el hecho evidente, ante el que reconocemos la probidad del deber de castigar al cónyuge culpable; amén de la necesidad de poner en práctica las medidas oportunas, tanto para penalizar el delito como para prevenirlo. Pero lo más extraordinario y llamativo del problema no está en eso precisamente. Pues, dado que la violencia doméstica (y su preocupante aumento en los tiempos modernos) es un hecho social, *lo menos que se podía haber intentado, según los dictados de la más sencilla Lógica, que son también los del sentido común, es investigar las causas que lo han producido*. Ningún sociólogo estaría dispuesto a sostener que los fenómenos o hechos sociales aparecen al azar; puesto que, en realidad, siempre hay una causa que es la que los produce.[13] Quizá no hubiera resultado baladí, por lo tanto, una seria investigación al respecto.

La cual probablemente hubiera sacado a la luz pública resultados sorprendentes. Y digo probablemente por la razón de que también andamos hoy escasos de investigaciones serias y honradas; para complicar más las cosas. Según lo cual, quizá entonces se habría averiguado que el principal culpable de esa lacra social es precisamente el *feminismo*. Aun teniendo en cuenta los peligros que suponen las generalizaciones, y procurando evitarlas en lo posible para no incurrir en falsedades, es evidente que no estaría de más procurar aclarar

---

[13]Que la casualidad es una palabra que tiene poco sentido, y la afirmación de que no hay efecto sin causa, son verdades que la cultura de Perogrullo conoce desde tiempos inmemoriales. No resulta sencillo explicar la facilidad con la que son olvidadas.

las causas de que tantos maridos (desesperados en la mayoría de los casos) hayan desembocado en tales culpables situaciones. Bien entendido que yo no estoy tratando aquí de justificar los delitos, y menos aún pretendiendo que queden impunes. Simplemente creo que también es delictiva, cuando se trata de castigar a las personas (y más aún cuando pueden imponerse penas graves), la actitud de no investigar las causas y *todas* las circunstancias que han concurrido y que han dado lugar al hecho punible. Es posible que se hallaran casos —de nuevo queremos evitar las generalizaciones— de maridos llegados al límite de lo que es capaz de soportar la paciencia humana. E insistamos de nuevo en que no podemos justificar lo que no es justificable. Pero desde que se conoce el Derecho —o cuando existía el Estado de Derecho— se ha tenido en cuenta, para la aplicación de una Justicia merecedora de su nombre, la existencia de circunstancias atenuantes y hasta dirimentes. Y lo que nadie puede negar es que los Movimientos Feministas han exacerbado los sentimientos hasta grados injustificables. Parecidamente a como sucedió con la famosa *promoción de los seglares* —cuyos resultados en la Iglesia aún están por evaluar— también ha habido aquí una *promoción de la mujer*. En la que se le ha insistido al sexo femenino, incluso hasta la saciedad, en la necesidad de *realizarse*, para lo cual era preciso que igualara sus derechos y funciones a los de los varones; según se estableció arbitrariamente como algo categórico. Admitido, como es de justicia, las situaciones lamentables y aisladas que se han producido en el pasado (y que se producirán siempre), es lo cierto que hasta ahora no había aparecido el problema de una pretendida desigualdad de derechos entre los sexos; al menos como fenómeno social digno de ese nombre. El tópico multisecular de la autoridad del varón sobre la mujer, aparte de lo que haya tenido siempre de verdadero en la mayoría de los casos (y de legítimo, según la Biblia), nunca ha acarreado consecuencias alarmantes, si bien se examina. La verdad es diferente. Cuando la mujer, en el ejercicio de las cualidades y virtudes propias de su sexo, ha sabido ser verdaderamente femenina, ha conseguido también siempre del varón lo que ha querido, apetecido, o deseado.[14] La diversidad de funciones no es en modo alguno desigualdad de derechos, ni supone de por sí discriminación contra la mujer. Desde el punto de vista cristiano las cosas habían sido claras hasta ahora. Para el Apóstol, por ejemplo, *ni la mujer sin el hombre, ni el hombre sin la mujer, en el Señor*;[15] donde poco antes había dicho también que *la mujer es gloria del hombre*.[16]

He dicho antes que la filosofía de los Movimientos Feministas se alimenta en el fondo de un designio, tan inteligente como perverso, cuyo objetivo no es otro que el de manipular más y más a la mujer. Pretende lograr así la destrucción de la Familia como institución, para lo que no vacila en llevar a cabo un auténtico ataque contra el fundamento mismo de la Sociedad. Desde un punto de vista más superficial —aunque no menos verdadero— el Feminismo se nutre, como siempre sucede en estas ideologías, de una visión parcial, chata, roma, y extremadamente corta, de la realidad. Con lo que llegamos al lugar de encuentro de todos los racismos, nacionalismos, y el enorme conjunto de *ismos* en el que los *buenos* califican a los otros como extraños, malvados o, en general, como *malditos*. Los judíos bien pensantes, que envolvían en un idéntico paquete a los publicanos y pecadores, al que no olvidaban de etiquetar con el correspondiente marbete de *malditos*, hubieran coincidido con Carlos Marx en la condenación de la clase burguesa como culpable de todas las desgracias de la humanidad.

---

[14] El episodio bíblico de las Bodas de Caná (Jn 2: 1–11) es muy instructivo a este respecto.
[15] 1 Cor 11:11.
[16] 1 Cor 11:7.

Por desgracia la miopía espiritual está más extendida y es más frecuente de lo que parece. Con la circunstancia agravante de que esta enfermedad, limitadora y entorpecedora de la visión, origina una fuente de corrupción que influye en todo el conjunto: *Si tu ojo es malo, todo tu cuerpo estará en tinieblas*, decía el Señor.[17] Podría hablaros de más de un ejemplo que demostraría que también afecta, dentro de la Iglesia, al mundo eclesiástico; aunque me voy a limitar a uno que, no por silenciado y olvidado, deja de tener enorme actualidad e importancia. Me refiero al problema de lo que se ha dado en llamar *diocesaneidad*; pero referente ahora a los sacerdotes seculares diocesanos.

El Decreto Conciliar *Presbyterorum Ordinis* había hablado claramente acerca de la conveniencia de que los sacerdotes seculares —más comúnmente conocidos con el nombre de diocesanos—, con el fin de que pudieran ayudarse mutuamente y hacer más eficiente su ministerio, se agruparan en Asociaciones aprobadas por la Iglesia: *También han de estimarse grandemente, y ser diligentemente promovidas, aquellas asociaciones que, con estatutos reconocidos por la competente autoridad eclesiástica, fomenten la santidad de los sacerdotes en el ejercicio del ministerio por medio de una adecuada ordenación de la vida, convenientemente aprobada, y por la fraternal ayuda, y de este modo intentan prestar un servicio a todo el orden de los presbíteros.*[18] La prescripción del Decreto Conciliar está contenida dentro del apartado 8 del capítulo 2, el cual trata precisamente

---

[17] *Si autem oculus tuus nequam fuerit, totum corpus tuum tenebrosum erit* (Mt 6:23).

[18] *Magni quoque habendae sunt et diligenter promovendae associationes quae, statutis a competenti ecclesiastica auctoritate recognitis, per aptam et convenienter approbatam vitae ordinationem et per iuvamem fraternum, sanctitatem sacerdotum in exercitio ministerii fovent, et sic toti Ordini Presbyterorum servire intendunt* (Concilio Vaticano II, Decreto *Presbyterorum Ordinis*, 2,8).

de la unión y cooperación fraterna entre los presbíteros, así como de su íntima unión con el Obispo propio y del auténtico Presbiterio que de esa forma resulta. Lo que hace inverosímil la creencia de que pueda existir, en la mente del Concilio, la más mínima sospecha acerca de que tal espíritu de asociación pueda interferir en el desarrollo de una auténtica diocesaneidad.

Hasta aquí las cosas no podían estar más claras. Aunque luego tropiezan, desgraciadamente, con la realidad de la vida. Los Movimientos Progresistas y Neomodernistas, que parecen ser los que marcan el rumbo en la Teología y en la Pastoral de la Iglesia actual, han adoptado, con respecto al último Concilio, una singular y extraña actitud. Por un lado, lo utilizan como arma arrojadiza contra aquéllos que se atreven a oponerse a las ideologías —en esto o en aquello; en lo que fuere— de tales Movimientos. Los osados infortunados que llegan a tanto son tildados enseguida de preconciliares, anticonciliares, tridentinos,[19] conservadores, desobedientes a las enseñanzas del Magisterio, nostálgicos, fundamentalistas, y una multitud de títulos y medallas cuya prolijidad deja en ridículo a la abundancia de condecoraciones de cualquier oficial del Ejército de un país tercermundista. Por otra parte, no sienten escrúpulo alguno en utilizar el Concilio según su exclusiva conveniencia. Lo que significa que, cuando se trata de prescripciones o disposiciones que no se adaptan a su particular ideología, tales textos son ignorados o escamoteados, y hasta, en caso preciso, manipulados y falsificados. Que es justamente lo que sucede con el tema que estamos tratando. Si algunos infelices sacerdotes, pensando quizá en fortalecer su vocación

---

[19]Es inútil tratar de buscar lógica o sentido común en todas estas y otras muchas descalificaciones al uso. Se trata de un *lugar teológico* en el que todo se admite, con tal de anular a los oponentes: contradicciones, manipulación y falsificación de datos (históricos y no históricos), tergiversación de los Documentos Conciliares, etc., etc.

de secularidad y diocesaneidad y en ayudarse mutuamente, desean asociarse —según hemos visto que está en la mente del Concilio, y contando siempre con el Obispo—, son investidos automáticamente con el sambenito de *malditos* y de *antidiocesanos*.

Y con esto hemos venido a parar al extraño problema de la cacareada *antidiocesaneidad*. Un raro engendro ante el cual es peligroso e inútil preguntar acerca de lo que es exactamente. Y digo aquí que se trataría de una inquisición ociosa porque, para responderla, habría que saber primero en lo que consiste la *diocesaneidad*.

Por supuesto que no se trata de que el concepto de diocesaneidad no haya quedado suficientemente claro en los Documentos Conciliares, y más concretamente en el Decreto *Presbyterorum Ordinis*. Sin embargo, por desgracia y como estamos viendo, los documentos no son la realidad de la existencia. También aquí, como en tantos lugares, los problemas se presentan en cascada.

¿En qué forma, y en qué medida, cualquier grupo de sacerdotes diocesanos que deseen asociarse —contando con la bendición de su Obispo; y sin perder de vista el fraterno amor a los demás sacerdotes, sus hermanos— puede suponer un obstáculo a la diocesaneidad? Extraña pregunta, cuya sola formulación es ya casi un delito; en cuanto que afecta en directo al mítico mundo de tópicos que no requieren explicación alguna. Es lo que suele suceder con todos los sambenitos, en los cuales es suficiente con atribuirlos sin más a algún sujeto; sin necesidad de especificaciones o explicaciones que tipifiquen con diafanidad el delito del delincuente.

El concepto de diocesaneidad sacerdotal está delineado con suficiente claridad en el *Presbyterorum Ordinis*, y en paz y tranquilidad se ha vivido desde siempre. Mejor o peor, pero sin problemas ni enredosas especulaciones. En los tiempos modernos, sin embargo, han interferido en él ciertas modificaciones que, no por dolorosas de reconocer, dejan de ser verdaderas; y en esa misma medida, un problema.

En primer lugar, debemos tener en cuenta que el concepto de diocesaneidad no tiene sentido alguno si no va unido al concepto de Obispo. Los presbíteros, según la constitución misma de la Iglesia y la voluntad de su Divino Fundador, no son nada sin el Obispo. Pero sucede que el papel y las funciones del Obispo, en los tiempos que han seguido al Vaticano II, se han difuminado en cierto modo. Se quiera o no reconocer, y por más que se diga lo contrario, es lo cierto que las Conferencias Episcopales han mermado de hecho la autonomía y la libertad de actuación de los Obispos en sus propias diócesis.[20] Con las consiguientes y lógicas consecuencias. Porque la pérdida de relieve de la condición de la Cabeza, conduce inevitablemente hacia una cierta repercusión negativa en el conjunto del Organismo, diocesano en este caso, que se traduce en disgregación. Un hecho que ordinariamente pasa desapercibido, pero que no por

---

[20] En este caso no tiene validez el principio, tan comúnmente admitido, de que *la unión hace la fuerza*. En primer lugar, porque todo parece indicar que la voluntad del Fundador de la Iglesia, con respecto a su constitución, gira en torno a la idea de que la unidad territorial (o la célula territorial, unida luego a las demás del conjunto) es la *diócesis* (o lo que la Iglesia primitiva conocía con el nombre de Iglesias particulares), y no la *nación* (que por ser un ente sobre todo político posee una consistencia inestable, relativa y proteica). En segundo lugar, porque las Conferencias Episcopales han demostrado en la práctica ser presa fácil de los Grupos Ideológicos de Presión; cuya consecuencia más patente ha consistido en unir a los Obispos, en efecto; pero en una *aquiescencia sumisa y dócil a las directrices de tales Grupos*. Como es corriente en estos casos, yo seré tachado de exagerado, y de ahí hacia arriba (o hacia abajo, según se quiera considerar). A pesar de lo cual, un examen honrado y sereno del problema, carente de prejuicios y amante de la verdad, es probable que me concediera al menos una parte de razón. Evidentemente quienes rechacen estas afirmaciones siempre pueden acudir al recurso de elaborar una lista, lo más completa posible, de Obispos que se atreven a actuar al margen de las directrices de las Conferencias Episcopales; aunque es muy posible que no les resulte una tarea fácil.

eso es menos real: *Andan perdidas mis ovejas por falta de pastor;*[21] o también: *Hiere al pastor y que se disperse el rebaño.*[22] Y si bien la aplicación de textos semejantes al problema puede parecer a algunos exagerada o poco razonable, tal vez con razón, la realidad obliga a reconocer cierta verosimilitud al menos al hecho de traerlos a colación.

Casi todos los Obispos pertenecen a alguna, o algunas, de las innumerables Comisiones y Subcomisiones en las que están estructuradas las Conferencias Episcopales. La necesidad de continuos desplazamientos, con el fin de estar presentes en las numerosas reuniones y deliberaciones de tales Organismos, se convierte en una frecuente ausencia de los Obispos de sus respectivas diócesis. Cada vez resulta más difícil, para los simples sacerdotes, recibir ayuda personal de su Obispo —su Padre y Pastor— y confiarle problemas que sólo él podría contribuir a resolver. Por otra parte, la crisis de fe que actualmente afecta a la Iglesia, y el ambiente de naturalismo que la permeabiliza y la inunda, han contribuido también a que la figura del Obispo, como Padre y Pastor, haya ido cambiando paulatinamente en la de Obispo Ejecutivo, u Obispo *businessman*. Dada la multitud de ocupaciones a las que el Obispo ha de prestar atención, los simples sacerdotes se ven obligados, si acaso desean acudir a su Pastor, a pasar por los trámites burocráticos de petición de entrevistas (para fechas que a veces se alargan desmesuradamente), laboriosas gestiones ante secretarios y secretarias, Jefes de Personal, Encargados de turno de los correspondientes Asuntos Diversos..., a fin de tratar con ellos de cuestiones que, quizá por su delicadeza o importancia, solamente el Obispo tendría que conocer. Aun cuando pueda parecer una broma, el Obispo ha de dedicar tanto tiempo a

---

[21] Ez 34:5.
[22] Za 13:7.

las cuestiones de índole *social* que ya no dispone de espacio para atender a las de carácter *religioso*.

Todo lo cual no podía dejar de repercutir negativamente en el espíritu de fraternidad sacerdotal, tan proclamado en los Documentos Conciliares como escaso de consistencia real. En las frecuentes y numerosas reuniones que las modernas Curias Diocesanas organizan para los sacerdotes, suele rezarse en ellas una Hora Canónica en común *como testimonio de fraternidad y de unión entre los sacerdotes diocesanos*. Y después de eso, como dice el adagio popular, *si acaso te he visto, ya no me acuerdo*. Ante lo cual es de temer, tal como la realidad parece demostrarlo, que si la caridad fraterna y la diocesaneidad quedan reducidas a eso, ¿puede alguien explicar contra qué tipo o especie de diocesaneidad, o de unidad del Presbiterio, atentan los infelices que, siguiendo las directrices del Concilio, pretenden asociarse para ayudarse mutuamente, tanto en las tareas que afectan al ministerio como en las que atañen a su espiritualidad personal? De donde podría deducirse que, si acaso el concepto de diocesaneidad es más evanescente que consistente, el pretendido atentado que algunos cometen contra él es más fantasmagórico que real. Sin embargo, tales atrevidos son tratados de antidiocesanos, e integrados sin más en el grupo de *malditos*; sin necesidad de pruebas por parte de los acusadores, ni posibilidad de apelación por parte de los acusados. Una vez más, por desgracia, el concepto de publicano es sinónimo del concepto de pecador; y de ahí que siempre aparezcan juntos y como asociados.

La falta de visión, o estrechez de miras como otros la llaman, es una lacra que, no solamente afecta al individuo que la padece, sino que siempre repercute negativa y lamentablemente en los demás. La lucha de Jesucristo contra ese vicio aparece reflejada en casi todas las páginas del Evangelio. No pocas veces el defecto aqueja al individuo desde su nacimiento, como los eunucos de los que hablaba el Señor (también hay eunucos de la mente). Y ya se sabe que la falta o escasez de inteligencia es la única enfermedad cuyos síntomas son percibidos por los demás, y nunca por el paciente que la sufre (aunque en realidad son los otros quienes suelen sufrir sus consecuencias). Otras veces, sin embargo, tiene su origen en un corazón egoísta y cerrado sobre sí mismo; y de ahí el empeño de muchos en no admitir cosa alguna, sea lo que fuere, que no tenga cabida en el estrecho mundo que ellos han construido para su uso particular: si no entienden una cosa, es que se trata de algo equivocado; si esto o aquello no les gusta, o no les parece bien, es porque se trata de algo malo o incorrecto; si no les ha sido posible conseguir algo, es impensable que alguien lo haya podido lograr: *¡Ay de vosotros, escribas y fariseos hipócritas, que cerráis el Reino de los Cielos a los hombres! ¡Porque ni vosotros entráis ni dejáis entrar a los que intentan pasar!*[23] Ni entrar ni dejar entrar, ni hacer ni dejar hacer, parecen ser, en efecto, los lemas de muchos. A menudo se trata de aquéllos que actúan según la conocida *ley del embudo*: colocando hacia ellos la parte ancha del utensilio y apuntando hacia los demás con la parte estrecha. Suelen ser los mismos que convierten una minucia en montaña, para tratar luego a las montañas como si fuesen minucias: cuelan un mosquito y se tragan un camello (Mt 23:24).

El Obispo de algún lugar de los Estados Unidos me reprochaba en cierta ocasión acerca del tema de las *altar girls*. El hecho de no haberlas establecido en nuestras parroquias provocaba en este buen hombre el escándalo y la alarma (pastorales, por supuesto). Pero lo peor de todo esto es el convencimiento de que, una vez admitida y puesta en marcha la minucia, el mundo va a girar de otra manera. Hay quienes están convencidos, por ejemplo, de que los problemas

---

[23] Mt 23:13.

del Cristianismo actual van a solucionarse, de forma automática, en el momento mismo en que los Ministros Eucarísticos laicos de la parroquia superen en número a los simples fieles, o cuando sean las chicas las que asistan al altar en la celebración de la Eucaristía, o en el instante en que las mujeres suban al presbiterio para leer los correspondientes textos litúrgicos. Etc., etc.[24]

Aunque la afirmación suene a broma, tal vez convenga decir que Jesucristo poseía una visión amplia y profunda de la realidad. Por eso llamó a Mateo y luego lo incluyó en el grupo de los Doce, *sin importarle en absoluto el hecho de que el futuro Apóstol fuera publicano*. Claro está que Jesucristo, como reconocían los mismos fariseos, no tenía acepción de personas (Mt 22:16).[25]

---

[24] En el lado opuesto se encuentran aquéllos —merecedores de respeto, por otra parte— que, preocupados por las nuevas ideologías que corren en la Iglesia actual (y que, según ellos, son ajenas e incluso contrarias al *quod traditum est*), propugnan una serie de medidas que son más nostálgicas que efectivas. Restablecer la Misa de Rito Tridentino, poniendo de nuevo en vigor el Misal de San Pío V, no parece ni muy factible ni muy efectivo. Mucho menos parece realizable la idea de crear una Prelatura Autónoma, en la que ingresarían los católicos que desearan acogerse a la Liturgia y a las condiciones anteriores al Vaticano II. Lo que la Iglesia necesita, en realidad, es una reforma profunda *in Capite et in Membris*, según una expresión que circulaba libremente en la Antigüedad pero que ahora no estaría permitida. De todos modos no se vislumbra en el horizonte ninguna intención, por parte de nadie, de llevar a cabo tal reforma.

[25] Cuando llegamos a los Estados Unidos, como un pequeño grupo de sacerdotes que deseaban ejercer el ministerio en ese país, ya se nos advirtió que jamás se nos entregaría la dirección de una parroquia, dada nuestra condición de *hispanos*. Lo lamentable y triste de la cuestión es el hecho de que, para la mayor parte del clero y de la Jerarquía norteamericanos, el vocablo *hispano* tiene un sentido peyorativo que denota una cierta discriminación. Aunque sea doloroso para mí decirlo, es una realidad preocupante que en el País de la Democracia, Campeón de los Derechos Humanos, existan síntomas de racismo. Puesto que los Estados Unidos de América fueron siempre para mí —y lo siguen siendo— una Nación muy querida en la que he encontrado mis mejores amigos, mi pena ante esta situación es todavía mayor.

Vocación de San Mateo

Pongamos mucho cuidado, sin embargo, en no confundir las perspectivas. Sería falso deducir de ese hecho la idea de que el Maestro no concedió demasiada importancia a la elección de sus hombres más allegados (las futuras columnas de la Iglesia), y que procedió en este delicado tema algo así como al albur. Lo verdadero aquí es todo lo contrario. Como lo prueba el hecho, por ejemplo, de que pasó una noche entera en oración la víspera de la elección de los Doce.[26] Así nada tiene de extraño que eligiera, para ser uno de ellos, a un verdadero israelita en el que no había sombra de engaño (Jn 1:47). En cuanto a Mateo (Leví) concretamente, por supuesto que no le importó su condición de publicano; *pero sí que hubo de tener en cuenta la generosidad y grandeza del corazón de este hombre.* El cual no puso condiciones, ni se hizo tardo con demoras, cuando fue llamado por el Señor. Dejó la mesa del telonio sin más, olvidó para siempre su rentable oficio de publicano, e invitó generosamente (como Zaqueo, también publicano)[27] a muchos a participar en la comida con la que obsequió al Maestro para celebrar su encuentro, etc.

Si partimos de la base de que la vocación al ministerio sacerdotal procede expresa y directamente de Dios (Heb 5:4), hemos de suponer que serán elegidos de entre los hombres (Heb 5:1) aquéllos, y solamente aquéllos, que posean una naturaleza capaz de cumplir honestamente con las funciones sagradas. El ejercicio del sacerdocio no es cosa de broma, y no admite dudas en cuanto a la capacidad de sacrificio, la grandeza de corazón, y la aptitud para el esfuerzo heroico que son necesarios en el candidato al ministerio. Por más que sea cierto que la gracia sana y eleva la naturaleza, no la modifica sin embargo en sus cualidades básicas, por cuanto todo parece

---

[26] Cf Lc 6: 12–13.

[27] En cuanto al comportamiento magnánimo de este último, véase la narración del suceso en Lc 19: 1–10; especialmente el v. 8.

indicar que Dios no gusta de los milagros innecesarios; de manera que pretender otra cosa sería hacer burla de Dios y del sacramento del Orden.[28] La gracia otorga al candidato los dones y carismas *sobrenaturales* que necesita para el ejercicio del sacerdocio, aunque no le proporciona las cualidades *naturales* sobre las que ella misma debe asentarse. Es imposible pensar que Dios va a exigir el cumplimiento de unas funciones, nada fáciles en este caso, sin contar para ello con los dones necesarios, tanto naturales como sobrenaturales. Los primeros van unidos, por definición, a la naturaleza; mientras que los segundos son otorgados directamente por la gracia.

La vocación al sacerdocio, por más que proceda directa y expresamente de Dios,[29] no exime en absoluto de la necesaria preparación para oficio tan sublime. Son bien conocidas las serias disposiciones que el Concilio de Trento estableció acerca del tema; de manera que, durante varios siglos, los *Seminarios Conciliares*, también llamados *Tridentinos*, pese a sus muchos defectos y deficiencias, funcionaron cumpliendo su cometido. Generaciones de sacerdotes se formaron en ellos, acerca de las cuales no sería justo dudar, ni de la existencia de un alto grado de fe, ni menos aún de una piedad capaz de alimentar al conjunto del Pueblo cristiano de forma bastante aceptable desde el momento en que no podía ser perfecta. Si somos honrados en reconocer la realidad, tendremos que aceptar que, si bien siempre hubo justos y pecadores, la gran masa del Rebaño de Cristo, sin embargo, vivía de la fe. La perfección de todos en la piedad habría sido el resultado de una fantasía: la de que todos los sacerdotes hubieran sido santos. Un sueño que jamás ha sido realidad fuera del desconocido

---

[28] Aquí cabría traer a colación, siquiera en un sentido traslaticio, el antiguo adagio según el cual *quod natura non dat, Salmantica non praestat*.

[29] La determinación, clara y exenta de toda duda, acerca de la autenticidad de tal vocación, corresponde exclusivamente a la Iglesia, y concretamente a la persona del Obispo correspondiente.

Reino de Utopía. En aquellos tiempos, sin embargo, escaseaban los santos; como han escaseado siempre las piedras preciosas, y de ahí el alto precio y la elevada estima que siempre las han acompañado. Tampoco era necesaria otra cosa, la cual, por otra parte, quizá no haya entrado nunca en los planes de Dios. Los héroes dejarían de serlo, sin servir ya de modelo e incentivo para los demás, en el momento mismo en el que todos los hombres lo fuesen. Es por eso mismo por lo que nadie habría pensado nunca en tropezar con los santos a la vuelta de cualquier esquina; al igual que nadie desearía que los diamantes pudieran ser recogidos en cosecha, como las zanahorias o los tomates. ¿Y para qué servirían entonces los diamantes? Una vez que dejaran de ser raros y escasos, inútiles ya por lo tanto para alimentar el orgullo y la presunción humanos, nadie sabría de ningún uso práctico para ellos. En cuanto a las zanahorias o los tomates, por lo menos sirven para ser comidos.

Con la llegada de los tiempos modernos las deficiencias de los antiguos Seminarios se hicieron más patentes, de manera que la necesidad de su reforma fue adquiriendo carácter de urgencia. Con la nueva y esplendorosa Primavera que el Concilio Vaticano II, aun antes de celebrarse, prometía para la Iglesia, la ansiada reforma parecía cosa hecha. Poner en duda la realidad de su llegada habría supuesto incidir en el pecado del derrotismo, del pesimismo, del escepticismo, y de algunos *ismos* más; pues todo el mundo daba entonces por admitido que lo *nuevo* es siempre sinónimo de lo *mejor*. Decididamente no hay sino reconocer que la naturaleza humana es difícil de entender. Sin embargo, y muy en contra de lo que todo el mundo esperaba, ocurrió que no sólo jamás llegaron las ansiadas mejoras, sino que en su lugar hizo su aparición tal desastre como para acabar con todo lo existente. Lo dicho: por más que se admita que la Historia es Maestra de la vida, nunca debiera olvidarse que siempre acaba por reservarnos grandes e inexplicables sorpresas.

De manera que, en lugar de la Primavera tan esperada, hizo su aparición un Invierno tan crudo y gélido como quizá antes no se había conocido. Los vientos fríos del Neomodernismo soplaron con fuerza por todas partes, y fueron muchos los que confundieron la adaptación al mundo moderno con la asimilación del espíritu del mundo (o mundano). Con respecto a la formación de los sacerdotes, ya no se consideró necesario conservar la piedad y el fervor sobrenaturales, por más que hubieran podido adaptarse a las circunstancias del mundo moderno. ¿Por qué es tan frecuente la psicosis humana de entender la *adaptación* como *destrucción*? Los Antiguos sentían graves recelos con respecto a las innovaciones: *Nihil innovetur, nisi quod traditum est*, solían decir. Claro está, sin embargo, que una inteligente adaptación, que solamente por ser tal se cuidaría por sí misma de conservar todo lo bueno de lo antiguo, no solamente sería admisible sino incluso necesaria: *Es preciso hacer estas cosas, pero sin omitir aquéllas*,[30] decía Jesucristo. Por supuesto que Él se refería a los que pagaban el diezmo del anís y del comino y se olvidaban en cambio de la justicia, de la misericordia, y de la fidelidad; pero es casi seguro que, con respecto a nuestro caso, habría pensado igual. Probablemente nos habría enseñado que la adaptación era algo tan importante como la necesidad de *no apagar el Espíritu* (1 Te 5:19). Pues es bien sabido que San Pablo solía hablar siempre haciéndose eco de las doctrinas de su Maestro y Señor (no se sabe de desacuerdos entre uno y otro). Asimismo también es cierto que Jesucristo consideraba, como partes igualmente integrantes del tesoro de un buen maestro, tanto a las cosas antiguas como a las nuevas: *nova et vetera* (Mt 13:52). Siempre, claro está, que ambas valieran la pena: las unas, de ser conservadas; las otras, de ser introducidas.

Las corrientes de pensamiento que circulaban por la Iglesia estaban convencidas de la urgencia de mostrar al mundo, como si fuera

---

[30]Mt 23:23.

en ese momento lo más importante, que el sacerdote *no era diferente en absoluto a sus hermanos los demás hombres*. Lo que dio origen a la aparición del extraño espécimen del género *sacerdote-testimonio*,[31] el cual abarcaba, a su vez, otra multitud de especies y subespecies cada vez más diversificadas, a saber: el sacerdote obrero, que podía aparecer como fontanero, electricista, albañil..., o bien, en general, en cualquier oficio que diera de lado al cumplimiento de las funciones propiamente sacerdotales.[32]

Desgraciadamente llegaron tiempos en los que, al parecer, ya no se consideraba necesaria la oración (y dígase lo mismo de los demás medios sobrenaturales) para la tarea de la elección de los candidatos al sacerdocio. Todo apuntaba también a que ya no era preciso atribuirle importancia a la seria advertencia de San Pablo a su discípulo Timoteo: *No impongas las manos a nadie con precipitación; ni te hagas cómplice de los pecados ajenos.*[33]

Como la prometida Primavera, tan esperada para después del Concilio, apareció sin embargo en forma de crudo Invierno —sin que nadie haya explicado satisfactoriamente el cómo ni el porqué—, arrasando con Seminarios y Noviciados, pronto se encontró el Pueblo cristiano sin Pastores y sin Religiosos. La única explicación del hecho que altos cargos de la Curia Vaticana han dado hasta ahora, al menos

---

[31] Se olvidaba el hecho de que todo el mundo era consciente, desde siempre y en todas partes, de que el sacerdote estaba llamado a ser un testimonio viviente de Jesucristo.

[32] Es falsa la afirmación de que el sacerdote no debe mostrarse como diferente a los demás hombres. Si el texto de Heb 5:1, en el que se dice que ha sido *entresacado de entre los hombres*, tiene algún significado es justamente el de que, por eso mismo, ha de ser diferente a ellos. De otro modo quedarían también vacías de sentido las palabras de Jesucristo: *Ellos no son del mundo, como Yo tampoco soy del mundo* (Jn 17:14). Es posible que aquello que más desea el conjunto de fieles sea precisamente eso: que los sacerdotes sean diferentes de los demás.

[33] 1 Tim 5:22.

que yo sepa, es la de que el desastre sucedió *post hoc, non propter hoc.* El *hoc* era, por supuesto el Concilio. Aunque la noticia de la precisión de fecha —el *post*— no era necesaria en absoluto, en cuanto que el hecho era patente para todo el mundo. Sin embargo las causas —el *propter*—, que hubieran sido lo más interesante de saber, quedaron sin explicar y abiertas, por lo tanto, a la libre especulación.[34]

Pero puestos a buscar causas, creo que es de justicia decir que es imposible atribuirlas a una equivocada política pastoral, o a la mera falta de aplicación de las disposiciones del Vaticano II. Tales explicaciones, además de insuficientes, no escapan al hecho evidente de que tratan de ocultar la realidad. Todo parece apuntar, sin embargo, a una espectacular crisis de fe dentro de la Iglesia: *in Capite et in Membris.* Pero sobre todo *in Capite*, con lo cual me refiero, por supuesto, a la Jerarquía en general; por doloroso que suponga reconocerlo así. Ya el Papa Pablo VI admitió antes de su muerte que se había equivocado en muchas de sus decisiones, y que incluso —fueron sus palabras— *el humo de Satanás había penetrado dentro de la Iglesia.*

Sea como fuere, el hecho patente no es otro sino el de que, como queda dicho antes, los Seminarios y Noviciados quedaron vacíos y muchos de ellos —la mayoría— clausurados. A fin de remediar el

---

[34]Según el noticiero *Irish Independent*, solamente ocho candidatos serán ordenados en el 2004, en el único Seminario que queda en Irlanda para veintiséis diócesis (citado por el *The Catholic World Report* de Julio, 2004). La Primavera Post–Conciliar continúa dando sus frutos; o tal vez habría que decir mejor que continúa sin darlos. En esto ha terminado la *Católica Irlanda*, cuya capacidad para enviar a tantos sacerdotes a países extranjeros, especialmente a los Estados Unidos de América, es conocida de todos. Como término de comparación, quizá valga la pena recordar que, en mis tiempos de estudiante en el Seminario de Murcia (una diócesis que distaba mucho de ser de las más importantes de España), hacia mediados del siglo pasado, contábamos seiscientos alumnos. El mismo número del *The Catholic World Report* informa también que este año se cierran en la Archidiócesis de Boston (USA) sesenta parroquias.

mal, los tiempos que siguieron al Concilio Vaticano II contemplaron la puesta en práctica de una Pastoral de Jóvenes..., cuyo fracaso ha sido todavía más espectacular. El primer error que se cometió con la aplicación de dicha nueva Pastoral, a mi entender, fue el de presentarla, no ya como un necesario cambio de rumbo que hubiera sido honesto e inteligente reconocer, sino con aires triunfalistas sin fundamento alguno real. Ya no se trataba de poner remedio a una grave situación (cuya existencia no se reconocía), sino de elevar a la Juventud a lugares cimeros hasta ahora jamás alcanzados, según se proclamaba. Se multiplicaron los Encuentros y hasta los Concilios de Jóvenes, con actos multitudinarios que no podían evitar su aire de espectáculos. La *Juventud con el Papa*, y eslóganes como el *Totus Tuus* y otros semejantes, se hicieron populares y recorrieron el mundo, a pesar de su falta de veracidad o de un ambiguo significado que nadie se molestaba en explicar. Por otra parte, los Programas de actuación que se proponían a los jóvenes estaban impregnados de ideología puramente humana, en la que se echaba en falta cualquier alusión a lo sobrenatural.[35]

Fue por entonces cuando surgieron las extrañas Campañas de Reclutamiento Vocacionales. Las cuales, por desgracia, quedaban ya muy lejos de la práctica de la noche previa de oración antes de elegir a los candidatos. Apareció en los folletos y carteles de propaganda la figura del nuevo seminarista, guitarra en mano y *rire jaune* (una castiza expresión francesa que viene a significar algo así como sonrisa de conejo, o sonrisa forzada), pero acompañado esta vez de chicas con rostro igualmente feliz. Como queriendo dar a entender que la vida transcurría felizmente en los Seminarios, en los que to-

---

[35] Mucho contribuyó también al fenómeno de la deserción general, además de la *Promoción de los Seglares*, algo que los teólogos progresistas se esforzaron en difundir por todas partes: la llamada *crisis de identidad del Sacerdocio*.

do contribuía a pasarlo *guay* (expresión de la época); para mí que fue quizá eso lo que a los jóvenes del momento les pareció excesivo, hasta el punto de que provocó en ellos una deserción en masa, como si huyeran de una epidemia. Pues decididamente es preciso reconocer que el sentido de percepción de lo ridículo, y el rechazo de lo demasiado fácil, son cosas más frecuentes en los jóvenes que en las personas mayores.

Tengo ante mí una noticia fechada en Viena, el 13 de Julio del 2004,[36] en la que se habla de una campaña publicitaria para reclutamiento de vocaciones en la Archidiócesis austriaca. Se trata de carteles conteniendo eslóganes, de los que el noticiero destaca algunos como los siguientes: *Quien quiere abrir los corazones de los hombres se hace cirujano o sacerdote... Quien quiera llevar la luz que se haga electricista o sacerdote... Quien quiera fortalecer a las personas que se haga monitor de aeróbic o sacerdote...* Y otras semejantes. Es de esperar que, después de cosas como éstas, los jóvenes austriacos se precipitarán en masa a solicitar su admisión en los Seminarios; salvo que consideren que tales consignas son un insulto a su inteligencia y a su generosidad.

Por otra parte, por mucho que se quiera recurrir a la buena voluntad, es difícil creer que la apertura de los Seminarios a los homosexuales (como se ha hecho en algunos lugares, y principalmente en Norteamérica) responda a un sentimiento de angustia ante la apremiante necesidad de sacerdotes. A no ser que se quiera suponer en los responsables un grado de ingenuidad rayano en la ceguera o en la anormalidad mental. Los resultados están a la vista, de tal manera que parece imposible pensar que hubieran podido ser distintos. ¿Es posible, por lo tanto, buscar razones? De encontrarse algunas, quizá sean las mismas que han impulsado al mundo moderno, más anti-

---

[36]Recogida a su vez en *Libertad Digital*, Internet, 14 de Julio.

cristiano que meramente pagano, a considerar la licitud (e incluso la dignidad) de cosas tales como la homosexualidad o la disolución del matrimonio. Sin embargo todo induce a pensar más bien en un designio oculto de destruir el sacerdocio católico.

El problema consiste en que la Pastoral moderna, en la medida en que todavía se pueda llamar así, ha dado un giro completo con respecto a los contenidos del Nuevo Testamento.

Lo que queda patente, en la narración que estamos comentando, es que Jesucristo, haciendo caso omiso de la condición de *malditos* que se les atribuye, alterna con los publicanos y demás gente del entorno y se introduce entre ellos. Aunque con una intención bien definida, cual es la de buscarlos y sanarlos: *No tienen necesidad de médico los sanos, sino los enfermos... No he venido a llamar a los justos, sino a los pecadores.* Las palabras del contexto apuntan claramente al hecho de que el Maestro no está interesado en lo que sería un mero cambio de condicionamientos sociales. Sus objetivos nada tienen que ver con fines o modos de conducta que no llegan más allá de lo puramente natural. Lo que realmente busca, por el contrario, es un cambio radical del corazón humano, capaz de ser origen y fuente, a su vez, de sentimientos *simples* o puros (Mt 6:22) que se proyecten y concreten en la conducta característica del *hombre nuevo* (Ef 4:24). O dicho de otra manera: un cambio interior, animado y movido por la gracia, con miras u objetivos sobrenaturales. Como Él mismo dice a los bien pensantes murmuradores, con evidente tono de reproche: *Misericordia quiero, y no sacrificios* (rituales). Dado que el cristiano, en efecto, no es meramente un ser que —como ahora se diría— se ha comprometido en favor de los marginados, ni un campeón de la justicia social; sino alguien que ha sido injertado en Cristo y que vive, desde ese momento, la vida misma del Señor (Jn 6:57; Ro 8: 9–10). El Cristianismo es una doctrina que conduce a la existencia en Cristo, la misma que ha de nacer del corazón del hombre para desde allí —desde un interior transformado en Él— impregnar todo su ser. Doctrina que acaba definitivamente con los rituales meramente externos, los cuales jamás cambian al ser humano ni modifican su conducta de *hombre viejo* (Ro 6:6).[37]

El imperativo dirigido a Mateo es bien claro y específico acerca de lo que se trata: *¡Sígueme!* La invitación —concisa y terminante, por otra parte— persigue como objetivo, por lo tanto, el seguimiento del Maestro. Nada más, y nada menos, que el seguimiento del Maestro, con todo lo que eso supone.[38]

Como puede verse, estamos lejos todavía de la idea de comparar el seguimiento *perfecto* del Maestro —*Sacerdos est alter Christus!*— con ideas tales como las de hacerse monitor de aeróbic o cirujano. Si la existencia de cualquier cristiano, y de un modo más especial la del sacerdote, ha de consistir en una verdadera *cristificación*, ¿hasta qué punto es conveniente que la moderna Pastoral proponga a la juventud, como ideal a realizar, el eslogan *sé tú mismo*?

Es cierto que puede hallarse un contenido correcto a esa expresión, si acaso se examina con la suficiente dosis de buena voluntad. Vendría a significar entonces algo así como *sé cómo debes ser tú mismo*. O algo semejante quizá. Pero es necesario reconocer que,

---

[37]Las palabras no pueden ser más contundentes: *¡Ay de vosotros, escribas y fariseos hipócritas, que pagáis el diezmo de la menta, del anís y del comino, pero abandonáis lo más importante de la Ley: la justicia, la misericordia y la fidelidad!* (Mt 23:23).

[38]Podríamos citar aquí multitud de textos, demasiado elocuentes como para abrir horizontes sobrenaturales anteriormente insospechados. Por ejemplo, Mt 10: 38–39; Lc 9:23; 14:27; 2 Cor 4:10; Ga 6:14; etc. Todos se refieren a lo mismo, a saber: a compartir la existencia del Maestro y sobre todo su muerte de cruz. Quien decida aceptar tal invitación ha de saber que el Hijo del Hombre no ha tenido dónde reclinar su cabeza (Lc 9:58) y que ha de estar dispuesto a beber del mismo cáliz (Mc 10:38).

tal como se expone sencillamente, es una idea de carácter ambiguo, y por lo tanto peligrosa.³⁹ Según el espíritu del Nuevo Testamento, para ser uno mismo es necesario dejar de ser uno mismo: *Quien pierda su vida por mí, la hallará.*⁴⁰ Y también: *Así como el Padre que me envió vive y Yo vivo por el Padre, así quien me come también él vivirá por mí.*⁴¹ Por supuesto que *uno mismo* no deja de ser uno mismo, hasta el punto de que sería absurdo suponer lo contrario.⁴² Pero es evidente que la consigna *sé tú mismo* connota una idea de permanencia en sí, de autocontemplación o de narcisismo si se quiere, de autoafirmación y de realización en y por el mismo sujeto; o para decirlo en una palabra, de autosuficiencia. Sin embargo, para el Nuevo Testamento —que supone la Revelación del Amor Perfec-

---

³⁹La gente tiende a entender las cosas tal como suenan, sin más, lo cual es perfectamente natural. A no ser que se trate de metáforas clara y abiertamente patentes, como las expresiones *si tu ojo te escandaliza...*, o bien, *si tu mano te escandaliza...* u otras semejantes. Pero la consigna *sé tú mismo* en modo alguno es una metáfora.

⁴⁰Mt 10:39.

⁴¹Jn 6:57.

⁴²En el conocido texto de San Pablo de Ga 2:20, donde dice el Apóstol que: *Vivo autem iam non ego, vivit vero in me Christus*, se pueden observar dos cosas con toda claridad. En primer lugar, la afirmación de que vive la vida misma de Cristo (ha hecho suya la existencia del Maestro); en segundo lugar, que él, Pablo, sigue siendo él. El análisis cuidadoso de la frase lo muestra de manera patente: si, por una parte, Cristo vive en él, es precisamente *en él* donde vive; además de la expresión fuerte del comienzo: *Vivo autem*, en primera persona de indicativo. Ambas afirmaciones, en las que se alude a las diferentes personalidades y a la vida de cada una de ellas en la otra, deben entenderse en sentido igualmente fuerte, y son una muestra más de la paradoja con la que se muestran tantos misterios del mundo sobrenatural cristiano. En el seno de la Trinidad, el *Yo* del Padre se contempla a Sí mismo en el *Yo* del Hijo, aunque ambos dos son una misma cosa (pero no una misma Persona). En realidad, el *Yo* del Hijo no es una entelequia: *Como el Padre que me envió vive, y Yo vivo por el Padre...* (Jn 6:57). No es necesario decir que, cuando se trata de los seres creados, hay que tener en cuenta la analogía.

to y del fin para el cual el hombre fue creado, que no es otro sino el Amor— la consumación del hombre sólo tiene lugar *mediante la salida de sí mismo* para entregarse *al otro*. Y la única mirada que conduce al hombre al autoconocimiento es la contemplación *del otro*, desde que solamente mediante el *tú* es capaz de conocer el propio *yo*. Hecho por el Amor y para el Amor, el ser humano es el amante que solamente llega a ser tal mediante la recíproca contemplación que ha lugar entre él y la persona amada:

> *Cuando tú me mirabas,*
> *su gracia en mí tus ojos imprimían:*
> *por eso me adamabas,*
> *y en eso merecían*
> *los míos adorar lo que en Ti vían.*[43]

La misión del cristiano es la de dar testimonio de Jesús. Lo cual vale de una manera especial para el sacerdote, desde el momento en que, más que ningún otro, es el llamado a ser *alter Christus*. De ahí que ahora es cuando sería llegado el momento de formular la pregunta: ¿Cómo puede pretender ser un testimonio de Cristo sin dejar de mirarse a sí mismo para contemplar, en cambio, al Maestro e impregnarse de su vida... y de su muerte? Y en efecto, porque según el Apóstol: *Llevamos siempre y por todas partes en el cuerpo la muerte de Jesús, para que también la vida de Jesús se manifieste en nuestro cuerpo. Pues nosotros, los que vivimos, estamos de continuo entregados a la muerte por causa de Jesús; para que también la vida de Jesús se manifieste en nuestra carne mortal.*[44] De donde se desprende que el testimonio es para todo momento y para todo

---

[43] San Juan de la Cruz, *Cántico Espiritual*, 32.
[44] 2 Cor 4: 10–11.

lugar: *Llevamos siempre y por todas partes...* Lo cual supone estar entregado a la muerte, por y con Jesús, *de continuo.* Y además y sobre todo, que aquello que los demás pretenderán y desearán ver en nosotros —lo único que les interesa y lo que realmente necesitan— es que *la vida de Jesús se manifieste en nuestra carne mortal.* Expresión fuerte —la de carne mortal—, que viene a poner de manifiesto que el testimonio ha de ser tan literalmente visible como claramente patente.

Y así es como sigue quedando lejos todavía la proposición de convertirse en monitor de aeróbic. Seguramente que Mateo el publicano, si acaso se hubiera propuesto el ideal de ser él mismo, jamás hubiera dejado el telonio ni llegado a ser Apóstol. Y de ahí también que, mientras que la Pastoral católica para Jóvenes, siga atenazada por el temor de proponerles el ideal de la *cristificación* —el cual, no debe olvidarse, comprende también el de la crucifixión— continuará siendo tan inoperante como inútil.

El Apóstol San Pablo, que no había sido víctima de complejos ni de vanos deseos de contentar al mundo, hablaba claramente y sin tapujos: *Por eso, mientras que los judíos piden milagros y los griegos buscan sabiduría, nosotros predicamos a Cristo crucificado: escándalo para los judíos y locura para los gentiles; pero para los llamados, tanto judíos como griegos, Cristo es fuerza de Dios y sabiduría de Dios. Porque la locura de Dios es más sabia que los hombres, así como la debilidad de Dios es también más fuerte que los hombres.*[45] Donde consta bien claramente que la predicación cristiana ha de parecer *locura,* tanto a unos como a otros —judíos o gentiles, creyentes o no creyentes, de dentro o de fuera—. Hasta el punto de que, solamente en la medida en que así lo parezca, *es auténtica predicación cristiana.* Sin olvidar algo que también está

---

[45] 1 Cor 1: 23–25.

contenido en el texto y que podría pasar desapercibido, en cuanto que es únicamente este tipo de predicación (aparentemente locura y debilidad) la que lleva consigo, por el contrario y por paradoja otra vez, la fuerza y la sabiduría: *Más sabia que los hombres... más fuerte que los hombres...*

El escándalo producido por Jesús, dejándose invitar a comer por Mateo y alternando con los demás publicanos y *pecadores*, lleva ya más de veinte siglos rodando a través de la Historia. Mientras que todo parece indicar que la Iglesia de los Últimos Tiempos lleva también demasiado tiempo tratando de huir del escándalo, por un lado, y de congraciarse a los ojos del mundo, por otro. Algo así como si hubiera olvidado que Jesús había dicho de los suyos que *ellos no son del mundo, como Yo tampoco soy del mundo.*[46]

La moderna Pastoral de laboratorio parece haber olvidado que el deseo de agradar, en sí y de por sí, utilizando por ejemplo la lisonja a otros, no sólo es enteramente baldío, sino que únicamente es capaz de provocar —en aquéllos a quienes va dirigido— un sentimiento de autosuficiencia, o más bien de falsa alegría rayana en la estupidez.[47] El auténtico agrado, o la verdadera alegría, jamás son consecuencia de la autocontemplación —¿cuáles y cuántas son las gracias que una persona inteligente puede contemplar en sí misma?—, sino el fruto de una salida al exterior para percibir una belleza *que siempre está más allá y afuera del vidente*. Si acaso queremos contentar a los demás...; o mejor aún, porque si acaso deseamos conducirlos por el camino de la Auténtica Alegría, es preciso inducirlos a salir de sí mismos. Solamente así serán capaces de percibir la belleza

---

[46] Jn 17:14.

[47] Tales manejos suelen ser ordinariamente conocidos en el lenguaje corriente como *coba*. El Diccionario de María Moliner la define como *lisonja insincera interesada hecha para burlarse*. Hecha o no para burlarse, siempre es sin embargo insincera e interesada.

Vocación de San Mateo

y, consiguientemente, de conocer y gustar del sabor de la Alegría Perfecta. Algo prometido a conseguir en plenitud en la Patria, pero también en primicias para el actual peregrinaje terreno:

> *Mil gracias derramando*
> *pasó por estos sotos con presura,*
> *y yéndolos mirando,*
> *con sola su figura*
> *vestidos los dejó de su hermosura.*[48]

> ....

> *Gocémonos, Amado,*
> *y vámonos a ver en tu hermosura*
> *al monte y al collado,*
> *do mana el agua pura;*
> *entremos más adentro en la espesura.*[49]

Ahora bien, y tal como siempre ocurre en el Amor, la salida del amante *hacia el otro*, que es la persona amada, es mutua; y dígase lo mismo de la consiguiente contemplación.[50] El Esposo también queda extasiado ante la belleza de la esposa:

> *¡Qué hermosa eres, amada mía,*
> *qué hermosa eres! Tus ojos son palomas...*[51]

---

[48] San Juan de la Cruz, *Cántico Espiritual*, 5.

[49] San Juan de la Cruz, *Cántico Espiritual*, 36. Obsérvese que el Santo–poeta habla en esta última estrofa de un gozo recíproco, como consecuencia y condición de la contemplación de lo bello.

[50] El amante es a la vez amante y amado; y el amado es a la vez amado y amante. Cada uno de los *yo* es un *tú* para el otro.

[51] Ca 1:15.

> *¡Qué hermosa eres, amada mía,*
> *qué hermosa eres!*
> *Son palomas tus ojos a través de tu velo.*[52]

El gozo, o la alegría, o el contentamiento, o allí donde se percibe y saborea la culminación de uno mismo, solamente son consecuencia y resultado de la contemplación de lo bello.[53] Aunque tal contemplación, sin embargo, es únicamente posible mediante la salida de cada uno fuera de sí mismo, a fin de colocarse en situación de dirigir la *mirada hacia afuera*.[54] Y he aquí cómo de nuevo, otra vez más, nos encontramos lejos del monitorado de aeróbic y aún más del *sé tú mismo*.

Quizá lo más impresionante de esta narración, y seguramente lo más importante, sea el hecho de que el Maestro, no solamente no tiene a mal alternar con los *malditos*, sino que los trata incluso con familiaridad..., y hasta se hace también como uno de ellos: *No tienen necesidad de médico los sanos, sino los enfermos... No he venido a buscar a los justos, sino a los pecadores.* Pero asegurar que se hizo como uno de ellos no es hacer una hipérbole. Cuando estudiamos la conducta del Señor, tal como la narra el Evangelio, nos acecha a menudo la tendencia a no valorar suficientemente las situaciones, y a considerarlas superficialmente por lo tanto. Se hace difícil a nuestro limitado entendimiento aceptar que las cosas son como son; o que la verdad sea tan dura y profunda como a veces puede parecer. Incluso a menudo sucede lo contrario: no queremos, o no podemos,

---

[52] Ca 4:1.

[53] O de la percepción de la bondad. Aunque, como es bien sabido, percibir la bondad y contemplar la belleza equivalen a lo mismo.

[54] La llamada *falta de visión*, a menudo achacada a las personas como un defecto natural, es más la consecuencia de un exceso de egoísmo que el resultado de una inteligencia exigua.

comprender lo que parece excesivamente sublime; puesto que tampoco son tan capaces las alas de nuestro corazón y de nuestra mente como para emprender ascensos tan acusados: *Mis pensamientos no son vuestros pensamientos, ni mis caminos son vuestros caminos, dice Yahvé.*[55] Sin embargo, lo más grandioso también, en este caso concreto, es que Jesús, el Maestro bueno, tiene a gala hacerse igualmente *maldito con los malditos*. Como dice el Apóstol en *Gálatas*, haciéndose eco del *Deuteronomio* y citándolo a su vez: *Cristo nos ha redimido de la maldición de la Ley, haciéndose Él mismo maldición por nosotros, tal como está escrito: "Maldito todo el que cuelga de un madero".*[56]

Ahora bien: Si su objetivo, según sus propias palabras, era justamente el de sanar a los enfermos y llamar a los pecadores, (incluso buscando en cualquier lugar en donde puedan encontrarse; como el buen pastor a la oveja perdida), entonces es que había venido a encontrarse con nosotros. *Y particularmente conmigo.*

Y de nuevo las paradojas de la existencia cristiana. Difíciles, y hasta imposibles de comprender, para aquéllos que no abran su corazón a la verdad sencilla y humildemente: *Yo te alabo, Padre, Señor del cielo y de la tierra, porque has ocultado estas cosas a los sabios y prudentes y las has revelado a los pequeños.*[57] Porque, si bien el hecho de saberme pecador pudiera ser causa de profunda tristeza para mí..., tal tristeza sería relativa, sin embargo. Tal vez agridulce, y hasta en cierto modo causa de gozo, desde el momento en que soy conocedor de que es precisamente por eso por lo que Él ha venido a buscarme. Hasta es posible que, una vez hallado después de azarosa y difícil búsqueda, y tal como sucedió con la oveja perdida, me coloque

---

[55] Is 55:8.
[56] Ga 3:13, citando De 21:23.
[57] Mt 11:25.

amorosamente sobre sus hombros para devolverme al aprisco. Tal vez el Apóstol pretendía aludir a algo de esto cuando decía, con una expresión tan profunda como desconcertante y sublime, que *en cuanto a mí, sólo me gloriaré en mis flaquezas.*[58] De ahí la súplica esperanzada y consoladora:

> *Si huyera de tu lado,*
> *búscame tú de nuevo, compañero,*
> *y luego de encontrado*
> *retórname al sendero,*
> *allí donde me hallaste tú primero.*[59]

Pero si mis pecados son para mí causa de llanto, bien que dulcificado por la esperanza, mi condición de *maldito*, por el contrario, o bien no me ha entristecido jamás en modo alguno, o al menos nunca me ha supuesto excesiva preocupación. Sobre todo después de haber comprobado que el Maestro no tuvo inconveniente en alternar con esta clase de gentes; e incluso, como en el caso de Mateo, en llamarlos al apostolado. Porque durante casi toda mi larga vida sacerdotal, en efecto, he sido señalado, marcado y clasificado, con la etiqueta de *maldito*.

Todavía desconozco en profundidad las razones que pueden haber conducido a tanta gente a ponerse de acuerdo para asignar tal calificación a mi persona. Tampoco he sido capaz, después de tantos años, de elaborar conclusiones seguras acerca de si entristecerme, alegrarme, o adoptar tal vez una postura de indiferencia por tal circunstancia. Pero la verdad es que no creo que mis sentimientos personales importen demasiado, ni que valga la pena, por lo tanto, tenerlos en cuenta.

---

[58] 2 Cor 12:5.
[59] *CFC*, 73.

Por los datos que han llegado hasta mí, sin embargo, durante tantos años, todo parece indicar (aunque no me atrevería a darlo por completamente seguro) que lo que se alega en disfavor mío es mi negativa al cambio. Lo que no será difícil de entender, siempre que sea posible llegar a un acuerdo acerca de la naturaleza de tal cambio. Porque, ¿de qué cambio se trata, y en qué consiste exactamente lo que yo no he querido aceptar?

Ante todo, considero un deber afirmar aquí, solemnemente y ante el Dios que me ha de juzgar, que es cierto que existen cosas acerca de las cuales no he cambiado desde mi ordenación sacerdotal.

La primera de ellas se refiere a mi amor y fidelidad hacia la Iglesia. En ella nací, por la gracia de Dios, a la vida sobrenatural, y en ella fui creciendo y madurando en esa forma de existencia. Con la mirada puesta siempre en la misericordia divina, que es la que me mantiene en la esperanza de morir también en la que es para mí la Única y Verdadera Iglesia. Y lo mismo aseguro exactamente por lo que hace a mi fidelidad y obediencia a mis Pastores, así como también a las enseñanzas del legítimo Magisterio.

Afirmo ante Dios que no recuerdo un solo caso en el que haya desobedecido a mi propio Obispo, o a los otros Prelados a los que he estado sometido también por diversas razones pastorales en diversos lugares. Tampoco he llevado a cabo jamás, ni siquiera en lo más mínimo, obra o tarea alguna sin contar previamente con el conocimiento y aprobación de mis Superiores jerárquicos.[60]

Por lo cual emplazo aquí a quien así lo desee, de forma no menos solemne que cariñosa, a que señale un solo caso de desobediencia por mi parte a la Jerarquía, o en el que me haya desviado de las disposiciones del Magisterio.

---

[60]Incluso cuando los mandatos o sugerencias extrapolaban por completo el ámbito de la jurisdicción episcopal, jamás me opuse a ellos en lo más mínimo. Como sucedió cuando mi Obispo me expuso su deseo de enviarme a América del Sur para que permaneciera allí durante cinco años. Cosa que así hice, en efecto.

A pesar de ello es evidente que soy en todo caso un *maldito* declarado y confeso. Y es que la naturaleza humana —débil, pero no siempre tan mala como puede a veces parecer—, como todo el mundo sabe, es una entidad voluble y caprichosa, poco adicta a la lógica, y más inclinada a menudo a los prejuicios que a un examen sereno de las cosas. Teniendo eso en cuenta, como así debe ser, es fácil llegar a la conclusión de que no hay motivos serios capaces de provocar el enfado. En cuanto al término de *maldito*, responde a un concepto globalizado —utilizando un vocablo a la moda— en el que cualquiera puede incluir, indiscriminadamente, calificaciones tales como las de preconciliar, fundamentalista, conservador, anticuado, enemigo de la Renovación Primaveral Postconciliar, y tantos etcéteras como se quieran. Todos son y seguirán siendo bien acogidos por mi parte, ya que estoy convencido de que cada uno de ellos tendrá por fundamento alguna especie de malentendido. En realidad, ni deseo creer en la mala voluntad de nadie, ni me siento ofendido por nadie.

Para entender de alguna manera mi caso —si se me permite que me explique, al menos ante mí mismo— habría que hacer un poco de Historia. Todo empezó, o así me lo parece a mí, hacia el año 1958, coincidiendo con la muerte del Papa Pío XII. Las palabras de su sucesor, el Papa Juan XXIII, según las cuales *era necesario abrir las ventanas del Vaticano*, marcaron el inicio del Gran Cambio. A mí me correspondió vivir ese momento de la Historia que dividió a dos mundos diferentes, los cuales incluyeron en sí mismos dos formas también distintas de existencia de la Iglesia. Tanto es así que alguien podría haberse sentido tentado a creer, a la vista del torrente de sucesos que pronto iba a tener lugar, que el cambio había abierto el camino a la aparición de una Iglesia nueva, diversa de la anterior. Pura tentación, claro está, puesto que es bien sabido *por la fe* que la Iglesia es indefectible, de tal manera que tiene asegurada su perennidad hasta el final de los Tiempos.

Soy conocedor de que muchos niegan acerbamente que haya existido tal cambio. O bien lo reconocen abiertamente —caso de la mayoría—, pero para asignarle un carácter triunfalista y profundamente positivo. Confieso, por lo que hace a estos últimos, que habría deseado compartir tales puntos de vista, tan optimistas como aparentemente ilusionados; al fin y al cabo, así como es verdad que uno se siente más feliz respirando los aires de un mundo optimista, también lo es, por el contrario, que es doloroso sentir la angustia de vivir en una Sociedad a la que se cree ver caminar ciegamente a su destrucción.

Desgraciadamente no siempre transcurren las cosas como uno hubiera deseado. Y si los ojos están abiertos a la realidad, animados por un sentimiento honrado y sincero de búsqueda y reconocimiento de la verdad, no queda entonces otro camino sino percibir las cosas como son.

En la lucha desesperada por vivir la fidelidad a la Iglesia, así como a los principios en los que había sido formado, apenas si podía liberarme del sentimiento de que muchas cosas *eran ahora bien distintas, y no para mejor precisamente.* En tal lucha continúo, después de tantos años, esperando de la bondad de Dios la gracia de perseverar en la fidelidad a la Iglesia hasta mi muerte. La tarea, sin embargo, es tan difícil como dolorosa la lucha. ¿El precio a pagar por mantenerse firme, sin ceder en principios que se saben inmutables, pero permaneciendo al mismo tiempo en lealtad y sumisión a la legítima Jerarquía?[61] Demasiado alto, por supuesto: Aceptar la condición de *maldito* y sufrir, día tras día, la agonía de tener que contemplar un Mundo que fue cristiano y que ahora deja de serlo. La desaparición de un Pueblo compuesto por ovejas que, si bien

---

[61] No es necesario decir que tal sumisión y tamaña lealtad también forman parte de los principios.

en un tiempo fueron de Cristo, ahora han abandonado el aprisco confusas, desconcertadas en un rebaño deshecho y destruido, hacia rumbos desconocidos y cada una por su lado. Todo ello al mismo tiempo que los pregoneros de la *Primavera de la Iglesia* proclaman a los cuatro vientos el momento triunfal, jamás conocido hasta ahora según ellos, de la Esposa de Cristo. Pero sin la menor traza de que vaya a aparecer por el horizonte, ni por parte alguna, la sombra de un Buen Pastor que marche de nuevo en busca de la oveja descarriada. Por más que, más bien que hablar de la oveja perdida, todo parece indicar que es llegado el momento de aludir más propiamente al rebaño entero extraviado.

Por supuesto que soy consciente de las invectivas que voy a merecer por expresarme de esta manera... Sin embargo, ¿quién ha dicho que dar testimonio de la verdad sea alguna vez cosa placentera? Jesucristo ya aludió a eso ante Pilato, en los momentos cruciales de su Pasión; y no creo que la oportunidad del momento tuviera algo que ver con una circunstancia de mera coyuntura.[62]

Durante los años que han transcurrido, desde el momento en que comenzó lo que he convenido en llamar el Gran Cambio, hasta los tiempos actuales, han ocurrido muchas cosas dentro de la Iglesia. Bastantes de ellas han supuesto cambios, a menudo muy importantes, e incluso a veces en cuestiones que siempre fueron tenidas como fundamentales y hasta como inmutables. Para muchos —quizá la mayoría— tales cambios han supuesto pasos hacia delante, y de ahí que se hayan apresurado a cualificarlos siempre como de carácter eminentemente positivo. Otros, por el contrario, entre los que me cuento yo mismo, no lo vemos así en modo alguno; más bien los hemos considerado como causantes del tremendo desastre que Dios, en sus misteriosos designios, ha permitido que se cierna sobre su Iglesia.

---

[62]San Pablo aludía a ese testimonio diciendo que Jesús había atestiguado ante el Procurador Romano su *bonam confessionem* (Neovulgata, 1 Tim 6:13).

Incluso hemos dedicado muchas horas, y no pocos años, a reflexionar sobre el problema. Convencidos siempre de que, en el tremendo esfuerzo por encontrar una respuesta convincente, aún no habíamos luchado hasta la sangre (Heb 12:4). Tal vez por eso nunca conseguimos encontrar la explicación ansiada; o quizá sencillamente porque los amorosos designios de Dios han de escapar, por naturaleza, a nuestra comprensión, y no puede ser de otra manera. Sea de ello lo que fuere, nos hemos visto obligados a abandonar la respuesta, aun sin conocerla, dentro del marco de la fe y de la confianza en Dios. Bien seguros, sin embargo, de que *la respuesta existe y de que Dios*, como suele decirse, *está en ello*.

Demasiadas cosas importantes han sufrido un cambio profundamente radical. La indisolubilidad del vínculo contraído en el sacramento del matrimonio, por ejemplo, establecida por Derecho Divino y considerada como tal durante veinte siglos, sin la más mínima vacilación ni excepción alguna.[63] Ahora, sin embargo, se practica con profusión el divorcio dentro de la Iglesia, como algo perfectamente natural y conveniente. Por supuesto que no se llama con ese nombre —tal cosa no sería posible, dado caso que andan de por medio el Derecho Divino y más de veinte siglos de práctica eclesial—, sino que se trata meramente de una declaración oficial de *inexistencia o nulidad del vínculo*. No hubo vínculo válido en el momento de la celebración del matrimonio, y por lo tanto no se puede considerar que haya existido el sacramento. Vistas así las cosas, parece que todo dis-

---

[63] Los pocos y extraordinarios casos contemplados, como excepción, por la Revelación y por el Derecho Canónico no suponen argumento en contra. Se refieren en realidad a los llamados Privilegios Paulino y Petrino, y a la situación de matrimonio rato y no consumado en casos que quedan reservados única y exclusivamente al Romano Pontífice. Prácticamente jamás significaron algo descalificador —teniendo en cuenta también su extraordinaria excepcionalidad— del mandato divino de la indisolubilidad.

curre por los caminos de la legitimidad y de lo normal. El problema surge en el momento mismo en que alguien comienza a reflexionar: ¿Es suficiente cambiar el nombre de una institución —en este caso el divorcio— para conseguir que no aparezca a la vista, a pesar de que, de todas formas, se mantengan intactas su esencia y su existencia? Es lo que ha hecho el mundo profano con cosas como el aborto, por ejemplo, que ahora es conocido con la expresión de *interrupción del embarazo* (los ejemplos podrían multiplicarse y son bien notorios).[64]

Otro de los cambios ocurridos que me han sumido en profunda perplejidad se refiere al Ecumenismo. Pero entiéndase bien que hablo de cosas que me producen perplejidad, y no de que me parezcan buenas o malas. *Doctores habet Ecclesia*. Puesto que no he sido llamado a juzgar, tampoco me corresponde hacerlo. Me limito a ejercer el derecho, inherente a cualquier ser humano, de expresar mi sufrimiento ante la contemplación de cosas que no comprendo y que aparentan ser prometedoras de infortunios. Por lo demás, no hay motivos de alarma: mis sentimientos de confusión quedan atem-

---

[64]Entre los abundantes casos que conozco —aún más desgraciados que desafortunados— está el de algún matrimonio, casados los cónyuges durante más de veinte años y con bastantes hijos, al que le fue concedida la nulidad. El marido contrajo después matrimonio civil, para divorciarse también al poco tiempo y cohabitar con lo que ahora se llama otra compañera sentimental. Yo me hago a mí mismo la siguiente pregunta: ¿Cómo es posible que la correspondiente Curia Diocesana se considere a sí misma con la suficiente autoridad (jurídica, moral, o del tipo que sea) para declarar —¡oficialmente!— que no hubo matrimonio, pese a haber transcurrido más de veinte años, e implicando también a los hijos? ¿El expediente de investigación ha sido tan suficientemente prolijo, amén de eficiente, como para averiguar la inexistencia del vínculo, en visión retrospectiva y más que aguda, habiendo pasado tanto tiempo? Y aun cuando el tiempo hubiera sido mucho menor, ¿acaso no es de admirar la increíble capacidad de visión retrospectiva de tales Curias Diocesanas? Desgraciadamente conozco muchos casos semejantes, en número más que suficiente como para lamentar que se contribuya a la destrucción de la Familia de manera tan desafortunada.

Vocación de San Mateo

perados por la fe, por la confianza en Dios..., y por la que profeso hacia la propia Iglesia. Aclarado este punto, me resulta penoso reconocer que la que siempre fue, para los que nacimos y hemos vivido en Ella muchos años, la *Iglesia Católica* es conocida ahora oficialmente, bastante a menudo, como *Iglesia de Cristo*. Por supuesto que se trata de la misma cosa, y que ambas denominaciones son igualmente correctas y legítimas. No habría motivo alguno, por lo tanto, para alarmarse... De no ser porque todo parece indicar (los Documentos y Discursos, oficiales y no oficiales, de Altos Jerarcas de la Iglesia[65] apuntan siempre en esa dirección) que el tema está relacionado con las instancias del moderno Ecumenismo. El cual parece tender a reconocer *la legitimidad y suficiencia de cualquier Iglesia, incluidas las no cristianas y hasta "religiones" paganas*, en orden a la salvación. Que el lema teológico —reconocido como válido en la Iglesia durante tantos siglos— según el cual *fuera de la Iglesia no hay salvación*, aun siendo verdadero, sea de contenido tan profundo y misterioso como para decir que su ejercicio y modo de aplicación sólo de Dios son conocidos, es una cosa. Y otra muy diferente la de ver a la Iglesia Católica, no ya equiparada a modo de igualdad con las otras Iglesias Cristianas, sino incluso con religiones *foráneas* y hasta con cultos esotéricos y enteramente paganos.

Si nunca es aconsejable juzgar acerca de las intenciones, aquí lo es menos todavía. Por mi parte no dudo en considerarlas buenas. Pero, aparte de eso, confluyen en este tema dos delicadas cuestiones *que nadie puede negar honradamente*. La primera de ellas tiene que ver con el hecho de que el Ecumenismo ha experimentado un giro radical con respecto a las orientaciones emanadas del Magisterio hasta el Concilio Vaticano II. Las nuevas directrices, insisto en ello, son

---

[65] Bien con carácter de personas privadas, o bien —más frecuentemente— sin dejar de poner en juego la responsabilidad institucional de sus Altos Cargos.

drásticas y profundas, y nada tienen que ver con cuestiones de matiz o de puro detalle. Debido a ello, y dada la profundidad y radicalidad del cambio, es innegable que existe una aparente incompatibilidad entre dos Magisterios diferentes practicados en momentos históricos distintos. Y, si bien es innecesario aportar el reconocimiento expreso de que no hay en la Iglesia sino un único y legítimo Magisterio, no parece deshonroso tampoco, dado el peligro de confusión que puede existir, recabar humildemente explicaciones tranquilizadoras y confortantes. Las cuales habrían de provenir seguramente, tal como parece aconsejar una razonable prudencia, de la sana Teología y del Magisterio legítimo.[66]

La segunda delicada e importante cuestión se refiere al hecho de que, aun dando por legítimas y oportunas las nuevas orientaciones ecuménicas —aparentemente tan contrarias a las provenientes del Magisterio hasta el Concilio Vaticano II—, tal cambio de rumbo ha producido profunda desorientación, y no pequeña confusión, en el conjunto de los fieles.[67] No son pocos los que han colocado en

---

[66] Ya puede suponerse que explicaciones que pudieran referirse, tanto a un mero cambio en la política de tácticas, como a las exigencias de los llamados *Diálogos Interconfesionales* (cuyos resultados hasta ahora conseguidos, más bien que nulos parecen contraproducentes), difícilmente proporcionarían quietud a los ánimos. La misma expresión de Diálogos Interconfesionales, de contenido bastante ambiguo por decir algo, aporta una alarmante impresión de *paridad* que no convence a muchos.

[67] Tal vez convenga anotar aquí una aclaración importante. El cambio de política ecumenista no se fundamenta, ni adquiere su legitimidad, en orientaciones emanadas de disposiciones del Vaticano II (las cuales habrían estado contenidas en Documentos o textos de mayor o menor carácter coercitivo). *Sino que, al haber surgido más bien con posterioridad al Concilio*, a menudo según meras instrucciones de las Congregaciones Vaticanas, o de sus respectivos Jerarcas (expresadas con frecuencia como meras declaraciones a la Prensa), su valor y alcance jurídicos son bastante dudosos, en el mejor de los casos. Por no hablar de su posible, o tal vez discutible, oportunidad. Por decirlo más claramente: lo que muchos ponen en duda no son en modo alguno disposiciones o declaraciones Magisteriales, sino ciertos entramados o manejos de políticas Vaticanas.

situación de paridad a todas las religiones, y aún muchos más los que han desembocado en un estado de ánimo de escepticismo y hasta de pérdida de la fe; aunque lo que es evidente, sin embargo, es que el hecho de que su actitud pueda no ser justificada no anula la gravedad ni lo alarmante de la situación.

Otro campo de la Pastoral y de la vida eclesial que ha experimentado un cambio, más bien radical diría yo y no meramente profundo, es el referente al culto a los Santos. No es una cuestión baladí, como algunos podrían pensar. Durante siglos y siglos, el sencillo y ordinario Pueblo de Dios tributó un fervoroso culto a hombres y mujeres que, por haber practicado de modo heroico las virtudes cristianas, se daba por seguro que se encontraban muy cerca de Dios. De ahí que fueran considerados también como intercesores y poderosos aliados, como abogados ante lo Alto en la solución de apuros y necesidades, y hasta como puentes y lugares de atajo en el difícil camino que conduce hasta Dios. La Iglesia los proponía al Pueblo cristiano como modelos, o como una prueba más de que la santidad —la práctica perfecta de las virtudes cristianas— no es algo inaccesible; siempre que anden de por medio la gracia de Dios y la generosidad humana. Como es lógico, y tal como ocurre siempre con las cosas demasiado preciosas y aún más si son propuestas como modélicas, los santos no abundaban; desde luego no era común encontrarlos fácilmente a la vuelta de cualquier esquina. El valor de un diamante depende de su rareza, y casi únicamente de ella, en cuanto que su principal utilidad no parece ser otra sino la de satisfacer la vanidad humana. Es evidente, sin embargo, que si las piedras preciosas abundaran en número como los tomates —por poner un ejemplo más bien vulgar pero cierto—, su valor bajaría rápidamente hasta alcanzar la altura del suelo y casi desaparecer. Pues no de otro modo se comporta la naturaleza humana.

En los tiempos en los que, por la voluntad de Dios, nos ha correspondido vivir a nosotros, la Iglesia ha llevado a cabo beatificaciones y canonizaciones en cantidad muy superior a la de cualquier momento anterior de su Historia. El Papa Juan Pablo II, durante los largos años de su Pontificado, ha beatificado y canonizado a Siervos de Dios en un número que ha superado en mucho al realizado por todos los Papas que han gobernado la Iglesia durante veinte siglos. Como es lógico, y tal como hemos dicho más arriba, no nos corresponde a nosotros hacer juicios acerca de cualquier política pastoral que a la Iglesia Jerárquica, en un determinado momento histórico, pueda parecerle oportuna.

Pero nos queda sin embargo el derecho, que ciertamente nos corresponde como hijos de Dios, de expresar una preocupación que, si bien por una parte se somete respetuosamente a los dictados de una Jerarquía que es la única con facultad de decidir, por otro lado se siente agobiada por las posibles consecuencias de una actuación que considera —equivocadamente o no— el resultado de planteamientos funestos. No nos impulsa otra cosa que el simple deseo de suministrar una mínima aportación —tal vez de ningún valor, e insignificante en todo caso— que quizá sea capaz de contribuir a la mejora de determinados aspectos de la Pastoral.

Es una verdad fácil de comprender, tanto por lo que se desprende del simple sentido común como de la experiencia de cada día, la de que, si todo el mundo es héroe, nadie es héroe; o al menos la de que se acabará no reconociendo a nadie el carácter de tal. Si acaso se objeta que no se trata de todo el mundo, sino de casi todo el mundo, la conclusión sigue siendo la misma. Las masas populares, como los individuos, poseen su peculiar psicología; la cual no se fundamenta en otra cosa que en el modo propio de actuar de la naturaleza humana. Pero si acaso el número de santos llegara a ser tan abundante, o tan demasiado frecuente —y perdón por la hipérbole—, que fueran muchas las personas relacionadas tal vez con un cuñado, un posible pariente, o acaso un vecino en el piso de arriba de su vivienda, conocidos y tratados por ellas, que hubieran sido canonizados..., es bastante probable que la idea de la santidad sufriera un grave deterioro en la mentalidad de la gente.

La Iglesia ha presentado siempre a los santos como intercesores ante Dios del Pueblo cristiano. Pero también como héroes giganteos a los que imitar y mirar con admiración. Al fin y al cabo, las gentes de todos los tiempos *han necesitado admirar y seguir a sus héroes.* Los seres humanos, y de un modo especial los jóvenes, requieren el incentivo de lo heroico, de lo sublime y maravilloso, para que les sea propuesto como ideal. La humanidad siempre ha sido guiada por líderes; de un color o de otro, pero líderes. Los que hemos dedicado nuestra vida a la Pastoral para la Juventud, por ejemplo, conocemos la fuerza que siempre ha representado para los jóvenes el ideal, *casi* siempre aparentemente inasequible, de la santidad. Pues lo que supone escaso esfuerzo, o cuesta poco, es inevitable que no sea valorado en mucho.

Durante su largo Pontificado, el Papa Juan Pablo II ha realizado muchos viajes, como todo el mundo sabe. En casi todos ellos, por razones pastorales consideradas por él como oportunas, ha celebrado innumerables ceremonias de beatificación y canonización. Es evidente por supuesto que, como Pastor Supremo de la Iglesia Universal, estaba en posesión del derecho de hacerlo. El problema surge cuando hacen su aparición otras circunstancias, al parecer también dignas de tenerse en cuenta. O tal vez no; aunque no creo de todas formas obrar deshonestamente al exponerlas, con sincero respeto, a la consideración de quien proceda.

Ha sido doctrina multisecular sostenida por la Iglesia la de que, tanto las beatificaciones como las canonizaciones, habían de llevarse a cabo con dos propósitos bien definidos: el de presentar al Pueblo cristiano el caso de unas virtudes heroicas a las que imitar y admirar, y el de suministrarle unos intercesores a los que acudir amorosa y confiadamente. Los santos eran hombres (o mujeres) como los demás, y de ahí la importancia de su testimonio; pero que por la intensidad de su amor a Dios, y por su heroísmo al vivir la existencia cristiana, ponían bien de manifiesto que la santidad era un ideal *tan sublime y elevado como también posible.* Por lo demás, significaban igualmente, al mismo tiempo, algo así como un maravilloso espejo en el que se reflejaban la grandeza y la magnificencia de Dios, que era quien hacía posible tales cosas con su gracia.

Últimamente, sin embargo, ha sido difícil sustraerse a la idea de que la elevación a los altares ha estado motivada más bien por otras razones. Me refiero a motivos políticos o coyunturales, que han primado casi siempre sobre los que acabo de señalar. El Papa realizaba un viaje a un determinado país, a menudo nunca o poco visitado por los Altos Jerarcas de la Iglesia, y en el cual, por otra parte, o bien el Catolicismo no era valorado en mucha estima, o bien incluso era objeto de alguna forma de persecución. Una situación muy adecuada para considerar la conveniencia de elevar a los altares a un hijo o hija del país. Por desgracia, y tal como hemos dicho más arriba, los verdaderos candidatos a una merecida exaltación en ese grado nunca han sido abundantes. De ahí que a veces, aunque se haya tenido presente la necesidad de proclamar la presencia de virtudes auténticas, su correspondiente grado de heroicidad apareciera, sin embargo, tan dudosamente elevado como para hacer necesario un cuidadoso examen para percibirlo.

Es bien posible que me equivoque en mis afirmaciones. O que me deje llevar, al menos, por tales excesos de imaginación que me conduzcan a concluir en exageraciones. Pero es indudable también que, a lo largo de la Historia de la Humanidad, se pueden contar por millares de millares las mujeres que han preferido arriesgar su vida, antes que poner en peligro la del hijo no nacido. Por ejemplo. La mentalidad del Pueblo sencillo, por más que haya considerado siempre tales conductas como dignas de toda alabanza, nunca las había contado entre el número de las merecedoras de la sublime distinción de la santidad. Al fin y al cabo, es lo que *haría* cualquier mujer que se sintiera verdaderamente madre. Advierto, sin embargo, que este caso no tiene más valor que el de constituir un ejemplo de los muchos que podrían traerse a colación.

En realidad, aún existen razones de peso que exponer, aparentemente al menos más serias. Todo parece indicar, por lo que se muestra ante la vista y por lo que llega al conocimiento público —de nuevo caminamos por senderos de probabilidad—, que los Procesos de Beatificación y Canonización han sufrido un deterioro —manifestado en su aparente pérdida de seriedad— en el entramado jurídico de su desarrollo y desenvolvimiento. Algo que parece lógico que habría de ocurrir, si acaso existía la determinación previa de aumentar considerablemente el número de bienaventurados venerados por la Iglesia como tales. Es fácil imaginar que mis conocimientos del caso, por lo que se refiere al Proceso de Beatificación del Papa Juan XXIII, se limitan a lo sabido a través de los medios de comunicación. Los cuales, sin embargo, han publicado detalles tan aparente y extraordinariamente inocuos como interesantes en el fondo. Valdría la pena examinar alguno de ellos, a modo de paradigma y de curiosidad histórica. Se ha hablado, por ejemplo, acerca de que el *Abogado del Diablo*[68] en el Proceso de Beatificación del Papa Juan XXIII, adujo, como objeción a la posible santidad del Siervo de Dios, el hecho de que al Pontífice no le desagradaba aceptar una copa de cham-

---

[68]Equivalente al fiscal en las Causas de Procedimiento en los Tribunales Civiles.

pán en las grandes festividades. Algo interesante, en efecto, pero sin duda un hecho al que, de ser cierto, le falta seriedad. La vida del Papa Juan XXIII fue demasiado intensa y abundante en episodios de importancia histórica para toda la Iglesia. Acudir, por lo tanto, a tales nimiedades para utilizarlas como argumentos —a favor o en contra—, dando de lado a la posibilidad de hablar de cosas serias, parece un insulto al Pueblo de Dios, detentador al fin y al cabo del derecho a conocer la verdad en asuntos de tanta transcendencia. Por lo demás, ¿existe alguien en su sano juicio a quien le desagrade una copa de champán...? Si el Mundo de lo Jurídico y del Derecho, también dentro de la Iglesia, han desembocado en tales extremos, tal cosa se debe sin duda a que están soplando vientos peligrosos. La seriedad, la verdad, la autenticidad, la sinceridad y la honradez, fueron siempre atributos inherentes por naturaleza a la Justicia y al Derecho.

Los Procesos de Beatificación y Canonización fueron siempre conocidos por su carácter de seriedad, escrupulosidad y probidad. La Jurisprudencia Eclesiástica, en lo que se refiere al menos a estos menesteres, gozaba de una mayor fama de exigencia que la Civil. Los supuestos milagros, atribuidos a los Siervos de Dios, eran cuidadosamente examinados por diversas Comisiones, integradas también a menudo por científicos acatólicos. Las cuales ponían sumo cuidado en no dictaminar alegremente el carácter milagroso de una curación, por ejemplo. Constituía una práctica bastante común la de que la Iglesia dejase transcurrir un buen número de años antes de proceder a abrir un Proceso de esta clase; tal vez pensando que nunca es malo dar paso a un espacio amplio a la reflexión, por otra parte siempre útil y conveniente para conocer más a fondo la verdad. En la actualidad, sin embargo, aunque es de suponer razonablemente que tales precauciones —dictadas por una sabiduría multisecular— no

Vocación de San Mateo

habrán quedado desatendidas en modo alguno, es difícil a veces para los simples fieles evitar la impresión de que no siempre sucede así.[69] Existen razones para pensar en el peligro de que, caso de no actuar con la suficiente cautela, se pueda acabar, de una vez por todas, con la devoción y el culto que el Pueblo cristiano había tributado siempre a los Santos.[70]

Es verdad que han cambiado muchas cosas. En el Seminario *tridentino*, en el que hube de cursar mis estudios sacerdotales allá durante mi juventud, nos contábamos en número de seiscientos aspirantes al sacerdocio. En el Seminario *moderno* que ahora lo reem-

---

[69] En el Proceso de Beatificación del Papa Juan XXIII, se habló de una aparición del Papa a una monja a la que el Siervo de Dios había curado de una enfermedad irreversible; tal vez un cáncer, según fue dado a entender. De todos modos, si nos atenemos a la información divulgada por los *media*, la pertinente Comisión de Médicos dictaminó a renglón seguido la definitiva curación de la enferma.

Es obligado pensar, como es lógico, que el Tribunal dispondría de suficientes razones para aceptar el carácter milagroso de la curación y la autenticidad de los testimonios. Con todo, tal vez no sea deshonesto recordar (sin intención de establecer más relación, entre una cosa y la otra, que la de un mero cambio de política o de actuación práctica) que, al menos hasta ahora, jamás una Comisión de expertos en Medicina se había apresurado a declarar como definitiva la curación de un cáncer. En cuanto a las apariciones, y sin poner en duda la de referencia o la de otros casos dignos de consideración, confieso por mi parte que siempre me he mostrado cauto en lo que se refiere a testimonios de monjas que se atribuían cualquier especie de visiones sobrenaturales; según me ha enseñado a hacerlo así la experiencia de una larga vida ministerial.

[70] En España se han potenciado últimamente las devociones locales *entusiastas y enloquecidas* a ciertas advocaciones de la Virgen María, las romerías populares a santuarios, e incluso el empleo de formas de culto lugareñas a los santos que recuerdan bastante a las fiestas paganas. Todo el mundo sabe, sin embargo, que no se trata en el fondo sino de un tinglado bastante interesado, de carácter más bien folclórico, animado por Alcaldes de pueblos y Autoridades de las Regiones Autónomas, con el único fin de asegurar votos para las siguientes elecciones.

plaza, aunque no estoy muy seguro en cuanto a la cantidad, parece que los candidatos no pasan de dos o tres docenas.

Han cambiado muchas cosas, en efecto. Y no siempre para mejor. Durante mis años de preparación para el sacerdocio, fui educado en un ambiente de intensa piedad. No todo era entonces perfecto, como puede suponerse. Pero de una manera o de otra, con ejemplar sinceridad, los formadores se esforzaban en poner en práctica la tradicional y constante doctrina de la Iglesia. Nos inculcaban, por ejemplo, la práctica piadosa de la confesión frecuente, tal como lo había enseñado siempre de manera tan clara el Magisterio. En la actualidad, por el contrario, me consta de algún Seminario donde su Director Espiritual adoctrina a los aspirantes en un sentido bien diferente: una sola confesión anual es suficiente, según él, para cumplir con el Sacramento de la Penitencia. Ante cosas como ésta, uno no puede menos que sentirse abrumado. Por mi parte procuro recibir el Sacramento al menos una vez por semana aproximadamente; pero también más a menudo cuando lo creo necesario. Y con todo, no dejo de sentir un respetuoso temor por mi salvación: *Initium sapientiæ timor Domini.*[71] En verdad que es para admirarse lo liberada de la concupiscencia que se siente la gente hoy en día: talmente como si no hubiera existido nunca el pecado original. Aunque también puede ocurrir que se halle aquí latente el convencimiento de que todo es posible..., para los que no creen en absoluto en la existencia del pecado original. Admitido pues, por lo que a ellos se refiere; pero que no venga nadie a continuación con la pretensión de decirnos que las cosas no han cambiado, o que si acaso lo han hecho ha sido para proporcionarnos el regalo de una floreciente Primavera Eclesial.

Es posible, tal vez, que lo más interesante de la narración evangélica que nos ocupa sea el hecho, poco menos que asombroso para

---

[71] Sal 111:10.

Vocación de San Mateo

muchos, de que Jesús aparezca en ella teniendo a gala el alternar amigablemente con publicanos y demás pecadores. O sea, con los *malditos*.

Por lo que a nosotros respecta, nos hemos empeñado en no ceder en principios que nos fueron inculcados como que eran inmutables. Por otra parte, ya desde el momento de nuestro bautismo, hemos visto transcurrir nuestra vida de fe en la creencia inquebrantable de la indefectibilidad e inmutabilidad de la Iglesia. Ninguno de nosotros hubiera pensado en admitir que la Esposa de Cristo fuera, en modo alguno, *una caña movida por el viento* (Mt 11:7). Y al mismo tiempo también, dentro de ese mismo orden de cosas, hemos profesado siempre como fundamental el principio de la fidelidad a la Jerarquía. Por más que, como es comúnmente sabido, el hecho de que dos cosas, que aparecen como diferentes, sean igualmente importantes no significa que siempre sean fácilmente conciliables. Lo cual ha sido exactamente, mal que nos pese, lo que nos hemos visto obligados a experimentar en nuestra propia carne.

El empeño por nuestra parte de mantener a la vez esas dos fidelidades, que en realidad son una y la misma, es lo que ha hecho que seamos calificados, por parte de algunos que no nos han comprendido, con el apelativo de *malditos*. Y así es como hemos pasado a ser, sin pretenderlo nosotros ni desearlo, los *malos* de la película. Afortunadamente no por eso hemos cometido la torpeza de considerarnos como si fuésemos los *buenos*; algo equivalente a lo que supondría haber recibido el papel de víctimas incomprendidas. Ni ha permitido Dios que caigamos en la estupidez de creernos mejores que los demás: pues de haber sido así habríamos pasado automáticamente, del grupo de los *malditos* (publicanos y demás pecadores del entorno), al de los *maldicientes* o bien pensantes (fariseos y demás cumplidores de la Ley).

De ahí que, ante esa extraña y nada deseable posibilidad, estamos dispuestos a reconocer que, por lo que a nosotros respecta, nos encontramos a gusto en el grupo de los *malditos*. A pesar de que sabemos que siempre habrá quien se sienta sorprendido ante tan peregrina determinación. No existen motivos de alarma, sin embargo. En realidad todo se comprende mejor cuando se cae en la cuenta también de que aquéllos que nos señalan con el dedo, para calificarnos como indeseables, obran seguramente de buena fe; pues es bien de suponer que incluso lo hacen pensando que prestan un servicio a Dios (Jn 16:2).

Pero es que, además, a nosotros nos satisface plenamente la situación en la que nos encontramos. Equivocados o en lo cierto, creemos que por causa de ella somos objeto, de alguna manera, de las simpatías de Jesucristo. Ante todo porque, según sus propias palabras y tal como ya hemos comprobado en esta narración, Él había venido a buscar a los pecadores y a sanar a los enfermos. Por lo tanto, exactamente a nosotros. Llegamos a pensar que bien valía la pena ser la oveja perdida, si acaso era el Buen Pastor quien, dejando a la demás en el aprisco, acudía en nuestra busca y nos cargaba amorosamente sobre sus hombros. Y eso no es todo, pues existen también otros motivos de alegría. He aquí uno de ellos bien importante, por ejemplo, si nos atenemos a lo que ya había dicho el Maestro: *Bienaventurados seréis cuando os injurien y persigan y, mintiendo, digan contra vosotros todo mal por mi causa.*[72] El hecho de que los que actúan así, en disfavor nuestro, no hayan pensado en utilizar como instrumento la mentira, no parece que importe demasiado. Al fin y al cabo, ellos obran de buena fe..., y nosotros también. Por otra parte, todo eso nos sucede, como apunta Jesús mismo al final del texto refiriéndose a Sí mismo, *por su causa*; lo que nos conduce a la tranquilidad de pensar que el texto no es objeto de distorsión alguna.

---

[72]Mt 5:11; cf 24:9.

Vocación de San Mateo

Si acaso —todo hay que decirlo— existe algún motivo que pudiese ser para nosotros ocasión de tristeza es el hecho, difícil de comprender por otra parte, de que quienes ordinariamente no nos comprenden no son precisamente los extraños, *sino nuestros propios hermanos* (Mt 10:21; Mc 13:12; Lc 21:16).[73] Sin embargo también aquí surgen enseguida consideraciones capaces de disipar la amargura: sobre todo si se piensa que la condición de *maldito*, no solamente es deseable, sino incluso necesaria para poder intervenir, como parte activa, en el importante negocio que aquí está en juego; cual es, nada más y nada menos, que la propia salvación..., y la de muchos otros. El logro de la Alegría Perfecta para uno mismo, en primer lugar; y luego también para tantos y tantos, en número que no podemos apreciar y que sólo Dios conoce.

Si alguien se siente sorprendido por lo que acabo de decir, quizá no se deba a otra cosa sino a que no ha reflexionado bastante en aquello en lo que consiste la existencia cristiana.

Es posible que no nos hayamos apercibido de que las figuras señeras, tanto de la existencia cristiana como de la Historia entera del Cristianismo, *fueron siempre agraciadas con la consideración de malditos*.[74] Es justamente lo que sucedió, por ejemplo, con San Francisco de Asís. Una extraordinaria figura a la que sus propios biógrafos, lejos de tratarla siempre con el suficiente rigor histórico, la han presentado más bien como la de un hombre singular con fama de santo todavía más singular, de hacedor cuasifabuloso de milagros, de virtudes espectaculares tales como su pobreza, de triunfos arrolladores y fáciles con multitudinarias conversiones, de triunfador sin

---

[73] Cf también Mt 10:36, citando a Mi 7:6.

[74] Hemos dicho figuras señeras. Pero que nadie se vaya a llamar a engaño por eso. En realidad, la condición de vilipendiado y escarnecido es un atributo indispensable, en mayor o menor grado, para cualquiera que desee vivir la existencia de verdadero cristiano (2 Tim 3:12).

obstáculos, de personaje mimado por la Iglesia, de maestro admirado y venerado por sus muchos seguidores, y quizá como mucho más. Y por supuesto que podemos dar por seguro que muchas de esas cosas, o tal vez la mayoría, son absolutamente ciertas. Pero desde luego, lo que es indudablemente cierto, es que no es en ellas en donde reside el meollo de la santidad del *Poverello* de Asís. *Los Santos no fueron tales gracias a la espectacularidad de sus milagros, ni menos aún porque parecieron satisfacer acaso las expectativas —sobrenaturales o naturales— de los hombres de su tiempo; sino porque participaron en grado eminente de la Vida, y más aún y sobre todo, de la Muerte del Señor.*

Dejando aparte poesías y *florecillas*, la gran verdad acerca de esto es que la vida del Santo no fue fácil. La Iglesia misma, además de mimos y bendiciones hacia su persona, tuvo buen cuidado de nombrar para la Orden por él fundada Cardenales Protectores, que no eran en realidad sino Moderadores y prácticamente Inquisidores. La misión de los cuales, como puede suponerse, no era otra sino la de encauzar el aparente exceso de idealismo del Santo. Madre y Maestra la Iglesia, como siempre. Por otra parte, a pesar del crecido número de sus seguidores, no fueron muchos los que comprendieron ni el espíritu ni las intenciones del Santo. El *Capítulo de las Esteras* significó el fracaso y la demostración de que las pretensiones del Serafín de Asís, con respecto a la lectura y la puesta en práctica del Evangelio, no fueron seguidas por nadie. Después de muchas idas y venidas, y pese a las esperanzas del Santo, al fin fueron los Moderados, con Fray Elías a la cabeza, quienes prevalecieron frente al Fundador. San Francisco acabó su vida rodeado de los escasos discípulos que le permanecieron fieles, desnudo sobre el duro suelo como la mejor expresión de la Pobreza en la que había vivido. Aunque lo más trágico de su existencia debe ser anotado a cuenta de los estigmas impresos en su cuerpo. Los cuales, lejos de significar un mero símbolo por más que sagrado y glorioso, consistieron en realidad en profundas y tremendas heridas, con los remaches de los clavos incluidos. Causaron al Santo tales dolores y sufrimientos físicos, además de las consiguientes angustias espirituales y morales, que bien podemos afirmar con seguridad que le hicieron compartir la Pasión de Cristo como pocos hombres lo habrán hecho en la Historia.

Sin embargo, la condición de *maldito* es aún más palpable, si cabe, en la persona de San Juan de la Cruz. Hombre perseguido, encarcelado y flagelado por los frailes de su propia Orden, la figura del Santo Poeta de Fontiveros es, en este sentido, un símbolo claro de la lucha de dos concepciones distintas del Cristianismo. O, si se prefiere también, de la oposición de las dos tendencias que luchan por la primacía en el ser humano: la de la luz, o la que mira hacia arriba, y la del hombre bajo, que apunta hacia las exigencias de la concupiscencia. Lo que detestaban sus hermanos de la Regla *Mitigada* era la pretensión, por parte del Santo, de mantener la integridad de los principios contenidos en la Regla *Original* o Primitiva. En definitiva, lo que allí tuvo lugar no fue sino otro nuevo enfrentamiento entre el Radicalismo del Evangelio y la relajación de las Medianías. El radicalismo del Amor total contra la tibieza de los mediocres. Lo *Nuevo* contra *Quod traditum est.* Lo inabarcable por la mente y el corazón humanos contra lo que buenamente cabe en los estrechos límites de la razón del hombre.[75] Como si la Verdad Evangélica, siempre pura y bien dotada de aristas definidas, tuviera algo que ver con las mixturas y composiciones pretendidas por aqué-

---

[75]La gnosis es mucho más antigua que el Cristianismo. Es posible que existiera ya desde los Tiempos Antiguos, quizá desde que el hombre perdió su primera condición de naturaleza elevada. Y siempre con la misma cuestión: la de tratar limar la grandeza de los pensamientos de Dios, a fin de ponerlos a la par con la minúscula entidad de la mente humana.

llos que, obtusos de miras y escasos de corazón, desean convencerse a sí mismos de que viven el Evangelio; pero sin decidirse nunca a dar definitivamente de lado a los criterios y miras mundanos: *¿Qué hay de común entre la luz y las tinieblas, o qué de armonía entre Cristo y Belial?*[76]

Todo parece indicar que los términos de santidad y de *maldito* parecen convertibles. Por lo menos nunca el primero sin el segundo.[77] La fidelidad a los principios nobles y elevados —ya sea en el mundo de lo sobrenatural, ya sea incluso en el ámbito de lo puramente natural— nunca ha sido bien vista por el Mundo: *Pienso que Dios,* decía el Apóstol, *nos ha presentado a nosotros, los apóstoles, como lo último, como condenados a muerte...*[78] Alguien había dicho que de los hombres se puede decir lo que de los Pueblos: felices los que no tienen historia. Tal vez sería interesante adjuntarle la apostilla de un pensamiento nuevo que, por otra parte, es sin embargo tan antiguo como el tiempo que lleva el Hombre sobre la Tierra: felices aquéllos que, habiendo perdido el sano juicio por su empeño en mantener la integridad del amor, el mundo considera locos. Al fin y al cabo, la locura de Dios es más sabia que los hombres; y más fuerte que ellos la debilidad de lo Alto (1 Cor 1:25).

---

[76] 2 Cor 6: 14–15.

[77] El caso histórico de San Roberto Belarmino es singular y extremadamente curioso. Los neomodernistas de los tiempos posteriores al Concilio Vaticano II, considerando airadamente, con visión retrospectiva, la obra del Obispo jesuita, han tenido a bien otorgarle el carácter y la condición de *maldito* muchos años después de su canonización. Su principal atrevimiento consistió en considerar la constitución jerárquica de la Iglesia como de Derecho Divino.

[78] 1 Cor 4:9.

EL JOVEN RICO
(EL DESAFÍO DE LAS ÁGUILAS)

MEDITACIÓN

(Mt 19:16 y ss.; Mc 10:17 y ss.; Lc 18:18 y ss.)[1]

> *A questo invito vegnon molto radi:*
> *o gente umana, per volar sù nata,*
> *perché a poco vento così cadi?*[2]

Al salir para ponerse en camino, vino un joven corriendo y, arrodillado ante él, le preguntó: "Maestro bueno, ¿qué debo hacer para alcanzar la vida eterna?" Jesús le dijo: "¿Por qué me llamas bueno?

---

[1] El texto que vamos a comentar es una narración concordada, en la que se han integrado los detalles complementarios que aportan cada uno de los tres sinópticos.

[2] "A esta invitación llegan muy pocos, ¡oh humana gente! Nacida para volar a la altura, ¿por qué un poco de viento te hace caer?" (Dante, *Div. Com.*, Pg. XII, 94–96).

Nadie es bueno sino sólo Dios. Ya conoces los mandamientos". Entonces [el joven] le preguntó: "¿Cuáles?" Y Jesús le respondió: "No matarás, no cometerás adulterio, no robarás, no levantarás falso testimonio, no defraudarás, honra a tu padre y a tu madre, y ama al prójimo como a ti mismo". El joven le dijo: "Maestro, todo eso lo he guardado desde mi juventud. ¿Qué más me falta?" Jesús, fijando en él su mirada, le amó y le dijo: "Aún te falta una cosa: anda, vende todo lo que tienes, dáselo a los pobres, y tendrás un tesoro en el cielo. Después, ven y sígueme". Al oír el joven estas palabras se marchó triste, porque tenía muchos bienes.

A través de los siglos, los innumerables comentaristas que han dedicado su atención a este episodio han encontrado en él, o han tenido al menos la oportunidad de hacerlo, un contenido de significado ambivalente. Agridulce tal vez, como diríamos seguramente en el lenguaje de hoy. Lo cual parece lógico, puesto que la narración se presta a ofrecer dos conclusiones (en cierto modo) diferentes. No parece, sin embargo, que se haya profundizado mucho —desde luego no demasiadas veces— en ese aspecto particular de la cuestión. Y con todo, ambas caras del episodio, ante una primera consideración al menos, parecen contradictorias: la invitación a un heroísmo capaz de emprender la más sublime de las aventuras, de una parte; y la respuesta negativa, fruto de una mezquina cobardía, de otra. Pese a lo cual, si bien se examina, la contradicción es más circunstancial que de fondo. Lo que subyace en realidad a través de la narración, como elemento más importante, no es sino la grandeza del Amor y de los designios divinos, ofrecidos como regalo al hombre. Que el hecho sirva de ocasión para hacer patente en este caso, por contraste, la frecuente pusilanimidad del ser humano, no logra difuminar la excelencia de la situación.

Lo que es indudable, de todos modos, es que estamos ante el núcleo de lo que ha sido la Historia de la humanidad, tal como ha transcurrido desde los orígenes hasta nuestros días.

Pero la Historia de la humanidad ha atravesado ya su propio Centro. Un Punto Culminante que, a la vez que la divide en dos partes, le da sentido a ambas: me refiero a la venida de Cristo, a partir de la cual todas las cosas han quedado necesariamente encasilladas en el *antes* o en el *después*. Sin duda una cuestión demasiado importante como para no olvidarla en ningún momento. Desde entonces, lo que era desde siempre ha sido puesto de manifiesto; a saber: el *cristocentrismo* de todo lo creado.[3] De ahí que esta narración sea eminentemente cristocéntrica, como parte que es también del Evangelio. Con lo cual quiero decir que lo que prevalece en ella, impregnándola de toda su fuerza y significado, es la figura de Cristo. Y con tal figura, la grandeza de la llamada a la gran aventura de la Santidad: *Aún te falta una cosa... "Si quieres ser perfecto", déjalo todo, y luego ven y sígueme*. La reacción del joven, por mezquina que pueda parecer (efectivamente lo es), y aunque sea paradigma de una actitud bien frecuente entre los humanos, puede ser considerada aquí como puramente coyuntural, sin más transcendencia. Lo que cuenta en este episodio evangélico, bañando con su luz cegadora la percepción de cualquier otra cosa, es *la llamada que el Maestro dirige, a fin de que le sigan, a aquéllos que tengan corazón para hacerlo*. O

---

[3]Nada tiene esto que ver con las naderías y locas ensoñaciones contenidas en las teorías de Teilhard de Chardin. Es difícil de creer que tales panteísticas vaguedades, tan vacías de contenido teológico como sobradas de una barata fantasía–ficción, hayan sido capaces de engañar a tantos ingenuos (y a otros menos ingenuos). Aquí nos movemos, por el contrario, dentro de la doctrina paulina al respecto, contenida sobre todo en las Cartas a los Efesios y Colosenses.

dicho de otra forma, es la llamada del Amor Perfecto a aquéllos que sean capaces de (entender lo que es) amar. En definitiva, estamos ante la convocatoria para elegir entre dos diferentes posibilidades: la que conduce a la Alegría Perfecta, hecha accesible para aquéllos que respondan afirmativamente a la llamada..., o la que lleva a un final que abandona para siempre, sumidos en la Tristeza, a los que decidan desoír tal invitación.

Sin embargo, al menos por esta vez, la Historia de la Alegría va a dejar sumergida en la sombra del olvido a la Historia de la Tristeza. Pues, aunque ambas pueden considerarse contenidas en el ámbito de la narración, la negativa del joven (con su consiguiente tristeza) contrasta de tal modo con lo que supone y lleva consigo la invitación recibida, que se convierte en irrelevante. De hecho, ni siquiera el nombre del personaje nos ha sido conservado por la Historia. Aunque es verdad que un poco de viento, concretado en este caso en las llamadas *riquezas*, puede hacer vacilar, e incluso caer derribada, a la débil naturaleza humana, ¿qué puede eso significar ante el acontecimiento prodigioso según el cual ha sido llamada a volar hasta las alturas?

Según la narración, el joven llegó *corriendo* adonde estaba Jesús, ante cuyos pies cayó de rodillas. Una mente sin prejuicios considerará cosa normal que un joven se apresure hasta la carrera, a fin de llegar cuanto antes hasta donde se encuentra el Maestro. Tratándose de alcanzar tal meta, cabe preguntarse si sería razonable otra manera de hacerlo. Y más aún cuando se trata de un joven, al cual parece lógico asociar como pertinentes las ideas de fortaleza y aun de victoria (1 Jn 2: 13–14). Por otra parte, es evidente que la posibilidad de alcanzar el premio se desvanece si se renuncia a la carrera (1 Cor 9:24).[4] Y aún se hace más patente su necesidad cuando no

---

[4] Cf Flp 3: 12–13.

se trata de correr sin un propósito definido o a la ventura —*quasi in incertum*: 1 Cor 9:26; cf Flp 2:16; Ga 2:2—, sino, como sucede en el presente caso, de llegar hasta donde se encuentra Jesús. Para la Esposa del *Cantar*, en efecto, parece que no hay otra forma de seguir al Esposo si no es a la carrera; pues de manera tan urgente se siente impulsada por la fuerza de su amor. ¿Cabe acaso pensar en un modo distinto por el que el amante se dirija hacia donde se encuentra la persona amada? De ahí que la Esposa enamorada, protagonista del Poema sagrado, que no desea otra cosa sino sentarse al lado y a la sombra de su Esposo (Ca 2:3), se dirija a Él con impaciencia. Pues así es como se sienten impulsados los amantes a correr cada uno de ellos al encuentro del otro:

> *Llévanos tras de ti, ¡corramos!*
> *Introdúcenos, rey, en tus cámaras...*[5]

Pues el Amor, en efecto, solamente entiende de ansiedades y apresuramientos:[6]

> *Como manzano entre los árboles silvestres*
> *es mi amado entre los mancebos.*
> *A su sombra anhelo sentarme...*[7]

---

[5] Ca 1:4.

[6] Por lo común escribo la palabra Amor con mayúscula, no solamente cuando me refiero al Amor Sustancial o Infinito, sino cuando parece oportuno resaltar la idea de la entidad y profundidad de la *relación amorosa* (prescindiendo aquí del hecho de que el Amor es siempre una relación que, como tal, tiene lugar entre dos); bien que se refiera al amor divino–humano, o incluso al simple amor humano. No es necesario aclarar que aquí no utilizamos el vocablo *relación* en el sentido preciso empleado para referirse a lo que sucede en el Misterio Trinitario; a no ser que queramos ayudarnos de la analogía.

[7] Ca 2:3.

Por lo que se refiere a la búsqueda de la persona amada, el Amor ni siquiera está dispuesto a admitir la idea de posibles equivocaciones o desviaciones del camino, las cuales pudieran ser causa de demoras en el encuentro tan ansiado:

> *Dime tú, amado de mi alma,*
> *dónde pastoreas, dónde sesteas al mediodía,*
> *no vaya yo a extraviarme*
> *tras los rebaños de tus compañeros.*[8]

La primera estrofa del *Cántico Espiritual*, de San Juan de la Cruz, comienza con un doloroso grito de impaciencia, bien característico, por otra parte, del amor que sufre las nostalgias de la ausencia:

> *¿Adónde te escondiste,*
> *Amado, y me dejaste con gemido?*
> *Como el ciervo huiste*
> *dejándome herido;*
> *salí tras Ti clamando, y eras ido.*[9]

La Esposa del *Cantar* suspira también impaciente ante la ausencia del Amado:

> *Os conjuro, hijas de Jerusalén,*
> *que si encontráis a mi Amado,*
> *le digáis que desfallezco de amor.*[10]

---

[8] Ca 1:7.
[9] San Juan de la Cruz, *Cántico Espiritual*, 1.
[10] Ca 5:8.

Y a la impaciencia se une la ansiedad, siempre juntas e inseparables cuando se trata del Amor. San Juan de la Cruz, en su poema de la *Noche Oscura*, nos habla de la ansiedad que alimentaba su alma con suave ardor:

> *En una Noche oscura,*
> *con ansias en amores inflamada,*
> *¡oh dichosa ventura!,*
> *salí sin ser notada,*
> *estando ya mi casa sosegada.*[11]

El hecho de que sea un joven quien se acerca apresuradamente a preguntar al Señor sobre el modo de alcanzar la vida eterna, quizá no sea ocasional. Dado el carácter del episodio, parece normal que sea un adolescente el interesado en inquirir acerca del mejor rumbo a tomar para su existencia. Al fin y al cabo, es el hombre joven quien *tiene toda su vida por delante*. Y así como es natural que el anciano mire más frecuentemente hacia el pasado, parece lógico que sea el joven, por el contrario, quien dirija sus ojos y sus pensamientos hacia el futuro. Sin dejar de tener en cuenta que el tema esencial de esta narración apunta hacia el *inicio* de una aventura que supone como base el Amor Perfecto; así como también a los medios necesarios para llevarla a cabo. Sucede también a menudo que, cuando se trata de cuestiones en las que anda involucrado el Amor, todo induce a atribuirlas a los jóvenes antes que a los ancianos. A continuación añadiremos importantes precisiones que aclaran este punto y dejan las cosas en su lugar. Pero ahora nos interesa subrayar el hecho de que es un joven el protagonista de esta narración; lo cual parece perseguir un propósito didáctico, más bien concreto en este caso, puesto

---

[11] San Juan de la Cruz, *Noche Oscura*, 1.

que toda la Escritura no pretende otra finalidad que la enseñanza (2 Tim 3:16). Conviene además adecuadamente a las ideas que nos hemos propuesto desarrollar en este comentario, como vamos a ver.

Es sabido que el Amor no tiene edad y que carece de antes o de después. Existía *antes* de que el Tiempo apareciera, cuando *aún* no había dado comienzo la marcha inexorable de la duración de todo lo creado. De ahí que no se pueda decir que el Amor es patrimonio de los jóvenes, como pudiera pensar una visión de las cosas demasiado superficial; ni aun de nadie en particular. En realidad el Amor se justifica a Sí mismo, se rige por sus propias reglas, y no necesita buscar fundamento en nada que sea exterior a Él. El Amor *ama porque ama*, porque así lo desea, y cuando así lo desea: *El Espíritu sopla donde quiere, y oyes su voz; pero no sabes de dónde viene ni a dónde va.*[12] Por eso sería vano pretender que el Amor humano se muestra más adecuadamente en los jóvenes que en los ancianos. Sino que más bien sucede lo contrario. Desde el instante en que el Amor se hace presente en la existencia humana, todo está dispuesto para que vaya aumentando en intensidad (Ro 5:5). Y así lo hace hasta alcanzar una plenitud sólo de Dios conocida, según las medidas por Él determinadas y decididas libérrimamente para cada ser humano (Ef 4:7). De este modo, madurar en el Amor es madurar *en Cristo*.[13] La existencia del cristiano está destinada a alcanzar la plenitud de su consumación con Cristo y en Cristo..., aunque solamente llegue a ella al final de su itinerancia terrena. De este modo la muerte cristiana no es simplemente el último y definitivo acto por el que el

---

[12] Jn 3:8.

[13] Una expresión de difícil explicación. Su contenido apunta hacia la asimilación de la vida de Cristo para hacerla propia, a saber: sentir como Él, pensar como Él y vivir como Él. Todo ello hasta alcanzar una comunión de vidas que sólo el Amor es capaz de conseguir, y cuya profundidad solamente será entendida en plenitud en la Vida Eterna.

hombre lleva a cabo su consumación en el Amor (para el cual ha sido creado, existido y vivido), sino que también supone para él *la última oportunidad de realizarla, puesto que ninguna otra le va a ser otorgada*. Según lo cual, podría decirse que el Amor del joven vive y se alimenta de esperanzas; mirando hacia un futuro por hacer y que se proyecta siempre hacia adelante. Mientras que el del anciano, por el contrario, hunde sus raíces en realidades ya alcanzadas, al mismo tiempo que mira hacia atrás; aunque no con la nostalgia de cosas ya perdidas, sino con la alegría de esperanzas que en un tiempo fueron y que ahora ya están presentes (Ro 8:24). Todo sucede de tal manera que *la caridad no pasa jamás. Desaparecerán las profecías, cesarán las lenguas, se desvanecerá la ciencia...*[14] *Ahora están presentes las tres: la fe, la esperanza y la caridad. Pero la mayor de ellas es la caridad.*[15] Ambas formas de Amor en la existencia cristiana —la del joven y la del hombre que ha consumado su existencia terrena— si bien equivalen, por lo tanto, a un comienzo y a un final del camino, se actualizan siempre *en el presente*. Como la fe y la esperanza, que solamente se hacen auténtica realidad en el instante mismo en que la caridad se hace presencia con ellas. Ambas formas o etapas del Amor en la vida humana están ordenadas hacia su plenitud: desde una consumación *in fieri*, que por no serlo todavía mira hacia la meta, hasta una realidad *in facto esse* que ya comienza a saborear la Alegría del camino recorrido.

De este modo el Amor, en el cristiano que se halla a punto de consumar su camino, da lugar a una situación de serenidad y de calma. Si acaso es dable considerar como calma y reposo a la posesión, por fin alcanzada, del Amado. Lo cual tiene lugar al final de una itinerancia que se ha visto obligada a superar toda clase de

---

[14] 1 Cor 13:8.
[15] 1 Cor 13:13.

obstáculos: sufrimientos ocasionados por el hecho de compartir la vida y existencia del Maestro, a los que hay que añadir la nostalgia producida por su ausencia y tardanza. Marcado todo ello, a su vez, con el sello de una fidelidad pagada hasta con la sangre (2 Tim 4:7). Nos encontramos así ante una etapa final, en la que todo desasosiego ha desembocado, por fin, en un estado de serenidad y reposo. Es el momento en el que la existencia se encuentra ya más cercana al *ya* que al *todavía no*:

> *Quedéme, y olvidéme,*
> *el rostro recliné sobre el Amado,*
> *cesó todo, y dejéme,*
> *dejando mi cuidado,*
> *entre las azucenas olvidado.*[16]

La dialéctica del *ya* y del *todavía no*, característica del Amor tal como es participado por el hombre durante su período de prueba, adquiere particular relieve cuando se consideran las dos formas de

---

[16] San Juan de la Cruz, *Noche Oscura*, 8. De nuevo nos tropezamos con las insuficiencias del lenguaje humano. Hablar de reposo, en una situación en la que el Amor es perfecto por haber alcanzado su consumación, parece una incongruencia. Sin embargo la expresión encierra en este caso sólo una parte de la verdad, y no la más importante. Desde el momento en que el Amor consiste en una sobreabundancia de vida, supone el Acto más perfecto que cabe imaginar en cuanto a intensidad de existencia; lo cual vale para ambos Amantes. La Teología Mística siempre ha dejado claro, con respecto a la oración contemplativa, que solamente puede ocurrir en el ámbito de una situación de entera pasividad por parte de la creatura. Pero si se tiene en cuenta, sin embargo, la situación de reciprocidad y bilateralidad siempre presente en el Amor —sin olvidar tampoco el momento de *vida intensa, y aun la más abundante* que inunda al ser humano en la oración contemplativa (Jn 10:10)—, resulta difícil aceptar (al menos sin numerosas matizaciones) tal pretendida pasividad. Otra cosa es la presencia de la gracia, de absoluta necesidad, por parte de la creatura, y de total gratuidad por parte de Dios.

existencia de las que venimos hablando: la del cristiano que se encuentra ya al final del Camino —más cerca del *ya*—, y la del que comienza a recorrer la senda que ha de conducirlo hasta la Casa del Padre —plenamente inmerso en el *todavía no*—.

La Épica de Tolkien nos ofrece a este respecto dos figuras prototípicas cuya utilización puede resultar provechosa, como hilo conductor, en el conjunto de nuestra narración. Tanto Bilbo como Frodo han participado de la misma experiencia, y su encuentro con el Anillo de Poder ha forzado a ambos a llevar a cabo una opción que ha marcado sus vidas para siempre. Tal encuentro no ha sido en modo alguno casual; como tampoco lo es la opción, a favor o en contra del Amor, en la que ha de decidir de forma ineludible todo hombre que viene a este mundo.[17]

Por lo que hace a nuestro caso, Bilbo ha completado ya su Periplo con el Anillo. Durante largo tiempo, después de haberlo hallado, ha sido su Portador y Custodio; sin que importe demasiado ahora el hecho de que la responsabilidad de su encuentro (que para Bilbo figuraba como enteramente casual) haya de ser atribuida a la voluntad del Misterioso Objeto. El encuentro con su Destino siempre resulta inesperado para el hombre. ¿Cómo podría él imaginar que había sido creado libérrimamente por el Amor y para el Amor? Tampoco Frodo pudo haber pensado nunca que habría de ser el próximo Portador del Anillo. El Fin al que de hecho ha sido destinado el

---

[17] En la épica tolkienista es el Anillo mismo quien decide tal encuentro, con vistas a llevar a cabo sus propósitos. En cuanto al ser humano, creado para amar y ser amado, es el Amor quien le induce a tomar opción, a la espera de una respuesta en la que es aceptado o rechazado en entera libertad. Aunque lo importante aquí no ha de buscarse en un inexistente pretendido paralelismo entre el Anillo de Poder y el Amor; sino en el hecho de la existencia de un Destino suprahumano ante el que el hombre ha de elegir, de manera ineludible: creado por y para el Amor (como ser libre, por lo tanto), el hombre no puede escapar a la opción según la cual puede abrirse o cerrarse a sus instancias.

ser humano supera cualquier posibilidad previa de imaginación, de entendimiento, o de apetencia, por parte de la creatura. El hecho de que el hombre se encuentre con el Amor, en un momento bien determinado de su existencia, no se debe a otra cosa *sino a que el Amor lo amó a él primero* (1 Jn 4:19). Aunque lo verdaderamente decisivo aquí es la alternativa ante la que ahora se encuentra Bilbo: o bien se desprende definitivamente del Anillo..., o bien lo mantiene indefinidamente en su posesión. Lo que en modo alguno es una decisión fácil. Dado que el Anillo ha adquirido tan fuerte influencia sobre su mente y sobre su corazón, que casi forma ya parte de su naturaleza. Desprenderse de él supone para Bilbo un desgarramiento de su ser, por más que comprenda que *debe* de hacerlo.[18] Al determinarse en contra del Anillo, sin embargo, ha encauzado su decisión en favor de la Luz (el Anillo es un instrumento del Mal y una opción a su favor en la misma medida en que pertenece al Señor Oscuro, o Señor de las Tinieblas), lo que viene a ser lo mismo que decir que ha tomado partido en favor del Bien.[19]

Por lo que respecta a Frodo, también él se enfrenta a la necesidad de decidir el rumbo de su existencia en favor o en contra de los designios del Anillo. El hecho de aceptar emprender un largo y

---

[18]La opción en favor de la Luz o de la Oscuridad es punzante e inflexible, como que se trata de la decisiva alternativa en la que no existe otra salida que la de optar a favor del Amor..., o de su contrario el Desamor. En definitiva, lo que está en juego aquí para el hombre es la posibilidad de aceptar, o de rechazar, con voluntad plena y libre, el Amor inefable que le es ofrecido. Y puesto que el Amor y el Desamor son caras opuestas de una misma moneda, el rechazo del primero es lo que permite al segundo adquirir fuerza y *dureza* similares a las del primero: *Porque es fuerte el amor como la muerte...*, aunque no es menos verdad que *son como el sepulcro duros los celos* (Ca 8:6).

[19]En el Nuevo Testamento, y especialmente en San Juan, la repetida dicotomía Luz–Tinieblas es paralela y equivalente a la oposición existente entre el Bien y el Mal.

peligroso viaje, a través de lo desconocido, que habrá de culminar con la destrucción del Anillo de Poder, no significa sino su determinación en favor del Amor. La circunstancia de que el Anillo se sienta identificado con la decisión de Frodo añade, sin embargo, un nuevo elemento de misterio a la situación. Aunque todo se comprende mejor, en cierto modo, cuando se cae en la cuenta de que cabe en los designios del Anillo la posibilidad de utilizar al Portador para alcanzar sus propios fines; los cuales no son otros que los de volver a las manos de su Dueño, el Señor Oscuro. Al Mal le resulta difícil imaginar que alguien se decida a optar en favor del Bien; al menos no de manera tan rotunda como para cerrar el paso a cualquier posibilidad de corrupción.

Una posibilidad que, pese a todo, es bien real. Y sin embargo es la única cosa capaz de dotar a la tarea emprendida del carácter de Aventura. Y aun de sublime Aventura. La realidad del peligro es justamente la que, de forma contundente y definitiva, despoja del posible carácter de imaginarios a los riesgos que aguardan en el camino. Así es como el ser humano queda abierto a la posibilidad de experimentar el dolor y la angustia en todas sus formas, incluida la muerte. Y para el cristiano concretamente, tal cosa es la que imprime a su Aventura el carácter de una real participación en la existencia, en los sufrimientos, y por supuesto en la muerte de su Señor.

Nadie ha dicho jamás seriamente que la itinerancia del hombre durante su existencia terrena discurra por un camino fácil. *Milicia es la vida del hombre sobre la Tierra.*[20] En cuanto al cristiano, el Señor habló con suficiente claridad acerca de la senda estrecha y empinada. Es por eso por lo que, tanto la Aventura de Bilbo como la

---

[20] Jb 7:1. La itinerancia sólo tiene lugar durante la permanencia del hombre en el presente eón. Una vez llegado a la Patria, alcanzado definitivamente el propio Fin, ya no tiene sentido el caminar: *La esperanza que se ve, ya no es esperanza; pues ¿quién esperará lo que ya ve?* (Ro 8:24).

de Frodo, están impregnadas de un sentido profundamente humano. No es casual que Bilbo, a pesar de su determinación, se sienta vacilar y se resista en algún momento a desprenderse del Anillo; ni que tampoco en alguna ocasión trate desesperadamente de recuperarlo. Incluso el mismo Frodo, llegado el momento culminante, se sentirá incapaz de destruirlo.

Con ello queda patente que el encuentro del hombre con el Amor —algunos dirían con su Destino— supone una serie de factores que no pueden ser ignorados: la contundencia de su agudo realismo, la intensidad y decisiva fuerza de la invitación que se ofrece, y la lógica e inexpresable ansiedad con la que se espera una respuesta consecuente. Todos ellos acompañan a la convocatoria que el Amor dirige a los seres humanos que habitan en el Mundo. Y sin embargo —no debemos olvidarlo nunca— se trata de seres humanos reales, en su estadio presente de naturaleza caída y reparada. La convocación a la Aventura, con el ofrecimiento que hace el Amor, son bastante claros. En cuanto a la respuesta, será de rechazo o quizá de aceptación. Pero, en este último caso, *la realización de la Odisea habrá de llevarse a cabo a través de una serie extraordinaria de vicisitudes, muchas de las cuales también serán a menudo extraordinarias.*

Lo vemos claro en los sucesos que siguieron a la vocación de los primeros seguidores del Maestro. Renunciaron generosamente a sus oficios, abandonaron definitivamente las redes de pesca, el telonio, o cualesquiera otras ocupaciones además de sus familias..., para convertirse en auténticos pescadores de hombres. O así fue al menos al comienzo de la Aventura, porque pronto comenzaron las dificultades. San Pedro, por ejemplo, que no acababa de entender la misión que el Maestro había de llevar a cabo, sintió vacilar su fe y su confianza hacia Él en varias ocasiones, llegando incluso a negar públicamente su mutua relación en los momentos decisivos de la Pasión. Siendo ya Jefe de la Iglesia, hubo de ser objeto de alguna recriminación por parte de San Pablo. Y hasta parece que en Roma trató de ponerse a salvo de la persecución de Nerón, si hemos de creer a la tradición. En cuanto a los demás Apóstoles, tampoco las cosas fueron siempre fáciles ni dignas de encomio: al igual que Pedro, tampoco lograban comprender por completo a su Maestro, contendían por los puestos de más relevancia a ocupar en el futuro Reino, y hasta permitieron que sus ridículos sentimientos y su miedo culminaran con la huida en el momento de la Pasión. Todos ellos, unos y otros, se resistieron a creer a los que afirmaban seriamente que Jesús había resucitado, e incluso llegaron a estar convencidos en algún momento de que todo había terminado: *Nos autem sperabamus...*, decían los discípulos de Emaús.[21]

Acerca de este conjunto de actuaciones, sería injusto pensar que todas ellas hayan de ser consideradas como fruto de la miseria humana y consecuencia culpable, en última instancia, del pecado. La defectibilidad humana es atribuible a la debilidad de la naturaleza, aunque no siempre con mediación de imputabilidad. La voluntad humana es frágil y bastante a menudo necesitada de energía; pero sin que por ello deba ser tachada siempre de culpable. Pedro, por ejemplo, ya había sido avisado por el Maestro; con una advertencia sin embargo que, al menos en este caso, más bien parecía estar animada por el cariño que por la voluntad de recriminar: *"Cuando eras joven te ceñías e ibas a donde querías; pero, cuando seas viejo, extenderás tus manos, y otro te ceñirá y te llevará a donde tú no quieras". Dijo esto indicando con qué muerte iba a glorificar a Dios.*[22] Y Jesucristo mismo, *que nunca fue "sí" y "no", sino que fue siempre "sí"...*,[23] supo

---

[21] Lc 24:21.
[22] Jn 21: 18–19.
[23] 2 Cor 1:19.

también de esos momentos tan peculiares —y a la vez tan sublimes— que tanto caracterizan a la naturaleza humana (Mt 26:39). El dolor y el sufrimiento, que una vez hicieron su entrada en el mundo con carácter de castigo, y que siguen siendo motivo de temor para el hombre, han sido ahora transformados mediante la posibilidad de llegar a convertirse incluso *en algo glorioso.*

En el estadio presente, de no ser así las cosas, nunca sería posible para el hombre la Gran Aventura; y ni siquiera tendría ya objeto convocarla. Porque tampoco la Cruz existiría. Y así fue como Dios utilizó la debilidad humana para mostrar su propia fuerza: la de Él mismo; y después, o al mismo tiempo si se quiere y como prolongación generosa, convertirla también en la del hombre.

En nuestra narración de hoy nos encontramos efectivamente ante una invitación clara a emprender la *Gran Aventura.* Expresión que utilizamos aquí intencionadamente a fin de evitar emplear el vocablo *vocación.* Nos referimos, por supuesto, a la llamada a la santidad, o al seguimiento de Cristo en totalidad. Aunque es bien sabido que el término vocación, cuyo significado aparecía cargado de sentido seductor, a la vez atractivo y desafiante, para la juventud de hasta mediados del siglo XX, carece de contenido alguno en la sociedad postcristiana en la que vivimos.

De todos modos, intentaremos mostrar que los elementos que aparecen en esta narración, ni más ni menos que como sucede siempre con la Palabra Revelada, son susceptibles de conducirnos a conclusiones tan interesantes como esclarecedoras.

Ante todo, es de advertir que se trata, como ya sabemos, de una llamada del Amor perfecto a la espera de una respuesta consecuente; la cual bien puede considerarse dirigida a cualquier ser humano. Sin embargo, el hecho de que el sujeto al que va dirigida en este caso la invitación sea precisamente un joven no puede considerarse, según lo

El Joven Rico 277

que ya hemos dicho antes, como meramente casual. Al fin y al cabo se trata de una invitación a emprender la Gran Aventura. La cual, por definición, parece que ha de ser considerada desde el principio como arriesgada, larga, difícil, y prometedora de sucesos por demás imprevisibles. Parece lógico, por lo tanto, que le sea propuesta a alguien que cuenta con las energías propias de la juventud y que, justamente por eso, *contempla su vida hacia adelante y como dispuesta a comenzar*. Lo arduo y desafiante, *a punto de ser emprendido, y que augura además una duración indefinida*, es indudablemente para los jóvenes.

Seguramente habrá alguien que pretenda recordar aquí que la *llamada universal a la santidad* va dirigida a todos los hombres, tal como se desprende del sentido obvio de la expresión. Lo cual es enteramente cierto. Con todo, la cruda realidad proclama claramente que no todo el mundo responde a esa llamada. Más bien sucede lo contrario, puesto que solamente es escuchada por minorías que, por otra parte, son cada vez más reducidas. Por lo que casi me atrevería a decir que la universalidad como tal encuentra aquí únicamente cabida en el Mundo de las ideas: cuando alguien se hace eco de ella la convierte, por el mismo acto de aceptación, en una llamada *particular y eminentemente personal*. Es verdad que Dios ha ofrecido su Amor a *todos* los hombres (1 Tim 2:4) por medio de Jesucristo; aunque no es menos cierto también que *muchos son los llamados, pero pocos los elegidos*.[24] Por lo demás, aquí estamos hablando de la invitación del Amor perfecto a la espera de una respuesta generosa en rotundidad. Pero la llamada, o el silbo del Amor, es algo delicadamente personal, recatado y efusivamente íntimo, como dirigido que está a la persona amada y solamente a ella; aunque con exclusión de todas las demás y de todo lo demás. Tal como sucede siempre en el Amor:

---

[24] Mt 22:14.

> *Dime tú, amado de mi alma,*
> *dónde pastoreas, dónde sesteas al mediodía,*
> *no venga yo a extraviarme*
> *tras de los rebaños de tus compañeros.*[25]

Por otra parte, el Evangelio nos menciona una situación semejante a la que estamos comentando. En ella también quedan subrayados los dos hechos más relevantes de nuestra narración. De una parte, la invitación está igualmente dirigida a jóvenes; de otra, tampoco queda en el olvido la advertencia acerca de lo arriesgado de la empresa a emprender: *¿Podéis beber el cáliz que Yo voy a beber?* La increpación de Jesús a los hermanos Santiago y Juan (Mc 10:38), y el contexto en el que se halla, no dejan lugar a dudas acerca de que se trata de una empresa verdaderamente arriesgada. Y así es, en efecto, porque la expresión *beber el cáliz* habla por sí misma, como vamos a ver enseguida.

Ambas situaciones contemplan otros aspectos, también semejantes, que sin embargo pueden pasar desapercibidos a pesar de su importancia. Jesucristo, por ejemplo, tanto cuando se encara con el Joven Rico como cuando lo hace con los hijos de Zebedeo, se dirige a ellos *de modo directo y terminante*. A Santiago y Juan les habla en un tono casi recriminatorio, que ni siquiera excluye la idea de que su petición puede parecer tan disparatada como absurda: ¿Sentarse a mi derecha y a mi izquierda en mi Reino...? ¡No sabéis lo que pedís! *¿Podéis beber el cáliz que Yo he de beber...?* Por otra parte, ésta y no otra es la manera normal de comportarse el Maestro cuando se trata de candidatos a su seguimiento: *Ten en cuenta que las raposas tienen cuevas y las aves del cielo nidos; sin embargo el Hijo del Hombre... ¿A enterrar a tu padre? Deja que los muertos entierren a los*

---

[25] Ca 1:7.

muertos... ¿Despedirte de tu familia? Cualquiera que pone la mano en el arado y luego vuelve la vista atrás... Ciertamente, tratándose de lo que se trata, las respuestas no pueden ser más contundentes y expeditivas.

Con respecto al Joven Rico de nuestra narración, Jesucristo encara enseguida la cuestión de modo directo. Por supuesto que ahora ya no se trata de *ser bueno*. Ni siquiera de alcanzar la vida eterna; o al menos no de la manera como el joven la había imaginado: *¿Por qué me llamas bueno...? Aún te falta una cosa... Si quieres ser perfecto...* Evidentemente el muchacho interpelaba a Jesucristo acerca de lo que más le importaba, y que no era otra cosa sino lo que nosotros llamaríamos sus propios intereses: en este caso su salvación eterna. Pero por más que se le conceda al tema toda la elevación y transcendencia que realmente tiene, queda patente sin embargo que el joven *aún no había salido de sí mismo* y que, por lo tanto, no había comprendido mucho acerca de *la única cosa importante*.[26] De ahí la radicalidad de la propuesta que tan amorosamente —y también de modo tan desafiante— le es dirigida: *Aún te falta una cosa. Anda, vende todo lo que tienes y dáselo a los pobres. Después ven y sígueme.* Lo que aquí es propuesto es nada menos que una invitación a renunciar a la propia vida, que es lo mismo que decir a *perderla por completo*. Sin olvidar que los variados textos evangélicos que hablan de perder la propia vida (por más que sea por amor) han de ser interpretados en sentido radical y profundo. Y así, por ejemplo, la misma expresión de perder la propia vida debe ser entendida *en toda la pluralidad de sus sentidos y significados*.

---

[26] El hecho de que no hubiera pasado por su mente la posibilidad de desprenderse de sus riquezas, como dice a continuación el texto, demuestra que no había entendido demasiado acerca del Amor. La tajante y radical invitación que le dirige Jesucristo trata, en cambio, de poner las cosas en su sitio y dirigirlas al verdadero camino.

Estamos ya muy lejos de cualquier aspecto superficial, por mínimo que fuese, que pudiera ser atribuido al problema que estamos tratando. Desde luego es una ocasión de la que bien puede decirse, con toda seguridad, que aquí se está hablando en serio. Cuando se trata del seguimiento con respecto a su Persona —y más todavía cuando, como sucede en este caso, se trata del seguimiento en totalidad—, Jesucristo no oculta aristas o circunstancias que podrían agudizar más la dificultad de la situación: *Si me persiguieron a mí, también os perseguirán a vosotros*;[27] y todavía de modo más punzante y radical: *Mirad que os envío como ovejas en medio de lobos.*[28]

Es evidente que las modernas, felices y sonrientes Pastorales Vocacionales, han comprendido poco acerca de la tarea que tendrían que realizar. Ante todo, porque no se han hecho cargo de la psicología y modo de ser de la Juventud. Lo que les ha impedido a su vez caer en la cuenta del carácter de los procedimientos seguidos por el Maestro. Aunque acerca de esto insistiremos más adelante.[29]

La narración del Joven Rico del Evangelio contiene una importante profundidad de significado que suele escapar, por lo general, a las interpretaciones tradicionales. Por supuesto que eso es lo que sucede siempre con la Palabra de Dios, capaz de trascender en todo momento, tanto la estrechez de la mentalidad humana como el paso del tiempo y la diversidad de los lugares (Lc 21:33; Heb 4:12). Por

---

[27] Jn 15:20.

[28] Mt 10:16.

[29] Para ser más exactos, habría que decir aquí que, si bien es verdad que las modernas Pastorales Vocacionales no han sabido desenvolverse, el hecho no se debe a la circunstancia de no haber entendido la psicología juvenil y, por consiguiente, de no haber asimilado tampoco los procedimientos pastorales practicados por el Maestro. El orden a seguir en este caso es más bien el contrario: por no haber entendido a Jesucristo, tampoco han sido capaces de entender a la Juventud.

El Joven Rico

lo que hace a nuestro tema, es sabido que ha dado ocasión para hablar, durante siglos, de la llamada que hace Jesús a alguno para que le siga; de la actitud del Maestro hacia los jóvenes; de las posibles reacciones egoístas a esa invitación motivadas por el apego a las cosas de este mundo, etc. Admitida la posibilidad de una abundante temática, todo parece indicar sin embargo que *el suceso es susceptible de ser interpretado en capas aún más profundas de pensamiento*. Con lo cual no pretendemos decir que nos encontramos aquí ante un misterio demasiado difícil de penetrar. En realidad los textos son lo suficientemente claros, o al menos así lo parece, como para dar lugar a que un correcto manejo de los términos permita hacer aparecer el conjunto del dibujo. En definitiva, un *puzzle* sin aspecto de ser demasiado complicado; aunque sí inquietante.

Lo que está en juego aquí es un desafío cuya profundidad va más allá de toda capacidad de medida, y de toda posibilidad de comprensión, tanto por parte de la mente como del corazón humanos por sí solos.[30] *Porque lo que propone Jesucristo al Joven Rico es en realidad un reto asombroso y sobrecogedor.* Y lo mismo podría decirse de la sugerencia que dirige a los hijos de Zebedeo, mediante la pregunta que les formula. La invitación dirigida a un simple ser humano, débil por definición en su propia naturaleza, para que comparta la espantosa tragedia del destino de Jesucristo, *es un insondable misterio tan tremendo como fascinante*. Calificarla de impresionante desafío, o de reto sobrecogedor, no es sino otra demostración de la insuficiencia del lenguaje humano.

Si admitimos que el tema central (y propiamente único) del episodio no es otro que el seguimiento de Jesucristo en compromiso

---

[30] Aunque todo queda claro cuando los textos son leídos con humildad; la suficiente para permitir que haga su operación la luz de la fe. En realidad en esto consiste la correcta colocación de la piezas del rompecabezas del que hemos hablado antes.

total, y lo calificamos como desafío, con lo que acabamos de decir ya hemos sido bastante expresivos. Conviene aclarar, de todos modos, que lo que aquí está en juego no es la llamada universal a la santidad, sino la vocación al seguimiento para compartir en totalidad la vida de Jesús. Para ser más concretos, se trata de la vocación a la llamada vida religiosa o bien a la sacerdotal.[31] Aunque no todo está dicho, sin embargo; y de ahí la conveniencia de traer a colación detalles y matices que, pese a su importancia, podrían pasar desapercibidos. Vale la pena insistir, con respecto a lo que sigue, que aquí nos vamos a ceñir principalmente al tema de la vocación sacerdotal.

El papel a desempeñar en el mundo, por parte del sacerdote, jamás ha sido tarea fácil. Como ministro y testigo de Jesucristo, continuador y realizador de su obra, su vida y su destino nunca pudieron ser otros que los de su Maestro. Lo cual, sin embargo, no significa haberlo dicho todo acerca de lo que es. No basta con admitir que el sacerdote es ministro, testigo, o continuador de la misión de Jesucristo... Ni es suficiente con reconocer que actúa *in persona Christi* (a no ser que se especifique que su íntima naturaleza radica en la realidad fáctica de ser *alter Christus*). Si cualquiera que, por el hecho de ser fiel a su condición de cristiano, acepta vivir la

---

[31] La denominada en el lenguaje clásico *vida religiosa* se caracteriza, como se sabe, por la práctica de los tres *consejos* evangélicos, considerados siempre por la doctrina como diferentes de los *preceptos* también evangélicos. Sin insistir aquí demasiado en la terminología, ni en la temática clásica, conviene recordar que nuestro tema no apunta tanto a la llamada general a la santidad cuanto a la vocación al seguimiento total. Por supuesto que la segunda supone la primera. Pero la invitación a la santidad es para todo el mundo; y ya hemos dicho arriba que la madurez humana —por no hablar de la madurez en Cristo— es más propia del final de la vida que de su comienzo. Parece normal, sin embargo, que cuando se trata, como en el presente caso, de una aventura *a emprender*, le sea propuesta a los que se encuentran en el *todavía no* —que es decir a los más jóvenes— más bien que a aquéllos que se hallan más próximos al *ya*. Más adelante abundaremos más en este importante tema.

existencia del grano de trigo que muere en la tierra para dar fruto (Jn 12:24), nadie como el sacerdote está llamado a realizar en sí mismo esa situación.

Sin embargo, hacia mediados del siglo pasado (los tiempos del Concilio Vaticano II y los que le siguieron), el paganismo creciente desencadenado en la sociedad, con el consiguiente espíritu secularizador y anticristiano que se difundió por todas partes, hicieron más arriesgada la aceptación del desafío que supone la existencia sacerdotal. Tal vez por eso, la llegada de la *Primavera de la Iglesia* después del Concilio, prometida y tan esperada con gran efusión de optimismo, coincidió con la aparición de dos hechos de enorme repercusión en nuestro caso.[32] Me refiero a la *Promoción de los Seglares* y a la por todas partes pregonada *Crisis de Identidad Sacerdotal*.

Por misteriosas razones que aquí no son del caso (y de las que hemos hablado amplia y detalladamente en otros lugares), teólogos y gentes pertenecientes al mundo clerical decidieron que los seglares habían de ser *promovidos*.[33] Y todavía algo peor, puesto que las cosas no quedaron en eso. El hecho fue que la tan pregonada promoción parece que hubo de hacerse a costa del crédito y de la dignidad del sacerdocio ministerial. Pero ya hemos dicho que no corresponde a este lugar hablar del tema: solamente recordar que la *nivelación* o reconocimiento de los derechos de los laicos, hasta ahora *oprimidos*, se llevó a cabo según el típico estilo socializante marxista: no

---

[32] El fenómeno es mucho más complejo, y no es posible entenderlo en su integridad mediante el mero análisis de esos dos síntomas. Aunque es indudable que fueron ambos los que más claramente influyeron en la aparición de la crisis. Aquí sería obligado referirse también a la influencia de la teología protestante, para la cual, como es sabido, el sacerdocio ministerial queda absorbido dentro del sacerdocio común de todos los fieles.

[33] Lo curioso del caso es que los laicos jamás habían sido conscientes, hasta este momento de la Historia, del estado de miseria y de postración en el que se encontraban, según el parecer de los innovadores.

mediante el procedimiento de subir a los de abajo; sino a través del más expeditivo y fácil de bajar a los de arriba.

En fin, y para resumir el problema: el estamento clerical, que pese a tantas vicisitudes de la Historia había venido gozando, al menos durante los últimos tiempos, de un cierto *status* de prestigio, vino a quedar circunscrito a una situación de olvido, cuando no de vejación y desprecio (incluso por parte de elementos destacados de la propia Iglesia). Fue entonces cuando tuvo lugar la Gran Deserción de millares de sacerdotes y religiosos, al mismo tiempo que se dio paso a las ideas que ponían en duda el papel y la utilidad del sacerdocio.

El resultado al que condujo esta situación (de la que no hemos expuesto aquí sino un brevísimo resumen) fue la agudización de la dificultad del desafío. ¿Dónde podrían hallarse ahora jóvenes capaces de aceptar la llamada al sacerdocio? ¿Quién estaría dispuesto a formar parte de un estamento cuya utilidad había sido puesta en duda, en el mejor de los casos, y cuyos miembros supervivientes se encontraban en desbandada?

Puestos a enfrentar el problema en todo su realismo, sin disimular su gravedad y su crudeza, habría que añadir lo siguiente con relación al momento actual: *La situación, durante esta primera década del siglo XXI, sigue siendo la misma o incluso más grave. No solamente no se divisan señales de cambio favorable para un futuro más o menos próximo, sino que más bien aparecen por todas partes síntomas de empeoramiento.* Lo que nos conduce a esbozar algunas importantes conclusiones.

Aunque antes de exponerlas debemos aclarar que partimos de una base real. Con lo cual queremos decir que aquí prescindimos de estadísticas propagandísticas y de proclamas demagógicas. La vocación al sacerdocio se encuentra hoy lejos de mostrarse como una aventura sublime y arriesgada. Todo lo contrario. O mejor aún, porque tal vez parezca más arriesgada que sublime. Estar dispuesto hoy a emprenderla supone nada menos que la conformidad a formar parte de un estamento despreciado, humillado y perseguido: *vejado como inútil, obsoleto, e imposible de componer con el empuje y dinamismo de los tiempos nuevos.* Algo que los jóvenes de hoy habrán de tener en cuenta.

Pero he aquí, sin embargo, que esto es lo que proporciona a nuestro episodio su relieve y profundidad. Puesto que el Maestro no ignoraba las circunstancias atemporales, cuales son las que envuelven a la vocación sacerdotal,[34] la invitación que dirige al joven contiene una profundidad de desafío (que vale para todos los tiempos) imposible de imaginar. Las palabras adquieren entonces un significado que podríamos calificar, sin hipérbole, como aterrador: *Ve, y vende cuanto tienes, dáselo a los pobres, y luego ven y sígueme.*[35]

Es sabido que el texto de la Biblia (que encierra en su contenido la perenne actualidad de la Palabra de Dios), ha sido escrito, en épocas distintas y distantes, por escritores humanos de carácter y estilos diferentes y para circunstancias muy diversas. Así se explican

---

[34]Lo que lleva consigo la respuesta afirmativa a la vocación, con la franca disponibilidad a abrazar todas sus consecuencias, se adapta de por sí a todos los lugares y momentos de la Historia. Cada uno de ellos se encarga de determinar el modo, manera, y carácter de las dificultades de la empresa, *las cuales serán siempre tan importantes, además de difíciles y dolorosas, como imposibles de superar si no anduviera por medio la ayuda de la gracia.*

[35]Aquí se podrían añadir otros textos semejantes, ya conocidos: *¿Podéis beber el cáliz que Yo he de beber?... Deja a los muertos que entierren a los muertos... ¿Despedirte de la familia? El que pone la mano en el arado, y vuelve la vista atrás...* Los cuales, si por un lado confirman el significado de las palabras dirigidas al Joven Rico, por otro (que viene a coincidir prácticamente con el anterior) ahondan en el profundo y *tremendo* alcance de la invitación. Lo que se está proponiendo aquí es una aventura demasiado arriesgada: la más desafiante y difícil que el ser humano haya podido conocer o imaginar jamás.

la variedad y diversidad de los llamados géneros literarios. Todo el conjunto, sin embargo, está referido a la salvación del hombre; y todos los libros que lo integran reconocen, como Autor principal y único responsable de su autenticidad e inerrancia, al Espíritu Santo. El hilo conductor es siempre el mismo: la historia del Amor divino ofrecido al hombre y la espera de una respuesta afirmativa en reciprocidad. Un rastro fácil de seguir, a través del complejo tejido de una variedad de estilos que comportan a veces una extraña y curiosa heterogeneidad.

La tajante y desafiante invitación de Jesús al Joven Rico (como las demás del mismo estilo contenidas en el Evangelio), es un requerimiento a tomar parte en un auténtico torneo de Amor: ¿Te atreves a seguirme y a compartir mi existencia? Y de nuevo la insuficiencia del lenguaje humano. Pues lo que aquí se contiene es una referencia a algo más profundo y complejo de lo que supone un mero *compartir*. Vocablo este último que da paso a la idea de dos seres que siguen destinos paralelos o semejantes, conducentes a un mismo fin, *pero que son siempre dos destinos que comportan a su vez dos vidas también distintas*. Mientras que lo que está en juego en este caso es una realidad más compleja y misteriosa y, por supuesto, mucho más elevada. En un difícil intento de simplificar las cosas podría ser descrita como la posibilidad de *vivir una misma existencia, o una misma vida*, por parte de dos seres que se aman. Equivaldría a algo así como una comunión de vidas, capaz de hacer de ambas un solo corazón y una sola alma. Pero, puesto que nos estamos refiriendo a la misteriosa realidad del Amor, corremos el peligro de malinterpretar los términos y confundir las metáforas con las realidades.

Comunión de vidas, por lo tanto, con un solo corazón y una sola alma. Pero atención. Pues ya hemos dicho que el lenguaje del Amor tiende a interpretar las metáforas al pie de la letra, con el consiguiente riesgo de dar lugar a ingenuas confusiones que nada tienen que ver con la realidad de la que se habla.

Es importante insistir aquí en la *diferenciación de personalidades*; a saber: la respectiva singularidad del *yo* y del *tú* de los que se aman. Por lo que respecta al amor divino–humano, e incluso al meramente humano, una derivación analógica de lo que en Teología Trinitaria se denomina *oposición* de las Personas. La comunión o *asimilación* de vidas, y la total *diferenciación* de las personas son los dos elementos necesarios, tan complementarios como (aparentemente) contradictorios, que hacen posible la más misteriosa y sublime de las realidades del Universo, cual es la del Amor. Si bien no es difícil darse cuenta de que el primero de los dos términos —la *asimilación* de vidas— requiere una explicación (que no promete ser sencilla) acerca del sentido en el que ha de entenderse; mientras que con respecto al segundo —la *diferenciación* de las personas— basta atenerse a su estricta significación. De ahí que la esencia del amor humano, y con mayor razón la del divino–humano, venga a consistir en una proyección o participación (analógica) del Misterio Trinitario.

Ya hemos dicho que la comunión o asimilación de vidas es una realidad que no es fácil de explicar; por no decir que es imposible hacerlo, puesto que aquí nos hallamos ante el Misterio insondable del Amor. El hecho de que la criatura haya sido llamada, por un libérrimo designio, a participar de la inefable realidad de la Vida Divina no priva del carácter de misterio a esa participación. En realidad nos movemos aquí dentro del ámbito de una profunda e inexpresable verdad, cual es el hecho de que al ser humano le haya sido otorgado participar del mayor de todos ellos: el de la Vida Divina.

Pero examinemos el texto paulino de Ga 2:20: *Vivo autem iam non ego, vivit vero in me Christus*. Los dos términos del primer hemistiquio aparentan componer una perfecta aporía: *Vivo yo*; sin embargo *ya no soy yo quien vive*, puesto que es Cristo quien vive en mí. Según estas palabras, ¿vive el apóstol Pablo su propia vida o la ha perdido enteramente para dar paso en sí a la vida de Cristo? ¿En qué sentido han de ser interpretadas las palabras del Maestro: *Qui autem perdiderit animam suam propter me et evangelium, salvam eam faciet?*[36] Evidentemente, sea cual fuere la interpretación que haya de darse al texto paulino, los dos términos con los que se inicia el versículo, aparentemente contradictorios, *han de tomarse en sentido fuerte; ambos, por supuesto*. Quiero decir con esto que la afirmación de que *soy yo el que vive* ha de ser entendida en sentido tan real y propio como la de que *es Cristo quien vive en mí*. Si se acentúa (si se considera en su estricto sentido literal) la primera declaración, queda disipada cualquier apariencia de panteísmo. Quedaría por explicar el sentido de la segunda (la vivencia de Cristo en el apóstol), que es hacia lo que apunta el núcleo del misterio y aquello a lo que principalmente se debe de atender. Las palabras de Jesús, contenidas en otro lugar, nos mantienen igualmente en el mismo problema: *Qui manducat meam carnem et bibit meum sanguinem, in me manet, et ego in illo.*[37] ¿Cómo ha de ser entendida la expresión *permanece en mí y yo en él*?

Conviene insistir en que, ante todo, hemos de dar de lado a las fantasías de las falsas místicas y de las falsas teologías. Hablar de la identificación del alma con Dios, o de la pérdida del propio yo en la esencia divina, etc., son afirmaciones a las que se les hace favor al calificarlas de absurdas y aberrantes. En primer lugar, atentan contra el mismo concepto del Amor al eliminar la diferenciación de personas (*oposición*, aunque el término haya de ser entendido en sentido analógico cuando anda de por medio la creatura). Resulta innecesario advertir que, con respecto a las creaturas, sería impropio hablar de diferenciación entre las personas como una *relación de oposición*. El recurso al concepto de analogía habría de ser empleado aquí con precaución, desde el momento en que estamos ante un término teológico —la relación de oposición— de aplicación exclusiva a la Vida Trinitaria. Sin embargo, cuando se trata de la relación amorosa (bien se hable del amor divino–humano, o bien del meramente humano), es indudable que existe una cierta *oposición* del *yo* y del *tú*; justamente la necesaria para establecer la relación de reciprocidad y bilateralidad que es esencial en el Amor: la que hace que los dos que se aman se contemplen el uno al otro en éxtasis de admiración, que se relacionen mutuamente con requiebros y

---

[36] Mc 8:35.

[37] *El que come mi carne y bebe mi sangre permanece en mí, y yo en él* (Jn 6:56).

caricias amorosos y que cada uno de ellos, en fin, *salga* de sí mismo para *entregarse* al otro. De todos modos, conviene tener en cuenta que es el mismo Señor quien establece una relación de semejanza entre la identificación de su vida con la del Padre, de un lado, y la de los discípulos con la suya propia, de otro (Jn 14:20). Admitir la posibilidad de composición en Dios o con Dios, o la de la conversión en Dios por parte de la creatura, no es menos deplorable que el intento de destruir el concepto mismo del Amor: sin pluralidad y *real distinción* de personas no hay Amor. Pero Dios, sin embargo, es Amor (1 Jn 4:8). ¿Y qué habría en realidad de inefable en el hecho de que *yo* dejara de ser *yo* para perderme en Dios? ¿Cómo podría amarlo si no lo contemplara como *distinto* a mí mismo? ¿Cómo sería capaz de amarlo si yo dejara de ser yo? ¿Cómo podría anhelar entregarle todo lo que tengo, e incluso a mí mismo, si no lo viera como *Otro, que no soy yo mismo*? ¿Y cómo podría yo ser feliz sin la visión perfecta (que supone la admisión también perfecta) de que *Dios es*; mientras que yo no soy sino la contingencia de un ser que ha dejado atrás la nada por decisión del Puro e Infinito Amor, que lo ha sacado de ella, a fin de que pueda ser yo el *otro* para Él y para que Él pueda ser el *Otro* para mí? ¿Por qué no iba yo a alegrarme, con felicidad total, de que el Ser sea el Ser y de que las creaturas seamos las creaturas (que es lo mismo que decir: que las cosas sean como son y lo que son)? ¿Y por qué, y para qué, iba yo a desear la aberración y el sinsentido de que Cristo fuera para mí un estrafalario *Punto Omega*, cuando puede ser una Persona *a la que hemos visto con nuestros propios ojos, a la que contemplaron y palparon nuestras manos* (1 Jn 1:1)? No puedo hacer otra cosa sino admitirlo con sinceridad y humildad. Me refiero, y es lo que quiero decir, que ignoro por completo cómo y de qué manera podría arrebatarme el corazón un extraño *Punto Omega*, del que nadie me ha explicado *lo* que es, y al que no consigo siquiera imaginar. En cambio sí me siento dispuesto a entregar mi amor a Alguien que me ha demostrado el suyo en tal manera, y al que puedo sentir, palpar, besar y abrazar; a quien puedo llamar de *Tú* y a quien puedo oír, a mi vez, pronunciar mi propio nombre (Jn 10:3) para llamarme a su lado.

Los panteísmos y falsas místicas atentan directamente contra el concepto del Amor. Si el alma se pierde en Dios, o se identifica con Él, ya no puede tenerlo frente a sí, como *Otro*, ante cuya contemplación quedar embelesada y por cuya dulce voz quedar seducida. Si la creatura se identifica con Dios, ya no es ella misma: deja de ser un *yo* frente a un *tú*; de donde se hace imposible el Amor, y ni siquiera se puede hablar de él en modo alguno. ¿Y para qué y por qué iba la creatura a desear convertirse en Dios? De ser factible tan aberrante absurdo, sería preciso concluir que la creatura *ya no podría poseer a Dios, ni hacerlo suyo*. Habría desaparecido la posibilidad de la mayor y más inimaginable de todas las felicidades: la de ser el uno para el otro. ¿Perderse o convertirse en Dios, cuando la creatura puede hacerlo suyo —Él para ella, ella para Él— sin dejar de ser ella y sin perder de vista, como el *Otro*, al Amante infinitamente Amable y por ende infinitamente Amado? Si ya no son distintos, tampoco hay ya *mutuos* requiebros, *mutuas* caricias, ni *mutuas* miradas de amor. Por cuanto el narcisismo —o el solipsismo— es lo más opuesto que cabe imaginar frente al Amor. Porque es precisamente a través de esta mutua reciprocidad, o bilateralidad, como se enciende la luz que ilumina, de alguna manera, el camino que conduce hacia el Misterio.

Porque así es, en efecto. Justamente porque tal bilateralidad pertenece a la esencia misma del Amor, es por lo que Dios se pone a la altura (se abaja hasta el nivel) de su creatura a fin de dar paso a la posibilidad del Amor: *El discípulo no está por encima de su maestro, ni el siervo por encima de su señor. Al discípulo le basta "llegar a ser como su maestro y al siervo como su señor"*.[38] De ahí que los requiebros y caricias de amor sean mutuos, y ni siquiera es concebible que las cosas pudieran ser de otra manera:

> *¡Qué hermosa eres, amada mía,*
> *qué hermosa eres!*
> *Tus ojos son palomas...*
>
> ....

---

[38] Mt 10: 24–25.

> *¡Qué hermoso eres, amado mío, qué agraciado!*
> *Nuestro pabellón verdeguea ya.*[39]
>
> ....
>
> *Ven, paloma mía...*
> *Dame a ver tu rostro, dame a oír tu voz...*[40]

Es por eso por lo que Jesús increpa a Pedro, en el momento de la Última Cena, cuando el apóstol se niega a que el Maestro le lave los pies: *Si no te lavo, no tendrás parte conmigo.*[41] Pero lo que Pedro pudiera haber interpretado como un extremo acto de humildad, contenía, en realidad, una plenitud de significado que iba mucho más allá de todo eso. Se trataba de cumplir con una de las formalidades que constituyen la esencia del Amor; por más que el discípulo no se encontrara entonces en situación de entenderlo: *Lo que yo hago, tú ahora no lo entiendes; lo entenderás después.*[42]

La identificación o comunión de vidas entre los Amantes se puede entender mejor, hasta donde alcance la luz que nos sea otorgada y sin peligro de ensoñaciones, profundizando más en la doctrina sobre la esencia del Amor. Quizá podamos conseguir así un mejor y más correcto conocimiento de las (misteriosas) realidades que aquí se contienen. Ya nos hemos preguntado más arriba acerca del posible significado de expresiones como la de *vivir por el otro* o la de *permanecer en el otro*, las cuales sólo el Amor puede hacer verdaderas y dotarlas de sentido.

El Amor, como se sabe, supone *salir* de sí mismo para *entregarse* al otro. Una vez más, y como siempre, las deficiencias del lenguaje humano. Es interesante darse cuenta de la curiosidad que encierran esas dos expresiones: mientras que la primera de ellas —*salir*— es metafórica, la segunda en cambio —*entregarse*— ha de ser tomada en sentido estrictamente literal. No debe olvidarse, sin embargo, que la metáfora apunta siempre a una

---

[39] Ca 1: 15–16.
[40] Ca 2: 13–14.
[41] Jn 13:8.
[42] Jn 13:7.

realidad que, o bien es difícil, o bien es imposible, o bien es menos bella si se expresa de otra manera. La declaración en la que se afirma que el Amor es esencialmente Donación es absolutamente correcta.[43] Según lo cual, es cierto que cada uno de los Amantes llega a pertenecer íntegramente al otro. En cuanto a la mutua pertenencia de los esposos en el matrimonio cristiano, fácilmente puede comprenderse que no pasa de ser la sombra o figura de la mutua y real pertenencia de Cristo y su Iglesia (el paralelismo lo establece el mismo San Pablo en Ef 5: 22–33). Con lo que nos encontramos de nuevo al amor humano mostrándose sobre el trasfondo del divino–humano y del puramente divino; aunque la recíproca pertenencia es real en todos ellos.

Que tampoco estamos aquí ante meras elucubraciones, sino ante auténticas, aunque inefables, realidades lo viene a confirmar bella y audazmente el *Cantar de los Cantares*. Sus palabras rezuman sentido poético —es un Poema Sagrado— al tiempo que apuntan hacia las realidades inexpresables del Amor:

Mi amado es para mí y yo soy para mi amado.[44]

....

Yo soy para mi amado y mi amado es para mí.[45]

....

Yo soy para mi amado
y a mí tienden todos sus anhelos.[46]

Que la posesión del Amante por parte del Amado, y del Amado por parte del Amante, tiene que ver con su mutua inmanencia (signifique lo

---

[43] La expresión *Don* es una de las más características con las que se designa a la Persona del Espíritu Santo.
[44] Ca 2:16.
[45] Ca 6:3.
[46] Ca 7:11.

El Joven Rico 293

que signifique la inmanencia dentro del Amor, y cuyo misterio no podremos exhaustivamente desvelar), lo demuestran las mismas palabras del Maestro: *Todas las cosas que tiene el Padre son mías*.[47] Las cuales pueden interpretarse de dos maneras: todo lo que el Padre posee me lo ha entregado a mí, y ahora por lo tanto me pertenece; o bien, todo lo que el Padre posee es mío, por cuanto he sido yo mismo quien se lo he entregado a Él. En realidad ambos sentidos se reducen a uno solo, de tal manera que aquí aparecen otra vez la bilateralidad y reciprocidad; las cuales son perfectas cuando, como en este caso, se trata del Amor sustancial quien, por serlo, hace de los dos una misma cosa (Jn 14: 10–11; 10:30). De ahí que la aparente paradoja del Amor (ambos Amantes distintos y ambos una misma cosa) se convierte en el Amor Increado en *una aparentemente perfecta paradoja*, en cuanto que *realmente* los Amantes son distintos y a la vez también Uno solo.[48] En el amor creado la diferenciación de personas no da lugar a una identificación de naturalezas; lo cual, como ya hemos visto antes, aparte del dislate de la idea, no tendría sentido alguno. Y de ahí que hayamos de examinar en él, hasta donde sea posible, la manera según la cual ha de ser entendida la inmanencia de los que se aman; además de la posible relación existente entre ella y la perfecta posesión del uno por el otro.

Vivir por el otro, o también *vivir la vida del otro*, comportan, como ya hemos dicho, que todo lo que es y pertenece a uno de los Amantes pertenece también al otro. ¿Podemos suponer entonces que la mutua inmanencia y la mutua pertenencia equivalen a lo mismo? En el Amor creado, del cual hablamos aquí, seguramente no. De donde nos queda, como único camino, tratar de establecer la relación existente entre ambas; lo que quizá nos conduzca a entender de alguna manera el sentido de la mutua inmanencia.

En el amor divino–humano, si todo lo que es del Amado pertenece a la creatura que ama, tal cosa no puede significar sino que la vida intelectiva y afectiva de Jesús; a saber: sus pensamientos y afectos, se convierten en los pensamientos y afectos del discípulo enamorado. Lo que quiere decir que el discípulo ha hecho *suya* la vida de su Maestro: piensa como Él, ama como

---

[47] Jn 16:15.

[48] Mientras que la distinción hace referencia a las Personas en el Amor increado, la identificación tiene lugar en el mismo con respecto a la Naturaleza.

Él y obra como Él. Lo cual en modo alguno invalida o destruye su propia vida espiritual. Si el entendimiento y el corazón del Maestro (su modo de entender, su modo de amar y su modo de obrar) no fueran ahora *suyos* (del discípulo), es decir, si no fueran poseídos *por él*, sucedería que ya *no gozaría de la vida de Jesús, hecha ahora suya*; y lo que es más inimaginable todavía, también ocurriría que él (el discípulo) ya no sería tampoco él, ni por lo tanto podría decir que había hecho suya la Vida del Amado. Dicho con palabras más breves: si no hay un *yo* y un *tú* en la operación de Amor, no puede haber tal Amor y ni siquiera hay dos que se aman. Para que yo pueda gozarme en el Amor de mi Amado (gozo que, por otra parte, es inefable), necesariamente he de ser *yo* quien goza y necesariamente también ha de ser *Él* el objeto del gozo.[49]

Pero aún hay más. Porque apropiarse de la vida de la persona amada, es manifestarla o mostrarla en la propia de la persona que ama. En el discípulo enamorado las gentes *ven* a la Persona del Maestro: es alguien que piensa como Él, ama como Él, actúa como Él y vive como Él. Es justamente lo que siempre ha pretendido decir la doctrina del testimonio de Jesucristo, pero hecho ahora realidad. El Maestro, que fue el perfecto *Testigo Fiel* (Ap 1:5; 1 Tim 6:13), es quien pudo decir de Sí mismo: *Yo y el Padre somos uno*.[50] El discípulo enamorado no puede decir que es

---

[49] Según los recuerdos que conservo de mi adolescencia, cuando al fin tomé la decisión de darle mi incondicional consentimiento a Jesús, a fin de seguir adelante en la vocación sacerdotal a la que Él me invitaba, hay cosas para mí demasiado claras. Porque lo que realmente me seducía, y la única cosa que me animaba a emprender la aventura, era la idea de *ser como Jesús*. O dicho de otra manera, de *reproducir en mi vida la vida de Él*. Lo cual es lo mismo que decir que me impulsaba, incluso sin comprenderlo yo, el misterioso e inexplicable dinamismo del Amor: el deseo, no ya de estar junto a la persona amada, sino de *ser como ella*. Pero entiéndase bien: porque ser como ella no es ser ella. Si yo me hubiera identificado (hecho uno) con esa persona, nunca habría podido *gozar* de esa persona; cuando mi alegría nacía precisamente del deseo profundo de que fuera precisamente ella. Me sentía enamorado de Jesús y no podía entender mi propia existencia sin Él, y sin que Él fuese Él. ¿Para qué habría yo querido existir sin Él? ¿Y cómo hubiera podido gozar de Él sin que yo fuera yo?

[50] Jn 10:30.

uno con su Maestro; pero sí puede proclamar que es *como su Maestro* (Mt 10:25). Pero si el discípulo no mostrara en su propia vida la misma de su Maestro Jesús, no podrían existir ni la gloria del testimonio ni el testimonio de la gloria: no, desde luego la gloria de Jesucristo, mostrada resplandeciente en la debilidad de una creatura; ni tampoco la gloria del discípulo, capaz de mostrar y llevar sobre sí mismo la que es propia de su Maestro. La grandeza de los grandes santos consistía precisamente en eso: en que aparecían como imágenes de Jesús y testimonios resplandecientes de la Vida del Maestro. De ahí la profunda y misteriosa realidad de la expresión referida al sacerdote, cuando se dice de él que es *alter Christus*; de ahí la fuerza de su ministerio y su misterioso *poder* ante el Demonio y ante el Mundo.

Pero si admitimos que en este desafío está contenido *in nuce* todo lo que supone el Mensaje Evangélico, y si estamos de acuerdo en que el Nuevo Testamento no es sino el pleno cumplimiento y perfección del Antiguo (Mt 5:17), se hace posible concluir que el mutuo requerimiento de amores, contenido en el *Cantar de los Cantares*, refleja una situación que coincide con este desafío. Y todavía más. Porque el reto contenido en el *Cantar* no tiene otro fin, como sucede en todo auténtico reto y por lo tanto también en el dirigido al Joven Rico, que el de convertirse en *una verdadera declaración de guerra y consiguiente batalla*. Si queremos decirlo de otro modo, podríamos insistir en que, cuando hablamos del juego (o batalla) de Amor divino–humano, andamos lejos de hacer malabarismos de palabras, o de utilizar meras metáforas literarias. Y otra vez más hay que admitir que también aquí el reto es mutuo.

> *Me ha llevado a la sala del festín,*
> *y la bandera que ha alzado contra mí*
> *es bandera de amor.*[51]

---

[51] Ca 2:4.

El Poema sagrado del *Cantar*, bajo la capa de dulces y mutuos requiebros, dispuestos en un orden que parece hacer caso omiso de exigencias cronológicas, o incluso lógicas, contiene en realidad una verdadera y *dura* historia de amor: iniciada y desarrollada, pero que, sin embargo, aún no ha llegado a su consumación final...[52]

Es necesario reconocer que si un joven de hoy, llamado por el Señor a vivir una vocación sacerdotal, consiente en secundar tal invitación, se enfrenta a un riesgo de una gravedad mayor de la que él puede imaginar.[53] El descrédito en el que hoy está sumido el sacerdocio (y no me refiero tanto a los sacerdotes en general cuanto al mismo concepto del sacerdocio), incluso en el seno de la propia Iglesia, es bastante profundo. Mientras que las perspectivas de futuro que presenta al respecto un porvenir, al que desgraciadamente no podemos tachar de incierto, son todavía más alarmantes y desalentadoras. Si la vocación sacerdotal ha sido siempre el desafío mayor al que podía enfrentarse un joven, como bien claramente ya advirtió el mismo Jesús: *He aquí que yo os envío como ovejas en medio de lobos*, ahora supone un grado de riesgo aún mayor. Todo pare-

---

[52]La despreocupación aparente con respecto a cualquier orden cronológico en *El Cantar* (a lo largo de los siglos se han elaborado arreglos en este sentido en cantidad innumerable) no parece carecer de explicación. ¿Quién será capaz de fijar la exacta cronología de una historia de amor? ¿Y si además se trata, como en este caso, del amor divino–humano? Por otra parte, no hay modo de establecer una posible relación del Amor con el tiempo. El Amor, el verdadero Amor, *procede* de más allá del Tiempo y apunta hacia más allá del Tiempo. En el amor divino–humano, si bien uno de los amantes —el que vive dentro de la Historia— escucha la invitación amorosa en un *determinado momento* histórico, la llamada como tal es *metahistórica*: tanto en su procedencia inicial como en lo que se refiere al final hacia el que apunta.

[53]Lo que vamos a decir vale también para cualquiera —sea hombre o mujer— que se sienta dispuesto a entregarse a Jesucristo a través de una vida consagrada. La actual grave crisis afecta a todas las formas de vida consagrada dentro de la Iglesia, y no sólo al sacerdocio ministerial.

El Joven Rico 297

ce colaborar para confirmar y explicar el hecho de la escasez —en realidad habría que hablar de inexistencia— de vocaciones sacerdotales. Prescindiendo aquí de estadísticas triunfalistas cuyo carácter engañoso e interesado todo el mundo conoce.

Y sin embargo esta situación no es suficiente para explicar satisfactoriamente el problema. La verdad es que ni siquiera la cada vez mayor paganización de la sociedad, ni la mayor ferocidad y extensión de las campañas anticristianas y anticatólicas, proporcionan causa bastante para justificarlo. Es un hecho, por otra parte, que la existencia de riesgo, aun en grado elevado, es cosa corriente en muchas actividades de la vida profana. En la sociedad existen Cuerpos Especiales de elite, específicamente preparados para tareas y misiones especiales (Fuerzas del Ejército y Grupos Especiales de Inteligencia o Espionaje, etc.), para los cuales nunca faltan candidatos. No parece que el riesgo, por sí solo, sea un factor capaz de disuadir a la Juventud en cuanto a emprender una tarea difícil, y menos todavía cuando es prometedora de peligrosos imponderables.[54]

---

[54]Recuerdo mis años de adolescencia, tan llenos de ingenuidad y falta de experiencia como sobrados de ilusiones. Por aquél entonces, tanto yo como mis amigos más allegados, estábamos convencidos de que los sacerdotes del entorno en el que nos desenvolvíamos *hacían muy poca cosa para cristianizar al Pueblo*. Pobres de nosotros. Aquellos bondadosos y humildes curas, muy poco preparados seguramente y más bien pobres de espíritu, pero llenos de fe y hombres piadosos. De ellos no se puede dudar de que, al menos, hacían más de lo suficiente para conservar encendida la llama de la fe de la gente. Por nuestra parte, ¿qué habríamos pensado en la situación actual? Así que, dispuestos entonces como fuese a reparar la Cristiandad, como si de una nueva Porciúncula se tratara, echamos mano de nuestra adarga, nuestro lanzón, y nuestro yelmo de Mambrino, y nos lanzamos quijotescamente a la aventura... Lo que quiero decir con esto es que la *desastrosa* situación clerical de entonces, que no otra cosa nos parecía a nosotros, lejos de constituir un obstáculo, se convirtió más bien en un aliciente en nuestra vida.

Todo parece indicar, por lo tanto, que aquí hay algo más. Como así es, en efecto. Se trata, en mi opinión, de una gigantesca campaña, bien organizada, para destruir el sacerdocio católico a cualquier precio, hasta su desaparición total.

Diversos hechos, de distinto signo al parecer, han colaborado en conjunto a fin de conseguir el efecto deseado. A los fenómenos que hemos nombrado más arriba, referentes a la promoción del laicado y a la crisis de identidad sacerdotal, habría que añadir otros que, no por parecer inocuos y hasta ventajosos, han dejado de influir en nuestro problema. Trataremos de enumerar algunos brevemente y sin detenernos en demasiados detalles.

Por lo que hace a la institución (o restauración si se quiere) del diaconado permanente, es evidente que se ha tratado con ella de solucionar necesidades, a veces urgentes, en determinadas regiones por lo menos. Cabe la duda, sin embargo, de si acaso pudo haberse hallado una solución mejor: una auténtica reforma de los Seminarios y, en general, de la formación del clero, por ejemplo. Aun reconociendo la dificultad de llevar a cabo esta última solución, dadas las nuevas doctrinas difundidas por los innovadores desde los primeros momentos que siguieron al Concilio Vaticano II. De todos modos, no siempre una solución buena es la mejor; y aun a veces, ni siquiera es tan buena.[55] La enorme proliferación y abuso de ordenaciones de diáconos permanentes, en número y casos con frecuencia innecesarios, ha producido el efecto de difuminar el sentimiento de la necesidad de sacerdotes. Algunos dan un paso más allá en la interpretación de los hechos, llegando incluso a decir que, puesto que la mayoría de tales diáconos son hombres casados, tan innecesaria sobreabundancia de minis-

---

[55]Los sucedáneos son siempre de utilidad, puesto que solucionan de alguna manera necesidades, sean urgentes o no, cuando faltan o escasean los productos originales. Pero sucede a veces que los originales quedan enteramente desplazados por los sucedáneos, los cuales hasta consiguen que la gente ya no experimente la necesidad de los primeros; e incluso que los olvide. El *paté* de cerdo, por ejemplo, ha hecho olvidar el auténtico *foie gras*, o al menos ha logrado que ya no se considere tan indispensable; y dígase lo mismo del caviar artificial o sintético y de otros productos cuya lista sería larga de enumerar.

tros persigue en realidad un segundo, aunque inconfesado, objetivo: el de preparar la mentalidad de los fieles para que, ante la evidente necesidad, admitan la conveniencia de que todos, o casi todos estos ministros, reciban la ordenación presbiteral. Con lo cual se habría asestado un golpe de muerte al celibato sacerdotal, tan aborrecido por tantos teólogos y eclesiásticos de la nueva ola. Una institución —la del celibato— que ha sido durante tantos siglos corona resplandeciente del sacerdocio católico y que tantas almas habrá conducido al Cielo (tanto de los Pastores como de las ovejas conducidas por ellos, las cuales recibían el testimonio). Su pérdida por la Reforma hace sospechar, como una más entre tantas cosas permitidas por Él, en la existencia de un *disagreement* de Dios con tal Movimiento reestructurador. Existen muchas formas de proporcionar castigos.

Por lo que hace a los Seminarios, hay dos hechos demasiado importantes que demuestran sobradamente la existencia de una campaña para impedir, a costa de lo que sea, la formación de nuevos y buenos sacerdotes. Jamás se habla del problema, a pesar de que es bien patente. Aquí nos vamos a limitar a señalar los hechos brevemente.

El primero tiene que ver con la nueva política de puertas abiertas de los Seminarios para con los homosexuales. Las nuevas ideas sobre la moralidad acerca del sexo han logrado que, de forma más declarada en algunos países, y de manera más disimulada en otros, les sea permitido el acceso al sacerdocio a individuos claramente anormales en ese tema. De los resultados desastrosos que se han sucedido como consecuencia no hace falta hablar aquí: son demasiado dolorosos y también suficientemente conocidos.[56]

---

[56]Es claro que supondría una afrenta, tanto a la inteligencia como a la mentalidad de los simples fieles, justificar tal política mediante el recurso a hablar de la necesidad de solucionar el problema de la escasez de sacerdotes. Cualquier persona de buena voluntad, con deseos de aplicar siquiera un mínimo de sentido común, sabe bien que tales procedimientos son el mejor modo de destruir el sacerdocio católico. El cual ha tenido a gala, durante siglos, hacer merecida ostentación de la sublime virtud de la Pureza, amén de la gloria de un celibato vivido con alegría por un Amor más alto.

El segundo se refiere al personal directivo de los Seminarios. Al frente de los cuales han sido puestos, con demasiada frecuencia y ante un silencio inexplicable por parte de los responsables, a hombres de fe bastante dudosa; e incluso de una fidelidad al auténtico Magisterio de la Iglesia aún más dudosa todavía. Tampoco aquí los resultados se han hecho esperar, aunque es de suponer que serán más patentes a medida que pase el tiempo.

Claro está que nos damos cuenta de que personalmente seremos objeto de múltiples acusaciones. Las más suaves de las cuales girarán en torno a que generalizamos demasiado, a que cargamos las tintas con exceso, a que estamos completamente equivocados (estamos en un momento de *Primavera de la Iglesia*), o incluso a que mentimos con descaro, etc. En cuanto a otras acusaciones, es preferible ignorarlas y darlas por no existentes. Lo importante aquí, sin embargo, es que la mera negación de los hechos —los cuales, por otra parte, son demasiado evidentes— *no los quita de en medio en modo alguno*, y que de todos modos la verdad acabará algún día por imponerse a la falsedad.

En cuanto a las Familias Religiosas Femeninas,[57] la situación es en cierto modo aún más grave. La deserción de los conventos y la escasez de nuevas candidatas en los Noviciados es un fenómeno que está ahí y que, como todo lo que sucede en el mundo en el que vivimos, no deja de tener su razón de ser.

La vida de oración ha sido prácticamente olvidada. Las religiosas abandonan el dormitorio más bien avanzado el día, debido sobre todo a las altas horas de la noche en las que se retiran a descansar. ¿La razón? Son muchas las comunidades que consumen demasiadas horas nocturnas ante la televisión, haciendo caso omiso de los contenidos de la pequeña pantalla, con bastante frecuencia cargados de inmundicia y a menudo incluso pecaminosos.

Por otra parte, no pocas comunidades, *a causa de su pobreza*, tienen que dedicar la mayor parte del día a trabajos remuneradores para subsistir. Lo grave del caso consiste en que, algo que comenzó siendo una humilde

---

[57] Incluyo en esta denominación global a todo un gran número, bastante heterogéneo, de Agrupaciones de Mujeres de vida consagrada.

ocupación artesanal (pastelitos de monja), ha acabado por convertirse en una verdadera industria, provista de maquinaria moderna, dotada de un complejo proceso de *marketing*, y necesitada de muchas horas de trabajo. La *ayuda* para subsistir se ha convertido en un negocio de pingües ganancias, suficientemente capaz de distraer a las religiosas de lo que tendría que ser esencial.

Afortunadamente sin embargo, el Obispo de turno, por su parte, trata de cumplir con sus responsabilidades con respecto a estas almas escogidas. Para lo cual nombra a un *Delegado de Religiosas*, el cual suele ser un buen sacerdote que se hace cargo del problema. En muchos casos incluso suele obsequiar a las monjas con una visita de saludo; en la cual les promete que acudirá a atenderlas según sus muchas ocupaciones se lo vayan permitiendo. Realmente el Obispo correspondiente no puede hacer más en la mayoría de los casos, en cuanto que las numerosas reuniones de las Comisiones y Subcomisiones de la Conferencia Episcopal a las que ha de asistir (es miembro de número), y sus frecuentes estancias en Roma, no le permiten otra cosa.

A propósito de la *industrialización* de algunos conventos (se entiende de clausura), y de las correspondientes nuevas ideas acerca de la pobreza, es conveniente hacer alguna consideración, aunque sea de pasada.

La pobreza cristiana es una virtud peligrosa, en cuanto que se presta a mistificaciones, falsificaciones y malentendidos. Evidentemente eso mismo es lo que puede suceder con cualquier virtud, si bien es obligado reconocer que ésta en particular posee peculiaridades que la hacen más propicia para tales circunstancias. La prueba de que no exageramos la encontramos en lo que sucedió con los *Fraticelli*, en los siglos catorce y quince, que acabaron siendo condenados como herejes por sus ideas descaminadas sobre el tema; aunque el ejemplo no es sino un caso aislado de los muchos que nos muestra la Historia (e incluso de otros más que no nos muestra).

Es frecuente, y digno de alabarse, el caso de Familias Religiosas (lo mismo de varones que de mujeres) que, animadas del ardiente deseo de vivir con fidelidad el Evangelio, comienzan con exigencias muy estrictas acerca de la virtud de la Pobreza. Sus valientes y generosas disposiciones al respecto acaban por atraer a mucha gente (la vivencia sincera del espíritu evangélico siempre seduce), y aquí es precisamente donde acecha el peligro. Realmente la cuestión ya se le planteó como problema a San Francisco y a los primeros franciscanos. A medida que va aumentando el número de seguidores, así como la complejidad e importancia de las actividades de tal Familia Religiosa, se van haciendo también más necesarias las infraestructuras, las estructuras, y el montaje financiero necesario para atender, tanto a las tareas, como a las personas que las llevan a cabo. Con el necesario aumento de los bienes, y con la mayor e imprescindible atención que es preciso prestar a las operaciones pecuniarias, el peligro de que se *apague el Espíritu* (1 Te 5:19) aumenta considerablemente. Se quiera o no se quiera, el temible fantasma de la incompatibilidad, ya advertida por el Señor, entre el mundo de lo sobrenatural y los bienes de este mundo aparece inevitablemente: *No podéis servir a Dios y a las riquezas.*[58] Y es preciso admitir que la sentencia, de no haber salido de la boca del mismo Jesucristo, hubiera parecido una maldición. Más de veinte siglos de cristianismo, durante los cuales muchos hombres y mujeres de buena voluntad han intentado compatibilizar ambos términos..., y el fracaso ha sido total. Algo así como si fuese cosa de hechicería. Porque en realidad todo parece apuntar a la absoluta necesidad de los bienes: ¿pues cómo sería posible, prescindiendo de ellos, montar estructuras, reclutar y formar nuevos militantes, extender la acción apostólica a otros países, construir lugares de culto y de habitación, aprovecharse de la inmensa multitud de medios que la Técnica moderna pone al alcance del hombre, hacerse con los medios de influencia, etc., etc.? Todo, lo que se dice absolutamente todo, para hacer el bien y difundir el Evangelio; por supuesto, y sin la menor duda. Y sin embargo, una y otra vez, y siempre de nuevo, vuelve a aparecer inexorablemente el Espectro de la incompatibilidad: *Non potestis Deo servire et mammonae.* Y por si algo faltaba todavía, incluso parece que el Diablo se complace en ironizar sobre la situación. Al tiempo que la fama de la *extrema pobreza* de tal Familia Religiosa se va extendiendo, van aumentando también su influencia en la sociedad, sus posibilidades de actuación, y los medios a su disposición. Más y más cada vez. Las monjas pobres y los frailes pobres van dejando de ser, sin prisa pero sin pausa, pobres monjas

---

[58] Lc 16:13.

El Joven Rico

y pobres frailes. A veces incluso aceptando también la prisa. Y no deja de ser cierto que la *pobreza aplaudida* acaba convirtiéndose en cualquier cosa menos en pobreza.

Aunque parezca que aquí hacemos otra cosa, la situación que llega a crearse no es para tomarla a broma. Se trata de otra de las aparentes aporías del Evangelio en la que, necesaria e inflexiblemente, no queda sino decidirse por una cosa o por otra: o se toma o se deja. Un principio que, a poco que se considere, se comprende que haya sido capaz de decidir, bien el éxito, o bien el fracaso de cualquier actuación evangelizadora del Cristianismo; y nada menos que durante veinte siglos.[59]

El problema, sin embargo, es más delicado de lo que puede parecer a primera vista y no es para tomarlo a la ligera. Tiene que ver, en primer lugar, con una adecuada concepción de la virtud de la pobreza y de los medios para vivirla. Lo cual, por extraño que parezca, no es cosa fácil de

---

[59] Así es como se da lugar a situaciones que, de no responder a un problema tan grave e importante, incluso parecerían divertidas. Recuerdo las experiencias que tuvimos ocasión de vivir con un grupo de monjas de la Madre Teresa, en New Jersey, USA, en una de nuestras parroquias. La comunidad de simpáticas monjitas se había instalado en una casa de tamaño no pequeño (el número de religiosas lo justificaba) cerca de nosotros. Debido a las exigencias de la pobreza, fue necesario realizar diversas obras de acondicionamiento del local: entre otras cosas, levantar la moqueta existente en toda la casa, además de eliminar los teléfonos individuales de que estaban provistas cada una de las habitaciones. Las obras de destrucción de la moqueta, y el consiguiente acondicionamiento del piso, resultaron bastante caros. Por otra parte, fue necesario instalar un zumbador o timbre en cada una de las dependencias de la casa, a fin de avisar a la religiosa de turno cuando fuera llamada por alguien al teléfono (único existente ya en la casa). Las necesarias operaciones también resultaron en este caso muy elevadas de precio (en los Estados Unidos de América existen pocas profesiones con salarios baratos). Pero las desgracias no acabaron ahí, como bien puede suponerse. Debido al hecho de que las pobres monjitas carecían de automóvil (exigencias de la pobreza), y debido también a que en Norteamérica no es posible siquiera visitar al vecino si no se dispone de vehículo (a causa de las distancias), sucedía que nuestros pobres curas tenían que resolver las (justificadas) necesidades de traslados de las religiosas, para un lado o para otro, con sus propios *carros*, y con su escaso tiempo.

alcanzar, dada la confusión reinante y la escasez de doctrina clara al respecto. Es conocido el caso de una influyente Familia Religiosa (esta vez de varones) que comenzaron igualmente con inflamados deseos de luchar por Cristo y por su Iglesia, de cuya sinceridad y honestidad no es posible dudar. Tales deseos iban acompañados a su vez de la intención de llevar a cabo una lucha peculiar, en la que habría que confiar más —al menos de primera intención— en la bravura y heroísmo personal de sus miembros, que en la abundancia y calidad de los medios a emplear. El espíritu animador de la empresa era militarista por supuesto (metafóricamente entendido), con el deseo más que laudable de *conquistar* el mundo para Cristo (recuérdese el ánimo fundacional de San Ignacio de Loyola y el nombre de *Compañía*, adaptado del argot castrense y militar, y que el mismo Santo asignó a su Obra recién fundada). Todo correcto y lleno de las mejores intenciones. Sin embargo, otra vez más, y como siempre suele suceder, parece que el Diablo se empeñaba en estropear una empresa tan bien comenzada. Los valientes y bravos luchadores fueron acogidos con éxito —cosa bastante explicable— y comenzaron a recibir abundante abastecimiento. Los Cuerpos heroicos de avanzadilla se fueron convirtiendo en Divisiones Acorazadas provistas de los más modernos armamentos y de los más eficientes equipos de aprovisionamiento. Dado lo cual, no queda ahora sino dejar pasar el tiempo y observar los acontecimientos. Aunque de todos modos la situación no deja de ser preocupante, por cuanto que está más que demostrado que el Demonio se complace en fomentar éxitos; aunque con el fin de hacer fracasar las mejores y más bienintencionadas empresas.

Todas estas Familias Espirituales y, en general, todos aquéllos que desean seguir a Cristo muy de cerca, deberían tener presente lo que se desprende con claridad del episodio del Joven Rico del Evangelio. Primero *ve, y vende todo lo que tienes y dáselo a los pobres*. Hecho lo cual, y solamente hecho lo cual, *ven y sígueme*. Parece que, según aquello en lo que vienen a coincidir todas las enseñanzas del Nuevo Testamento, no existe para la Cristiandad ningún tipo de Evangelización válida que no se sustente en ese fundamento.

El caso de las monjas de la Madre Teresa, como el de otras Familias Religiosas femeninas, no deja de ser inquietante para cualquier observador de buena voluntad. No nos vamos a referir ahora a las buenas intenciones de la Fundadora ni a los magníficos resultados de su Obra, que no se pueden poner en duda. Sin embargo, considerando las cosas desapasionadamente, no deja de percibirse la posibilidad de problemas que, en un futuro más o menos próximo, pueden convertirse en delicados.

En primer lugar, la carencia de un sólido *Corpus* de Doctrina (lo que suele llamarse la Espiritualidad peculiar de una Orden religiosa) puede dar lugar a un vacío y a una carencia de criterios claros, con la posibilidad de convertirse en motivos de alta preocupación. Ya hemos visto, aunque muy superficialmente, lo que sucede con la puesta en práctica de la virtud de la Pobreza y con los problemas a que puede dar lugar. Por aludir a alguno, la honesta intención de santificarse *mediante la caridad (amor) hacia los pobres* es una expresión ambigua que puede ocasionar malentendidos. Nadie se santifica por el amor a los pobres, sino *mediante la caridad hacia los pobres por amor a Jesucristo*. Es evidente que la confusión, en esto como en otras cosas, puede ser grave y reclama un Cuerpo claro de Doctrina.

En segundo lugar hay que contar con el peligro, en modo alguno despreciable, de que una vez desaparecida la Fundadora con su enorme y peculiar carisma personal, el espíritu fundacional no sea posible conservarlo. Ha de tenerse en cuenta que la formación y alimentación espiritual de las monjas de la Madre Teresa (estamos hablando aquí de un ejemplo querido y conocido por todos) queda en manos del sacerdote de turno, en una parroquia o lugar determinado y en un momento también determinado. Desgraciadamente, sin embargo, los *sacerdotes de turno* son portadores de muy variadas ideas acerca de la espiritualidad, cuya profundidad en la materia deja bastante que desear con frecuencia. Por supuesto que no será fácil encontrar muchos hombres con la suficiente vida interior y que conozcan, además, el carisma de la Madre Teresa.

Debe quedar claro que no es nuestro ánimo hacer crítica de cosas que todo el mundo suele reconocer como buenas. Únicamente nos anima el deseo, nacido de una buena voluntad, de señalar obstáculos que puedan poner trabas a la buena marcha de Familias Religiosas, integradas a nuestro parecer por hombres y mujeres heroicos, que no merecen desaparecer. Y jamás será mala cosa tener en cuenta que un verdadero peligro, alimentado por la confusión de ideas del momento en el que vive la Iglesia, acecha constantemente buscando a quien destruir (1 Pe 5:8).

Ante estos hechos, y otros muchos más de los cuales no queremos (o no podemos) hacer mención aquí, no hay razón para sentir extrañeza por la gran deserción de la Juventud con respecto al ministerio sacerdotal, o a la vida consagrada en general. ¿Adónde podría acudir un joven de generoso corazón, deseoso de responder a la llamada de Jesucristo a su seguimiento, con vistas a conseguir su formación sacerdotal? ¿Tal vez a un Centro de formación de jóvenes en el que abundan los subnormales, y en donde se ve con naturalidad la carencia de fe? ¿A un Centro quizá cuyos formadores tampoco tienen fe, además de mostrarse escépticos con respecto a las virtudes tradicionales (incluida por supuesto la castidad), y se sonríen burlonamente ante las enseñanzas del auténtico Magisterio?

¿Entonces? ¿Qué podemos decir, o qué podemos hacer?

Pues entonces sucede que es imposible que Dios haya abandonado a su Iglesia, incluso aunque a veces pueda parecerlo. Y puesto que el Señor habló acerca de que la oración era el medio apropiado (y tal vez único, decimos nosotros), a fin de que el Dueño de la mies enviara operarios para trabajar en ella (Lc 10:2), tal recomendación no puede ser ineficaz. Y siempre será verdad que la esperanza no quedará decepcionada (Ro 5:5). Es cierto que a veces no parece fácil poder escuchar la voz del auténtico Magisterio, ni encontrar verdaderos capataces que formen auténticos y esforzados obreros para trabajar la mies. Tampoco parece tarea fácil hallar los buenos campos de entrenamiento a los que acudir para el aprendizaje... Y sin embargo, a pesar de todo eso, debemos seguir convencidos de que existirá alguna forma de obviar los obstáculos; lo que nos obligará a estar atentos, a fin de no perder oportunidades que nos conduzcan a

El Joven Rico

la victoria: *Tened confianza; Yo he vencido al mundo.*[60] Una consigna que el Discípulo Amado había entendido bien: *Ésta es la victoria que ha vencido al mundo: nuestra fe.*[61] ¿Y quién ha dicho que la Juventud del mundo está enteramente perdida para la Iglesia, o que ya no quedan corazones fuertes y generosos capaces de recoger el guante del desafío que se les ha arrojado? *Me he reservado en Israel a siete mil varones, cuyas rodillas no se han doblado ante Baal, y cuyos labios no le han besado.*[62]

Lo que no debemos hacer los cristianos de hoy, ante las argucias del Sistema y por lo que respecta en concreto a la vocación sacerdotal, es intentar ocultar o disimular las dificultades de la empresa. Más bien es necesario actuar en sentido contrario. Ante todo, porque los jóvenes no merecen ser engañados. Y después porque la Juventud, por muy alejada que parezca encontrarse con respecto a los auténticos valores, siempre seguirá creyendo que las empresas fáciles son para ciertos chicos y chicas, dotados del carácter aterciopelado de todos conocido, y que en realidad nunca se plantean la posibilidad de enfrentarse a cosa alguna que suponga esfuerzo o sacrificio.

Aceptar la invitación–desafío que propone Jesucristo, tal como se desprende de la narración del Joven Rico, supone abandonarlo todo, con el fin de entregarlo a los pobres y después seguirlo a Él. Pero habremos de poner especial cuidado en no incidir en malentendidos o en lecturas rápidas y fáciles del Evangelio. *Vender todo lo que se tiene* para donarlo, renunciando para ello a todas las pertenencias que se poseen, es cosa más seria de lo que puede parecer. Renunciar a las propias ideas o a la propia voluntad, por ejemplo, es mucho más difícil y más determinante que prescindir de los propios bienes materiales.

---

[60] Jn 16:33.
[61] 1 Jn 5:4.
[62] I Re (Vulg. III Re) 19:18.

Un joven o una joven de hoy que se decidieran a seguir a Jesucristo, comprometiendo para ello seriamente la totalidad de su vida, habrían de estar dispuestos a aceptar una situación de alto riesgo en todos los sentidos. Me refiero, claro está, al caso de que la decisión fuera seria y que se tratara de un seguimiento auténtico del *verdadero* Jesucristo.[63] Caso de ser así, el aventurero dispuesto a aceptar el desafío tendría que disponerse a mantener cosas como las siguientes:[64] Que Jesucristo está *realmente* presente en la Eucaristía (prescindiendo de las menudencias filológicas con las que los innovadores tratan de confundir a los fieles; y utilizando los términos, por lo tanto, en el sentido en el que siempre han sido y son entendidos). Que la Iglesia Católica es la única y verdadera Iglesia fundada por Jesucristo; de donde, por lo tanto, no es cierto que todas las religiones sirvan para lo mismo. Que las verdades dogmáticas no cambian en su significación según las diversas y contingentes circunstancias históricas. Que el matrimonio cristiano entre cristianos comporta un vínculo indisoluble dispuesto como tal por el Derecho divino; de donde no cabe el divorcio aunque se le disfrace con otro nombre. Que el concepto y la vivencia del sacerdocio católico son entidades en las que no caben vacilaciones ni dudas; y de ahí que su sublime grandeza no pueda ser empañada por una artificialmente creada crisis de iden-

---

[63]Quiero decir el Cristo de la fe, que es exactamente el mismo Cristo histórico, tal como ha sido siempre proclamado por la Iglesia y su Magisterio, y aceptado como tal por la fe universal del conjunto de los Fieles cristianos. Comprometerse a seguir al Cristo *light*, propugnado y predicado por los innovadores neomodernistas, no entrañaría en realidad riesgo alguno. Aunque entonces habría que plantearse el problema de la conveniencia de ingresar en el discipulado de tal fantasma intelectual. ¿Verdaderamente valdría la pena? ¿Y no explica esto quizá la carencia (ausencia) actual de vocaciones?

[64]Es evidente que, puesto que hemos partido de la base de un seguimiento serio de Jesucristo, nadie estaría dispuesto a llevarlo a cabo si no creyera firmemente en lo que vamos a decir a continuación.

tidad. Que el tomismo ha sido siempre el sistema doctrinal (método y contenido) preferido y recomendado por la Iglesia, tanto para la formación de los sacerdotes, como para la explicación de las verdades de la fe.[65] Etc., etc., puesto que la lista se haría demasiado larga.

Pero entonces —podría alguien preguntar— ¿dónde está aquí el tan pretendido riesgo? La respuesta no es difícil. En el hecho de que, quienquiera que mantenga con firmeza tales afirmaciones *no solamente no va a encontrar cobertura en ninguna parte, sino que se va a ver además sometido a cualquier forma de persecución*.[66] La cual va a consistir principalmente en la conocida atribución del sambenito de preconciliar, tridentino, fundamentalista, conservador, lefevriano, ajeno a la enseñanza del Magisterio, etc., etc.

Según lo cual, *¿podéis beber el cáliz que Yo he de beber?* O bien, si se prefiere decir de otra manera: *¿Sabes que las raposas tienen cuevas, y las aves del cielo nidos; mientras que el Hijo del Hombre, etc...?* ¿Alguien está dispuesto todavía, después de esto...? Probablemente sí. O tal vez no; pero *entonces, irritado, el dueño de la casa dijo a su criado: "Sal enseguida a las plazas y calles de la ciudad y trae aquí a los pobres, a los tullidos, a los ciegos y a los cojos"*.[67]

Es un hecho comprobado que, si alguien se mantiene firme en guardar los principios, todo el mundo se alza en contra suya. Tanto los de fuera como los de dentro, aunque principalmente los de dentro. En lo que nadie debe encontrar nada de extraño, especialmente si considera que el mismo Señor se ha visto en una situación semejante.

---

[65] El Decreto Conciliar *Optatam Totius*, dedicado a la formación del clero, no dice nada del Tomismo. Se limita a utilizar alguna fórmula vaga, como la de *innixi patrimonio philosophico perenniter valido*, aunque extrañamente no cita la Encíclica *Aeterni Patris*.

[66] Aunque sea meramente la imposición sobre su persona de la ley del silencio, o de la privación de hecho de cualquier puesto de significación, por mínimo que sea, en su propio entorno.

[67] Lc 14:21.

De hecho fue condenado por las Autoridades religiosas y civiles. Ambas a la vez e igualmente. Empezando por el Sanedrín, que era una Institución político–religiosa. En el ámbito religioso es de señalar la absoluta coincidencia al respecto, tanto de las sectas de fariseos y saduceos, como de Anás y Caifás; mientras que, por lo que se refiere al civil, basta con recordar la de Herodes y Pilatos.

Ya hemos dicho antes, sin embargo, que la presencia de altos riesgos no es causa determinante para amedrentar a corazones valerosos. Cosa que todo el mundo estaría dispuesto a admitir. De ahí la dificultad de considerarla razón suficiente para explicar la carencia de vocaciones sacerdotales. Es necesario, por lo tanto, tener en cuenta otro dato más. Pues lo que está en juego aquí es el seguimiento de Jesucristo a fin de vivir su propia vida, compartir su existencia, estar a su lado, ser como Él e identificarse con su destino. Lo que supone necesariamente *estar enamorado de su Persona*; pues ¿cómo de otra manera lo iba alguien a seguir, sabiendo además lo que tal cosa lleva consigo? Por otra parte, el texto objeto de nuestra reflexión lo indica claramente. El joven en cuestión, siguiendo las instrucciones de Jesucristo, ha de ir primero a vender todos sus bienes, entregarlos después a los pobres, hasta que últimamente y por fin, *debe regresar y seguir al Maestro*.[68]

---

[68] Nótese bien el sentido del texto. La donación de los propios bienes a los pobres no es el objetivo último que es perseguido aquí, puesto que no es sino un medio necesario con vistas al fin decisivo; cual es *el seguimiento del Maestro*. Basta con poner atención a la literalidad del texto para comprenderlo enseguida. Lo cual es algo que no debieran olvidar los que proclaman a los cuatro vientos su preocupación por los pobres; y menos todavía los que pretenden que tal motivación es la única legítima que conduce a la santificación. He aquí, en realidad, otra manifestación más de los aires innovadores que actualmente soplan dentro de la Iglesia: primero al hombre, para por medio de él llegar a Dios. O dicho con más tecnicismo, antropocentrismo desplazando al teocentrismo. Es una verdad clamorosa sin embargo, por más que se trate de tergiversarla, la de que es imposible amar al hombre si primero no se ama a Dios.

El Joven Rico 311

El dato que faltaba aquí, por lo tanto, el cual debieran de tener en cuenta las campañas vocacionales promovidas por los laboratorios diocesanos de alquimia pastoral, es la necesidad de presentar la figura de Jesucristo. De forma seductora por cuanto que en este caso no hay otra forma de hacerlo. Y aquí, más que en ninguna otra parte, sería necesario insistir en la necesidad de *dar testimonio de Jesucristo*.

Quizá no sería inútil que en el papel que desempeñan las burocracias de las Curias Diocesanas y Supradiocesanas se suprimiera, de una vez por todas, la figura del *experto*. Aunque hubiera que comenzar por eliminar primero la mayor parte de dicha burocracia. Los excesivos tecnicismos y métodos psicológicos y sociológicos, además de los avanzados hallazgos de las modernas técnicas de Empresas comerciales o industriales, no parecen encajar bien con las tareas de Evangelización. Un campo concretamente en el cual, lo que no sean capaces de hacer hombres dotados de auténtico espíritu, animados además por el verdadero Espíritu, no será otra cosa sino *aes sonans aut cymbalum tinniens*. Por no hablar aquí del enorme dispendio de dinero, de tiempo y de energías, que llevan a cabo las complejas y numerosas burocracias diocesanas. Cualquier Empresa de la sociedad civil, por pequeña que sea, tiene en cuenta en todo momento la relación–balance entre costos y rendimientos. En el mundo eclesiástico en cambio (y me refiero sobre todo a los Estados Unidos, en donde se manifiesta muy frecuentemente el fenómeno), no es costumbre ordinaria la de contabilizar gastos, a fin de averiguar si tan enormes cantidades de dinero corresponden a un correspondiente incremento de la vida cristiana de los fieles. Por otra parte, todo induce a pensar que lo que hay en el fondo de tales fenómenos no es sino el influjo de la teología protestante: devaluación o anulación del papel del ministerio sacerdotal para equipararlo al papel a desempeñar por los laicos.

De ahí que, tal como decía von Balthasar, *solamente aquello que posee "forma" puede inducir a alguien a un estado de arrebato espiritual. Solamente a través de la forma puede resplandecer el rayo de la eterna belleza. Existe un momento en el que la luz ardiente del espíritu, cuando por fin aparece, inunda con sus destellos radiantes la forma externa. Según la manera y medida en que esto sucede, sabemos si estamos ante la belleza "sensual" o "espiritual"; de una gracia encantadora, o de una grandeza interior. Pero en cualquier caso, sin la forma, ninguna persona puede ser cautivada o arrebatada. Por otra parte, el ser arrebatado corresponde a los auténticos orígenes de la Cristiandad. De hecho los Apóstoles fueron arrebatados por lo que vieron, oyeron y tocaron: por todo aquello que se les manifestó bajo la forma... Además de todo ello, también es cierto que tanto la persona que es arrebatada por la belleza natural, como la que se siente transportada por la belleza de Cristo, aparecen ambas ante el mundo como locos; hasta el punto de que el mundo intenta explicar su estado en términos psicológicos, e incluso aludiendo a causas fisiológicas (Hech 2:13).*[69]

En el organismo estructural de la vocación sacerdotal no cabe la consideración de la figura del riesgo por sí sola. No es que no se considere como tal riesgo, sino que ni siquiera se considera. Lo esencial aquí lo constituyen el encanto y la seducción derivados de la figura de Jesucristo, ante cuyo *hechizo*, como diría von Balthasar, el riesgo es estimado como merecedor de ser afrontado por aquél que ha recibido la invitación–desafío al seguimiento. De ahí la necesidad esencial del testimonio en el proselitismo vocacional. Quien ha sido *seducido* por Cristo hasta el punto de enamorarse de su Persona, es porque ha sentido una cierta *percepción*. Sin contemplación de la Belleza no existe la atracción ni el deseo de poseerla: *nihil volitum quin præcognitum*. Tal percepción ha de llegar a través de la fe, la cual se sirve ordinariamente también del testimonio aportado por

---

[69] Hans Urs Von Balthasar, *Herrlichkeit: Eine theologische Ästhetik*, *I*, Einsiedeln, 1962 (traducido por mí de la versión inglesa: *The Glory of the Lord. A Theological Aesthetics*, *I*, San Francisco (USA), 1986, pg. 32–33).

testigos: *Brille vuestra luz ante los hombres, para que vean vuestras buenas obras y glorifiquen a vuestro Padre que está en los cielos...*[70] *Seréis mis testigos en Jerusalén, en toda Judea y Samaría, y hasta los confines de la tierra.*[71]

Podrían traerse aquí a colación las palabras de Jesucristo dirigidas al apóstol Tomás: *Porque me has visto, has creído. Bienaventurados los que sin ver, creyeron.* Para entender lo cual habría que recordar la distinción, frecuentemente utilizada en teología, entre *credere Christum*, de un lado, y *credere Christo*, de otro. Lo segundo, que va mucho más allá de lo que sería una mera aquiescencia a las verdades reveladas por el Maestro, supone una confianza ilimitada en su Persona. Lo cual es imposible sin el Amor,[72] y que supone necesariamente la misteriosa *percepción* que sólo puede proporcionar la fe (tal vez se podría hablar aquí de una percepción *transensorial*). No es necesario decir que el seguimiento de Jesucristo acentúa el *credere Christo* como elemento dinámico.

Por este camino se encuentra probablemente la clave de la vocación sacerdotal. ¿Los riesgos? Son muchos, en efecto. Mayores y más numerosos que nunca. Quien se decida a emprender el camino con el fin de ser *otro Cristo* sabe que incluso será despreciado por atreverse a afrontar ese riesgo. Ahora en la actualidad el sacerdote es nada, mientras que es el laico el mejor considerado. Además de ello, el loco aventurero sabe que no podrá llegar a ser otro Cristo sin guardar fidelidad a la Iglesia y a su Magisterio. A pesar de que el problema se complica todavía más, puesto que no siempre resulta fácil, en el momento actual de confusión, acertar con el lugar

---

[70] Mt 5:16.

[71] Hech 1:8.

[72] En alguno de mis libros he hablado de la diferencia existente entre los conceptos de amar a Dios y el de estar enamorado de Dios.

donde se hallan los auténticos principios y las genuinas enseñanzas del Magisterio. Resulta a veces difícil, por ejemplo, encontrar la concordancia entre las enseñanzas del Magisterio indefectible de la Iglesia, que constituyen un bloque único que no puede cambiar, con la multitud de documentos y disposiciones emanados de Organismos oficiales y semioficiales, Congregaciones, Conferencias Episcopales, Curias Diocesanas, Conferencias de Jerarcas (Obispos, Cardenales, etc.), doctrinas de teólogos acreditados o menos acreditados, etc., etc. Tal parece como si, para algunos, el Magisterio en vigor hasta el Concilio Vaticano II, se encontrara ya periclitado y obsoleto. Y sin embargo, el verdadero discípulo que se atreve a lanzarse a la aventura sabe que existen y existirán siempre una única Iglesia y un único Magisterio..., aunque personalmente necesite de la oración y de una gran dosis de fidelidad para encontrarlos. Es por eso por lo que sabe que *ha de ser rebelde*, al mismo tiempo que es consciente también de que *no puede ser rebelde*. Y lo que parece ser aquí una flagrante contradicción no significa otra cosa sino que, a la vez que habrá de afrontar toda clase de contratiempos y vicisitudes, deberá mantener por encima de todo el amor y la fidelidad a su Madre la Iglesia. Siempre teniendo en cuenta, según lo que decía el Apóstol, que *todo lo puedo en Aquél que me conforta*.[73]

Cuando yo era adolescente, en aquellos tiempos en los que la figura del sacerdote era respetada, no hubiera sido capaz de sentir la menor atracción por la idea de la vocación sacerdotal. Incluso me dejaba llevar del enfado cuando alguien, ya fuera en serio o ya en broma, me insinuaba tal posibilidad para mi futuro. Lo mismo que suele suceder con cualquier niño, por aquellos años yo me sentía fascinado con ilusiones tales como la de ser un abogado famoso, un médico altamente reconocido tal vez, o bien un militar que alcan-

---

[73] Flp 4:13.

zara un alto grado de gloria humana en la sociedad. El sacerdote, en cambio, no representaba para mí otra cosa que la figura de un hombre respetable que realizaba una función útil y hasta necesaria; pero inhábil para suscitar en mi corazón las fantasías necesarias que hubieran podido alimentar mis emociones.

Todo cambió para mí, sin embargo, cuando quiso el Señor que me diese cuenta de que ser sacerdote no equivalía a *ser cura*, sino nada más y nada menos que a ser *otro Cristo*. Para colmo de ironías, puesto que todo esto habría sonado a broma para alguien que me hubiera conocido, por entonces yo me sentía extrañamente seducido por el Señor. Todavía ignoro, y probablemente lo ignoraré siempre, cuáles fueron los arreglos que Dios llevó a cabo para conseguir tal prodigio. Pero sea como fuere, así es como sucedió y no de otra manera, ni más ni menos.

Lo cual nos conduce necesariamente a una conclusión que no admite excepciones, y de la cual hemos venido hablando. Queremos decir con esto que para sentir la llamada del seguimiento de Jesucristo, y más aún para determinarse a responderla afirmativamente, es necesario previamente haber sido seducido, o fascinado si se quiere, por la Persona del Señor. Entonces, y solamente entonces, es cuando se comprende que vale la pena afrontar cualquier riesgo. Y más todavía, porque para el auténtico enamorado, incluso cualquier peligro deja de parecerlo:

> *Buscando mis amores,*
> *iré por esos montes y riberas,*
> *ni cogeré las flores,*
> *ni temeré las fieras,*
> *y pasaré los fuertes y fronteras.*[74]

---

[74] San Juan de la Cruz, *Cántico Espiritual*, 3.

Nótese que el Santo se refiere aquí, tanto a los peligros que pueden surgir en la búsqueda —*ni temeré las fieras*—, como a las variadas y numerosas seducciones —*ni cogeré las flores*— que pueda ofrecer el mundo a fin de disuadir a un corazón enamorado y lleno, por lo tanto, de generosidad.

Es cierto que la fe es *rerum argumentum non apparentium*.[75] La fe no es, desde luego, una percepción adquirida a través de los sentidos corporales o externos. A pesar de lo cual, y puesto que no se puede hablar de amor o de enamoramiento sin que medie el entendimiento, es evidente que es necesario acudir aquí a la existencia de un cierto conocimiento.[76] La Esposa del *Cantar de los Cantares*, refiriéndose sin duda al conocimiento que tiene de su Esposo, prefiere hablar de los perfumes que emanan de Él o de la embriaguez que produce su presencia (Ca 1: 2–4.13–14; 4:16; 6:2). Lo que no le impide, sin embargo, intentar describir al Esposo cuando es requerida para que lo haga:

> *Mi amado es fresco y colorado,*
> *se distingue entre millares.*
> *Su cabeza es oro puro,*
> *sus rizos son racimos de dátiles,*
> *negros como el cuervo.*
> *Sus ojos son palomas*
> *posadas al borde de las aguas...*[77]

Puras metáforas, desde luego. Pero ¿de qué otro modo se podría hablar del Esposo? Es por eso por lo que, de igual manera que sería

---

[75] Heb 11:1.

[76] En el seno de la Trinidad, el Espíritu Santo no procede sólo y directamente del Padre; sino del Padre y de la Idea o Palabra del Padre, conjuntamente.

[77] Ca 5: 10–12.

imposible explicarle a un ciego de nacimiento los colores del arco iris, tampoco es posible hablar de cosas tales como enamorarse de Dios, o de sentirse seducido por la Persona de Jesucristo, o de consentir en la locura de Amor hasta el punto de darlo todo por Él, a quien no haya amado o no sepa amar: *Quien no ama no conoce a Dios, porque Dios es Amor.*[78]

Pero lo admirable de esto —en realidad, solamente algo de lo que es infinita e inacabablemente admirable— es el hecho de que, dadas las características de bilateralidad y reciprocidad propias del Amor, los sentimientos que experimenta la Esposa son los mismos que afectan al Esposo. No debemos olvidar que el Amor es *nexus duorum* y que pone a ambos Amantes al mismo nivel: *Ya no os llamaré siervos, sino amigos* (Jn 15:15). Lo que viene a confirmar, entre tantos otros del Nuevo Testamento, un curioso e inefable texto del Apocalipsis: *He aquí que estoy a la puerta y llamo. Si alguno oye mi voz y abre la puerta, entraré y cenaré con él, y él conmigo.*[79] Y por supuesto, como no podía ser menos, el *Cantar de los Cantares*:

> *Yo soy para mi amado*
> *y a mí tienden todos sus anhelos.*[80]

Sería cosa difícil de explicar, en ausencia de este sentimiento de acercamiento; a saber: sin los sentimientos de igualdad, de reciprocidad, de mutua posesión, de realismo y relieve inimaginables del *tú* y del *yo* presentes en el misterioso diálogo de Amor. Sería difícil, en efecto, de explicar aquí, sin el concurso de esos elementos, la seducción hacia Jesús que puede impulsar a un alma joven a entregarse

---

[78] 1 Jn 4:8.
[79] Ap 3:20.
[80] Ca 7:11.

a Él, sin reservas y para siempre, a fin de seguirle y compartir su destino: sea cual fuere, porque ¿qué importa ya eso ante el Amor?

La relación de reciprocidad e igualdad, dentro del inefable binomio que el Amor establece entre los que se aman, alcanza extremos a los que la mente humana, por sí sola, sería incapaz de llegar. En el amor divino–humano, por ejemplo, la creatura vive en la nostalgia, inquietud, anhelo y ansiedades del *todavía no*. Ha gustado del amor del Esposo pero aún no lo tiene en plenitud: *Ahora vemos como por un espejo; confusamente.*[81] Ambos extremos del fenómeno amoroso, tan característicos de la situación de lo que está todavía *in via*, aparecen en el *Cantar de los Cantares*. Pero de tal manera —lo que hubiera parecido increíble— que también aquí se hace presente la relación de reciprocidad:

Son tus amores más suaves que el vino...[82]

....

Os conjuro, hijas de Jerusalén,
que si encontráis a mi amado,
le digáis que desfallezco de amor.[83]

Sería imposible pensar que estos sentimientos pudieran afectar igualmente —o al menos de manera semejante— al Esposo. Dios no puede amar a su creatura en el *todavía no*. Según el Apóstol llegará un momento, por fin, en el que *conoceré como soy conocido.*[84] Cara a cara, por lo tanto. Sin embargo, dada la inflexibilidad de las leyes

---

[81] 1 Cor 13:12.
[82] Ca 1:2.
[83] Ca 5:8.
[84] 1 Cor 13:12.

del Amor, es obligado hacernos cargo de la misteriosa realidad según la cual, porque ésa ha sido su voluntad, *Dios ha querido ponerse al nivel de su creatura*. Evidentemente sería poco útil aquí solicitar el auxilio que podrían proporcionar las leyes de la analogía: ni la que asciende de abajo hacia arriba, ni menos aún otra supuesta que descendería de arriba hacia abajo. Existe sin embargo aquí un elemento de misterio —otro más entre los muchos del Amor— imposible de explicar. Al menos por ahora, hasta que hayamos alcanzado, quizá, la Estación Término que es la Patria definitiva (y decimos quizá porque tampoco allí nos serán desvelados, de manera exhaustiva, todos los misterios del Amor). Estamos con esto intentando referirnos a un extraño texto del *Cantar de los Cantares* en el que no se ha reparado demasiado. El Esposo se dirige en él a la Esposa, entre suspiros de enamorado, para decirle:

> *¡Qué hermosa eres, amada mía,*
> *qué hermosa eres!*
> *Son palomas tus ojos a través de tu velo.*[85]

Según lo cual el Esposo, además de reparar extasiado en la belleza de la Esposa, reconoce que la percibe *a través de su velo*. Algo así como si quisiera decir con ello que, hasta que la Esposa no goce plenamente de la presencia del Esposo; a saber: hasta que Él, el Esposo, no viva en plenitud, en su propio corazón, el gozo ya actual y total de la Esposa, *tampoco para Él el mutuo Amor será todavía algo completo y consumado*. Por supuesto que esto no puede pretender ser una explicación; ni menos aún satisfacer a nadie. Sin embargo, es suficiente con que la realidad del misterio sea tal —así, de ese modo— como para envolver todavía más, si ello fuera posible, en un

---

[85] Ca 4:1.

aura de inexpresable alegría el hecho inefable de lo que es el mutuo Amor. Un Amor que, si bien para la creatura se encuentra aún en la fase del *todavía no*, es suficiente sin embargo, en lo que posee de *ya*, para colmarla de una alegría tal como para que se sienta morir de Amor:

Decidle que desfallezco de amor...

Dentro de este contexto, la decisión de un alma joven en cuanto a seguir en totalidad a Jesucristo, no sería sino una manifestación de la locura del Perfecto Amor.

Pero la Iglesia se encuentra, tal vez, ante la mayor crisis de su Historia. En realidad no es sino una consecuencia más del hecho de que el mundo se ha apartado de Dios. Y los valores que hasta ahora habían sido de la así llamada civilización occidental, infundidos todos ellos por el Cristianismo, parecen a punto de desaparecer para siempre. Pero entonces, ¿quién puede salvar a la Iglesia y al mundo sino los locos del Amor? ¿Acaso sería posible hallar otra solución, ante la letal y auténtica locura del mundo, sino la maravillosa y pretendida locura del Amor de Dios? ¿Cómo olvidar que fue la locura de la Cruz la que ya ha salvado, de una vez por todas, a los hombres? ¿Cómo podría alguien pensar que tal locura no va a seguir encontrando eco y respuesta, también en los procelosos tiempos actuales, en tal multitud de almas jóvenes, capaces de aceptar el orgulloso desafío que Satanás, convencido de su victoria, está lanzando al rostro del mundo de los principios del siglo veintiuno?

Índice de Citas del Nuevo Testamento

San Mateo

- 5: 3, **154**
  - 11, **256**
  - 16, **313**
  - 17, **295**
- 6: 22, **229**
  - 23, **213**
- 7: 13, **108**
  - 14, **107, 186**
- 8: 8, **64**
- 9: 9–13, **203**
  - 15, **72, 96, 151**
  - 37, **181**
  - 37–38, **180**
  - 38, **93**
- 10: 5–6, **205**
  - 16, **280**
  - 21, **257**
  - 22, **107**
  - 23, **130**
  - 24–25, **290**
  - 25, **160, 295**
  - 36, **116, 257**
  - 38–39, **230**
  - 39, **231**
- 11: 7, **255**
  - 25, **237**
  - 25–26, **61**
- 13: 10–11, **169**
  - 13–15, **170**
  - 36, **169**
  - 52, **224**
- 17: 25–26, **151**
- 18: 3, **156**
  - 7, **143**
  - 10, **200**
- 19: 14, **154**
  - 16, **261**
  - 21, **176**
  - 29, **201**
- 20: 1–16, **165**
  - 4, **122**
  - 28, 44, 56, **162**
- 21: 31, **206**
- 22: 1–14, **172**
  - 2–3, **122**
  - 8, **122**
  - 14, **277**
  - 16, **220**
  - 17, **204**
  - 21, **205**
- 23: 13, **219**
  - 13–39, **143**
  - 23, **224, 230**
  - 24, **219**
- 24: 9, **256**
  - 12, **178, 196**
  - 15, **100, 118**
- 26: 39, **276**
- 28: 19, **106, 122, 205**

San Marcos

1: 16–18, **86**
40, **57**
7: 27, **205**
37, **67**
8: 23, **113**
35, **288**
10: 17, **261**
38, **230, 278**
46–52, **103**
51, **57**
12: 14, **204**
13: 12, **257**
31, **173**

San Lucas

5: 31, **56**
32, **56**
35, **151**
6: 12–13, **221**
20, **154**
24–26, **143**
40, **160**
9: 23, **230**
57–62, **195**
58, **230**
62, **106**
10: 2, **49, 82, 178, 180, 306**
13–15, **143**
16, **90, 123, 178**
41, **54**
11: 5–13, **171**
42–46, **143**
14: 16–24, **172**
21, **309**
23, **122**
27, **186, 230**
16: 1–8, **169**
13, **302**
17: 1, **143**
20, **153**
21, **153**
18: 1–8, **171**
18, **261**
19: 1–10, **221**
20: 22, **204**
21: 16, **257**
33, **280**
22: 25–26, **153**
24: 21, **275**

San Juan

1: 4, **106**
5, **170**
11, **125**

35–42, **86**
35–51, **85**
47, **221**
2: 1–11, **212**
3: 8, **123, 268**
20–21, **171**
29, **96, 151**
30, **87**
34, **195**
4: 6, **105**
21–22, **207**
35, **197**
6: 56, **288**
56–57, **175**
57, **89, 229, 231**
64, **37**
8: 32–34, **204**
36, **204**
9: 1–41, **21**
10: 1–21, **37**
3, **127, 152, 177, 289**
10, **108, 148, 270**
12–13, **148**
30, **293, 294**
11: 1–44, **53**
28, **127**
12: 24, **23, 283**
47, **56**
13: 1, **150, 173, 196**
7, **63, 291**

8, **161, 291**
13, **150**
14: 3, **178**
3–4, **107**
6, **104, 152, 187**
10–11, **293**
20, **175, 289**
27, **153**
30, **100**
15: 4, **175**
5, **26, 107**
11, **95**
13, **51, 54**
15, **54, 122, 150, 317**
18–19, **117**
20, **116, 280**
22, **170**
16: 2, **256**
15, **293**
22, **95**
33, **10, 307**
17: 14, **225, 234**
15, **45**
18: 33–37, **149**
36, **153**
37, **149**
20: 21, **90, 178**
23, **90**
21: 18–19, **275**

Hechos de los Apóstoles

1: 8, **313**
11, **106**
2: 13, **312**
3: 6, **128**
13: 46, **205**
15: 8–9, **207**

Romanos

1: 14, **205**
16, **205**
4: 18, **8**
5: 5, **268**, **306**
6: 3, **102**, **185**
6, **230**
8: 9–10, **229**
24, **269**, **273**
28, **60**
10: 14, **88**
14: 17, **153**

1 Corintios

1: 17, **189**
21–23, **113**
22–23, **189**
23–25, **233**
25, **260**
26–28, **61**
26–31, **22**
2: 4–5, **112**
4: 9, **260**
7: —, **173**
32–35, **173**
9: 24, **115**, **264**
26, **114**, **265**
11: 7, **212**
11, **212**
13: 8, 10, **196**, **269**
12, **318**
13, **269**
15: 24–27, **154**
16: 22, **143**

2 Corintios

1: 19, **275**
3: 17, **181**, **204**
4: 10, **230**
10–11, **232**
5: 6, **72**
21, **23**
6: 14–15, **260**
8: 9, **23**, **158**
11: 26, **116**
12: 5, **238**
9, **61**
9–10, **187**

Gálatas

1: 8, **143**
   10, **113**
2: 2, **265**
   11–14, **13**
   20, **23**, **41**, **90**, **178**,
       231, **287**
3: 13, **237**
   28, **207**
4: 19, **89**
   31, **204**
5: 6, **207**
   11, **189**
   13, **204**
6: 14, **230**

Efesios

4: 7, **268**
   15, **89**
   24, **229**
5: 22–33, **292**

Filipenses

1: 23, **100**
2: 6–8, **151**
   7, **23**
   9–11, **138**

   16, **265**
3: 12, **95**
   12–13, **264**
   13, **106**
4: 13, **107**, **314**

Colosenses

1: 18, **149**
   24, **10**
3: 2, **42**
   11, **205**

1 Tesalonicenses

5: 19, **224**, **302**

2 Tesalonicenses

2: 10–12, **10**

1 Timoteo

1: 17, **146**
2: 4, **277**
   15, **188**
3: 1, **120**
5: 22, **225**
6: 13, **242**, **294**
   15, **151**

2 Timoteo

3: 12, **27, 187, 257**
16, **268**
4: 7, **270**

Hebreos

4: 12, **143, 280**
5: 1, **221, 225**
4, **90, 179, 221**
11: 1, **316**
12: 4, **243**
7, **58**
29, **90**
13: 14, **100**
20, **177**

Santiago

2: 5, **156**

1 Pedro

4: 7, **100**
5: 8, **306**

2 Pedro

2: 19, **204**
20–22, **106**
3: 16, **169**

1 Juan

1: 1, **289**
2: 13–14, **264**
14, **199, 200**
4: 8, **289, 317**
19, **158, 272**
5: 4, **10, 307**

Apocalipsis

1: 5, **294**
2: 4, **196**
17, **178**
3: 15–16, **114**
20, **175, 317**
14: 1–4, **172**
17: 14, **146**
19: 15–16, **154**
20–21, **154**
21: 1, **187**
8, **106**
22: 12, **100, 121, 194**
15, **143**

Índice General

MEDITACIONES DE ATARDECER

Prólogo 3

Introducción 15

Curación del Ciego de Nacimiento 21

El Buen Pastor 37

La Resurrección de Lázaro 53

Nuestro Primer Encuentro con el Señor
(A Propósito de la Vocación de San Andrés) 85

Curación del Ciego Bartimeo 103

Fiesta de Cristo Rey 133

A Cada Uno un Denario
(Parábola de los Obreros Enviados a la Viña) 165

Vocación de San Mateo
(El Baile de los Malditos) 203

El Joven Rico
(El Desafío de las Águilas) 261

www.ingramcontent.com/pod-product-compliance
Lightning Source LLC
Chambersburg PA
CBHW060413010526
44107CB00006B/680